Verrückte Wolken

Perle Besserman
Manfred Steger

Verrückte Wolken

Zen-Meister Zen-Rebellen

aus dem Englischen von
Wolfgang I Waas

Theseus Verlag

Die Deutsche Bibliothek – CIP-Einheitsaufnahme
Besserman, Perle:
Verrückte Wolken : Zen-Meister, Zen-Rebellen / Perle Besserman ;
Manfred Steger. Aus dem Engl. von Wolfgang I Waas. - Berlin :
Theseus, 1999
Einheitssacht.: Crazy clouds <dt.>
ISBN 3-89620-138-7

Titel der englischen Originalausgabe:
Crazy Clouds, Zen Radicals, Rebels & Reformers
erschienen bei Shambhala Publications, Inc.
300 Massachusetts Avenue, Boston, Massachusetts 02115, USA

aus dem Englischen von Wolfgang I Waas
Lektorat: Ursula Richard

Umschlaggestaltung: Morian & Bayer-Eynck, Coesfeld
Umschlagmotiv: *Han-Shan und Shih-Te,* Tuschzeichnung
von Gako (1737–1805), Privatsammlung
Gestaltung und Satz: Typographik & Design – Ingeburg Zoschke
Druck: Wiener Verlag, Himberg
Printed in Austria

ISBN 3-89620-138-7

Inhalt

»Das Ziel des Lebens,
sein einziges Ziel, ist – frei zu sein.
Frei wovon?
Nur frei, das ist alles.
Frei durch uns selbst; frei, traurig zu sein,
Schmerz zu empfinden;
frei, alt zu werden und zu sterben.
Das ist es, was unsere Seele ersehnt,
und diese Freiheit
muß und soll sie haben.«

R. H. Blyth

Danksagung

Dank gebührt vor allem Robert und Anne Aitken für die vielen persönlichen Erinnerungen an Nakagawa Soen und Nyogen Senzaki, die sie so bereitwillig mit uns teilten, aber auch für die Bücher und anderen Unterlagen, die sie uns überließen und die mit ihren Zen-Erfahrungen in Japan und den USA zusammenhängen. Dank schulden wir auch all den Gelehrten, Übersetzern und Historikern, deren hingebungsvolle Arbeit mit den Originalquellen dieses Buch erst ermöglicht hat. Prof. David Chappell vom Fachbereich Religion der Universität von Hawaii hat uns beim Thema Zen-Buddhismus sehr geholfen, besonders bei dem Kapitel über Hakuin; Prof. Steve Canham vom Fachbereich Anglistik unterstützte uns mit seiner Gesprächsrunde über Ikkyu. Mit Dr. Craig Twentyman, Kollege und Freund im *dharma*, begannen wir einen lebendigen und immer noch andauernden Zen-Dialog; und Will Staple vom »Ring of Bone Zendo« zeigte uns seine eigenwillige Form des Zen der Verrückten Wolken. Besonders dankbar sind wir unserem Freund Wolfgang Waas; er hat sich sehr für die deutschsprachige Ausgabe eingesetzt und die Übersetzung auf sich genommen. Unser Dank gilt auch dem Theseus-Verlag für die Herausgabe dieses Buches.

Ein Gassho in Dankbarkeit an Robert Aitken Roshi für seine Leitung unserer Zen-Praxis in der Diamond Sangha in Honolulu.

Und schließlich möchten wir den Verrückten Wolken, denen dieses Buches und all den anderen, unsere Hand hinstrecken.

Vorbemerkung des Übersetzers

Diese Übersetzung hat eine bemerkenswerte Vorgeschichte. Anfang 1997 wurde ich von der Redaktion der Zeitschrift ZEN gefragt, ob ich einen Artikel über den Laien P'ang schreiben wolle. Bei der Literatursuche stieß ich auf das Buch *Crazy Clouds*, und als kurz darauf in der deutschen Zen-Mail-Liste eine Diskussion über Meister Lin-chi begann, erinnerte ich mich, daß das zweite Kapitel dieses Buches dem Gründer der Rinzai-Schule gewidmet ist und daß ein Interview mit den Autoren, Perle Besserman und Manfred Steger, gerade erst in der österreichischen Zeitschrift Ursache & Wirkung erschienen war. Ich bat die Redaktion um Prof. Stegers Adresse, erhielt aber unabhängig davon noch am gleichen Tag von ihm selbst eine e-mail, er und seine Frau kämen in der folgenden Woche nach Innsbruck, da er dort einen Vortrag halten müsse, und ob wir uns nicht sehen könnten.

Beim ersten Treffen fragte ich die beiden, ob ich nicht das Lin-chi-Kapitel übersetzen und in die Textsammlung der Mail-Liste stellen dürfe, und sie hatten auch nichts dagegen. Einige Zeit später machte mir Manfred den Vorschlag, das ganze Buch ins Deutsche zu übersetzen. Daran hatte ich selbst schon gedacht, weil die Art der Darstellung meinem eigenen Verständnis sehr entsprach. Der Theseus Verlag hat sich dann für dieses Projekt interessiert; und die Zusammenarbeit mit der Lektorin Ursula Richard war sehr konstruktiv und unterstützend für mich. Perle und Manfred haben mir bei der Übersetzung völlig freie Hand gelassen, und ich habe eigene Anmerkungen, die ich für das Verständnis wichtig fand, teils im Text [kenntlich durch eckige Klammern] und teils am Kapitelende beigefügt. Da im deutschen Sprachraum weitgehend auch die ursprünglichen Namen der chinesischen Personen und Orte bekannt sind (z. B. Lin-chi, Chao-chou), habe ich diese verwendet und die japanische Aussprache beim erstmaligen Erscheinen in Klammer dazugesetzt. Ist der japanische Name wenig gebräuchlich (z. B. »Laie Ho« für P'ang-yün) oder war er nicht leicht feststellbar, habe ich ihn weggelassen. Ebenso wird der Begriff Ch'an verwendet, wenn von der chinesischen Urform des Zen die Rede ist.

Bei der Arbeit an den Texten ist mir immer wieder aufgefallen, wie sehr Perles und Manfreds Zugang zum Zen dem meinen ähnelt; vollends erklärlich ist mir dies allerdings erst geworden, als ich ihren für die deutsche Ausgabe geschriebenen Epilog las, um den der Verlag sie gebeten hatte. Was sie in New Jersey so erfolgreich entwickelt und aufgebaut haben, habe ich, allerdings mit weniger Erfolg, zur gleichen Zeit in Innsbruck versucht. Ohne voneinander zu wissen, wählten wir sogar den gleichen Namen – Graswurzel-Zen – für das, was uns da vorschwebte. Und so möchte ich diesem Epilog an dieser Stelle ein wenig vorgreifen mit einem Zitat aus meinem Editorial zur ersten Ausgabe der (inzwischen nicht mehr existierenden) Zeitschrift GraswurZEN von 1994:

> Der Begriff Graswurzel-Zen stammt aus dem Chinesischen *(ts'ao-pen ch'an)* und bezeichnet eine Art von Zen, die sich ohne offizielle Weitergabe und Übertragung, ohne Meister, Mönche und Klöster, sozusagen im Untergrund, weiterverbreitet. Und das wäre (wenigstens für mich) »ein Ziel, aufs innigste zu wünschen«.

Wolfgang I Waas
wolfgang.i.waas@uibk.ac.at

Einführung

Die Geschichte des Zen beginnt im sechsten Jahrhundert v. u. Z. mit der Meditation des Buddha unter dem Bodhi-Baum und seinem *Erwachen* beim Anblick des Morgensterns. Die Erkenntnis, daß seine Selbst-Natur und die aller Wesen ein und dieselbe, ja, mehr noch, daß sie völlig leer ist, ließ ihn zum wandernden Lehrer werden. Vierzig Jahre lang verbreitete er seine Botschaft: Alle Dinge sind vergänglich, alle Dinge sind voneinander wechselseitig abhängig, und alle Dinge sind leer. Nichts ist von Dauer, nicht einmal ein *Ich.* Hinter den Phänomenen steht kein Gott oder irgendeine letzte Wahrheit; alles *ist* einfach.

Zeit seines Lebens bestand der Buddha darauf, daß diese Wahrheiten durch Meditation individuell erfahren werden müßten, und er begründete einen »Mittleren Weg«, der asketische ebenso wie hedonistische Positionen ablehnte. Doch all seinen Warnungen zum Trotz entwickelten seine Schüler aus seinen Lehren ein weitgehend doktrinäres System, das sich in Ritual und Scholastik erschöpfte. Nach dem Tod des Buddha spalteten sich seine Jünger in Sekten auf, von denen viele genau die Mittel und Zwecke vertraten, vor denen ihr Lehrer immer wieder gewarnt hatte.

Im ersten Jahrhundert u. Z. knüpfte der buddhistische Philosoph Nagarjuna[1] an die Erkenntnisse des Buddha und dessen Mittleren Weg an. Er argumentierte, daß der Geist nie reale Substanz erlangt, weder in sich selbst noch durch das Mittel äußerer Objekte; und er versuchte die Buddhisten von dualistischen Ideen wie der einer Seele oder eines göttlichen Selbst zu befreien, indem er den Idealismus der »Nur-Geist-Schule« verwarf. Er begründete seinen Erkenntnisanspruch auf die direkte Erfahrung der Wirklichkeit und beschrieb die Welt und das Selbst als »leer« oder »so, wie es ist«, frei von metaphysischer Spekulation oder Wille und Vorstellung. Im Westen wurde dies als Nihilismus gedeutet [Schopenhauer]. Buddhisten nennen es Befreiung. In der Auflösung des Ich sehen sie das Ende des Leidens; nicht das Schwarze Loch des absoluten Nichts, sondern einen endlosen Ozean des Glanzes, eins mit dem Prozeß der Dinge, so, wie sie sind. Diese Wahrheit, sagte Nagarjuna, wird dem Geist in der lebendigen Erfahrung der Erleuchtung offenbar.

Fünf Jahrhunderte später nahm der Reformator Bodhidharma seine Botschaft der Meditation auf eine gefährliche Reise nach Osten mit – und begründete damit das chinesische Ch'an, den Zen-Buddhismus. Er mag tatsächlich gelebt haben oder eine legendäre Figur sein; worauf es ankommt, ist, daß sein Name für die Radikalität der buddhistischen Praxis steht, jenes eindeutige Beharren auf der individuellen Erfahrung des »alles so, wie es ist«. Seine Nachfolger in China, Korea, Vietnam, Japan und im Westen benutzen heute noch dasselbe Werkzeug der Meditation wie der Buddha unter dem Bodhi-Baum, um die lebendige Wahrheit von *sunyata* – Leerheit – zu entdecken. Bodhidharma war kein Philosoph, und Zen ist keine Philosophie, kein Glaube an irgendeine Abstraktion oder ein religiöses Konstrukt. Bodhidharma war ein Übender der Zen-Meditation, ein Mann, der die Erfahrungstatsache der Selbstverwirklichung zum Ausdruck brachte, in der die Identifikation mit der begrenzten »Person« wegfällt und das Selbst als Gesang der Vögel zurückläßt, als das Geräusch der Wellen, die gegen das Riff donnern, oder als das des in der Küche brodelnden Kaffees.

Die Nachfolger Bodhidharmas verwirklichten die Botschaft ihres Lehrers und erkannten, daß tatsächlich nichts Heiliges da ist, daß heilig und profan keine Gegensätze sind und daß der gewöhnliche Augenblick, das ganz gewöhnliche Ereignis heilig sind, so, wie sie eben sind. Plötzlich galt das Pflücken einer Blume, das Essen eines Reiscrackers oder das Miteinander-Schlafen als ebenso heilig wie die Niederwerfungen vor dem Buddha oder das Rezitieren seines Namens. Ungeachtet dessen hielten traditionelle chinesische Buddhisten an der Idee fest, daß Buddha, die Patriarchen und Bodhidharma selbst etwas Besonderes seien, ja, sie wurden als Götter betrachtet. Viele Zen-Übende hörten auf zu meditieren und begannen zu diesen »übermenschlichen« Wesen zu beten, damit diese für sie Fürsprache einlegen und Wunder wirken sollten. Um dem zu begegnen, mußten die Zen-Meister zu drastischen Mitteln greifen. Hsüan-chien, ein chinesischer Zen-Lehrer des neunten Jahrhunderts, sagte bei einem *dharma*-Vortrag:

> Es gibt keinen Buddha und keine Patriarchen;
> Bodhidharma war nur ein alter bärtiger Barbar.
> Sakyamuni [Buddha] und [sein Nachfolger] Kasyapa,
> [die Bodhisattvas] Manjusri und Samantabhadra sind
> nur Kulis in einer Jauchegrube ... Nirvana und
> Bodhi sind tote Baumstümpfe zum Anhängen von
> Eseln, und die zwölf Abteilungen der heiligen Lehren
> nichts als Listen von Geistern, Papierfetzen, nur gut,
> den Eiter von euren Geschwüren zu wischen.

Trotzdem blieb die Neigung der Schüler erhalten, sich auf Götter, den Buddha und die »heiligen« Schriften zu verlassen. Im 18. Jahrhundert wies der japanische Zen-Meister Hakuin eine eifrige Schülerin auf ähnlich drastische Weise zurück: »Nichts kann Licht verbreiten in deinem Arschloch!« Natürlich liegt eine Gefahr solcher Äußerungen in der Möglichkeit, daß sie von Lehrern imitiert werden, die selbst keine Verwirklichung erfahren haben. Tatsächlich hat diese Art von Bilderstürmerei in der Vergangenheit in Zen-Kreisen immer wieder zu einer mißverständlichen Auffassung von Über-den-Dingen-Stehen geführt sowie zu Skandalen um sogenannte Zen-Meister, wie sie auch heute noch vorkommen.

Dieses Buch beschäftigt sich nicht mit Skandalen, sondern konzentriert sich auf jene religiösen Genies im Zen, deren Übung, Hingabe und Verwirklichung sie zu einem freien Leben geführt hat, nicht beengt von religiöser Etikette, Hierarchie und Regelgerechtigkeit. Das Leben dieser großen Nonkonformisten zu erforschen kann vielleicht helfen, diese Grauzone des Zen zu erhellen, indem wir Mißverständnisse über seine possenhaften oder asketischen Extreme richtigstellen und somit zu einem Mittleren Weg zurückkehren.

Kyo-un, »Verrückte Wolke«, ist der literarische Name, den der berühmte Zen-Dichter, Maler, Kalligraph und wandernde Lehrer Ikkyu annahm. Es ist ein Wortspiel mit dem japanischen Wort *unsui* (Wolke-Wasser). *Unsui* ist die Bezeichnung für »buddhistischer Mönch», denn die Losgelöstheit vom weltlichen Leben läßt einen Mönch wie eine Wolke über das Wasser treiben. Die Verrückten Wolken in diesem Buch sind jene innovativen Reformer, Rebellen und Radikalen des Zen, jene wandernden Sucher und Weisen, deren einzigartiger Zen-Weg die traditionelle Übung der Meditation sowie die spirituelle, soziale und politische Haltung des Zen-Buddhismus bis in die Gegenwart tief beeinflußt hat. Oft traten sie als Bettler, Wanderprediger, Baumhausbewohner, ja manchmal einfach als Verrückte in Erscheinung. Diese Zen-Meister standen in der historischen Kontinuität zen-buddhistischer Praxis seit deren Entstehen in China, und dies prägte ihre Haltung zu Meditation, Erleuchtung, Lehrer-Schüler-Verhältnis, Zölibat, Laien-Praxis, Frauen, Natur, sozialem Herkommen und politischem Klima. Ihr Leben spiegelt zum einen die verschiedenen religiösen Bewegungen ihrer Zeit, zum anderen bildet es einen deutlichen Kontrast zu den herrschenden Traditionen, von denen diese Zen-Meister ausgingen und von denen sie sich trennten.

Dieses Buch spannt einen Bogen vom China der T'ang-Zeit bis zum Amerika der Gegenwart. Es geht dem Leben und den Lehren von Reformatoren und Exzentrikern des Zen nach – beschreibt den verschrobenen Laien P'ang und den grimmigen Lin-chi (jap. Rinzai) im China der T'ang, den Bilderstürmer Bassui, den Abtrünnigen Ikkyu, den Revolutionär Bankei, den innovativen Hakuin sowie den ruhelosen Nyogen Senzaki und den poetischen Soen Nakagawa in den USA des 20. Jahrhunderts. Die radikale Art und Weise, in der sie Zen zum Ausdruck brachten, war für ihre Zeitgenossen häufig zu unverständlich und avantgardistisch; aber für ihre spirituellen Nachfahren heute, unabhängig von deren Zen-Tradition oder Nationalität, bieten sie einen unschätzbaren Reichtum an Inspiration. Noch wichtiger für die moderne Welt: Diese archetypischen Verrückten Wolken sprechen die Zen-Übenden der Gegenwart ganz speziell an, die geprägt und durchdrungen sind von westlichen Normen und Werten wie Individualismus, politisches Engagement, Befreiungstheologie, Feminismus und Strukturkritik jeder Hierarchie, sei sie nun religiös oder sozial begründet. Diese revolutionären Männer des Zen sind durchaus brauchbare Modelle für unsere eigenen Zeiten des Umbruchs.

Wir nähern uns dem 21. Jahrhundert, und das Wort *Demokratie* ist in aller Munde. Zu oft allerdings ist das nur ein Lippenbekenntnis, ein passives Hinnehmen einer offenbar legitimen Autorität. Die demokratische Freiheit der Verrückten Wolken ruft uns die unzweideutige moralische Autorität des Individuums wieder ins Gedächtnis, das in letzter Instanz immer die formalen Strukturen hinter sich lassen und zu seinem eigenen souveränen Ausdruck gelangen muß. Die Haltung der Verrückten Wolken ist nicht lediglich ein revolutionärer Ausbruch gegen die Autorität, sondern fest verwurzelt in den Grundlagen des Buddhismus. Verwirklicht in einem Leben, in dem *anitya*, *pratitya samutpada* und *sunyata* [Vergänglichkeit, Interdependenz und Leerheit] verkörpert sind, verweist diese Haltung darauf, daß jeder Begriff und Entwurf, auch der schönste und edelste, der Unbeständigkeit unterworfen ist.

Wie beim Buddha selbst – dem nachgesagt wird, daß er immer noch übe –, ist es dieses ständige Hinterfragen des eigenen Daseins, vor und nach der Erleuchtung, die Weigerung, in statisches Vergessen zurückzusinken, oder, wie es die Zen-Meister nennen, »auf der Spitze einer hundert Fuß hohen Stange zu sitzen«, was die

Verrückte Wolke ausmacht. Indem ein solcher Mensch alle Strukturen in Frage stellt und jede Idee aufgibt, das Nirvana schon erreicht zu haben, schließt er sie alle mit ein, und gleichzeitig transzendiert er sie. Dieses kreative Infragestellen von Autorität, das so selten ist im religiösen, politischen und sozialen Leben, begegnet uns in dem jahrhundertealten Dialog der Verrückten Wolken immer wieder. Wir werden ermutigt von ihrer Hingabe, ihrem harten Training und ihrer Verwirklichung der Leerheit, die sie veranlaßt hat, ihre Erfahrung hinauszutragen in die Welt, und ein Leben als all-erbarmende Bodhisattvas zu führen. Ihre Biographien verdeutlichen immer und immer wieder, daß Zen das Individuum ständig auf sich selbst zurückverweist und daß es stets die persönliche Disposition und die individuelle Erfahrung respektiert.

Individualismus bringt aber auch Verantwortung mit sich. 17 Jahrhunderte nach Nagarjuna vertrat der deutsche Philosoph Immanuel Kant die Ansicht, daß der Geist keine eigenständige Substanz besitze, die phänomenale Welt vergänglich sei und Gott *ein* Konzept unter anderen. Er erweiterte die buddhistische Erkenntnis durch die Annahme, daß jedes einzelne rationale Agens, obwohl zeitlich begrenzt, für sich entscheiden muß, was recht und unrecht ist, und daß die letzte moralische Verantwortung beim Individuum liegt und nicht hierarchischen Strukturen zuzuschreiben ist. Kant leugnete diese Strukturen keineswegs, ebenso wie Zen die Welt der Form nicht leugnet. Wie der Buddha, der seine eigenen Lehren mit einem Floß verglich – nützlich, ja notwendig, um zum anderen Ufer des Flusses zu gelangen, aber unnütze Bürde, sobald man dort angekommen ist –, sah auch Kant, daß institutionelle Strukturen ab einem gewissen Punkt zur Bürde werden. Beide warnen uns, daß Lehre, Hierarchie und Institution nicht als Selbstzweck gesehen werden sollten, sondern als *upaya* – als nützliche Hilfsmittel, um spirituelle Freiheit und moralische Autonomie zu erreichen.

Die Verrückten Wolken laden uns ein, mit ihnen auf Messers Schneide zwischen grundlegender Freiheit und moralischer Verantwortung zu wandeln. Wir müssen uns vorsehen, nicht ihre

Exzentrizität nachzuäffen oder daraus einen Freibrief abzuleiten für irgendeine »kreative Anarchie«. Ihr Verhalten ist ohne die Erfahrung hart erkämpfter Verwirklichung und ohne Übung, die in jedem Fall eine religiöse Institution und einen Lehrer einschloß, nicht denkbar. Jemand, der sie bloß imitiert, geht damit ein gefährliches und eventuell auch unmoralisches Wagnis ein. Das Zen der Verrückten Wolken illustriert, daß Meditation eine lebendige Erfahrung ist, die sich weder auf Klöster und Tempel noch auf zeitliche oder nationale Grenzen beschränken läßt. Es verwischt das herbe und verschlossene Bild, das sich viele Leute von Zen gemacht haben und bringt statt dessen die Freude an der Entdeckung, daß »Leere Form ist und Form Leere« zum Ausdruck, und verkörpert eine Vision, groß genug, das All zu umschließen.

Wir beginnen im China des achten Jahrhunderts mit dem *Laien P'ang*: Er genoß die vielbewunderte Anerkennung der beiden größten Zen-Meister seiner Zeit, weigerte sich aber zeitlebens Mönch zu werden. Im Gegensatz zum monastischen Paradigma des indischen Buddhismus, der die Übung für Frauen erschwerte, gab P'ang sein Familienleben nie auf und wählte seine Tochter als Reisegefährtin und bedeutendste Schülerin. Dies macht ihn zu einem geeigneten Modell für unsere eigene Zeit, in der Frauen die Hälfte der Zen-Übenden stellen.

Nur kurze Zeit später schockierte *Lin-chi*, der große Zen-Rebell der T'ang-Dynastie, das religiöse und politische Establishment: Er packte Priester und Regierungsvertreter beim Kragen und schleuderte selbst hochstehenden Persönlichkeiten Beleidigungen ins Gesicht in seinem Bemühen, sie zur Erleuchtung anzustacheln.

Der japanische Zen-Meister *Bassui* schockierte im 14. Jahrhundert auf ganz ähnliche Weise die Zen-Hierarchie: Er bezog ein Baumhaus und weigerte sich zu lehren, nachdem er die Bestätigung seiner Erleuchtung von einem der großen Zen-Meister seiner Zeit erhalten hatte.

Nicht lange nach Bassuis Tod geriet die Verrückte Wolke par

excellance, Ikkyu, in einen direkten und gefährlichen Konflikt mit der weltlichen Macht: Als illegitimer Sohn des japanischen Kaisers Go-komatsu lebte er, ungeachtet seines Mönchsstatus, in ständiger Gefahr, einem Anschlag zum Opfer zu fallen. Aber das hinderte ihn weder daran, sich auf ein öffentliches »Fasten bis zum Tode« einzulassen [so wie Gandhi 500 Jahre später] als gewaltlosen Protest gegen die verheerende Wirtschafts- und Religionspolitik der Ashikaga-Shogune; noch daran, mit den Obdachlosen, Bettlern und Prostituierten, die seine »Straßengemeinde« frequentierten, umherzuziehen.

Im 17. Jahrhundert verwarf *Bankei*, der japanische Volksprediger, eine immer korrupter gewordene *koan*-Praxis und forderte im Alleingang das religiöse Establishment heraus: Er sprach im Freien, auf den offenen Feldern, zu den Massen, und er weigerte sich, dies in der traditionellen [chinesischen] Sprache des Zen zu tun. Statt dessen drängte er seine Zuhörer, den ungeborenen Buddha-Geist im Heulen der Wölfe und im Geruch der Erde unter ihren Füßen wahrzunehmen.

Ebenso auf sich allein gestellt und ähnlich hartnäckig wie Bankei war *Hakuin* im 18. Jahrhundert: Er verlieh sich selbst den Titel eines Abtes seines Heimat-Tempels, gab sich selbst seinen *dharma*-Namen, und er belebte und straffte die *koan*-Praxis, die bis zum heutigen Tag beinahe zum Synonym für Rinzai-(Lin-chi-)Zen geworden ist. Wie seine Vorgänger brach auch Hakuin alle Regeln; er nahm Frauen im Laienstand als Schülerinnen an und intervenierte bei den japanischen Feudalherren für die Bauern, die den größten Anteil seiner Zuhörer bildeten.

Nyogen Senzaki steht für Japans großen Bruch mit der Tradition: Geboren während der Meiji-Zeit, als sich ein lange von der Außenwelt isoliertes Land für Einflüsse aus dem bis dahin verbotenen Westen öffnete, entfremdeten ihn sein Antimilitarismus und seine Ablehnung religiöser Hierarchien so sehr den klösterlichen Autoritäten, daß er das Exil vorzog. Im amerikanischen Westen pflanzte Senzaki die fruchtbaren Samen seiner eigenen radikalen Methode der Zen-Praxis für Laien.

Nakagawa Soen, unser Zeitgenosse, ließ diese Samen aufkeimen: Indem er ein Zen improvisierte, das sich beseelen ließ von Shakespeare und Hakuin, von Beethoven und Lin-chi, hinterließ dieser poetische Zen-Meister unauslöschbare Spuren in den westlichen Formen der Praxis. Er zeigte uns ein freies und kreatives Beispiel, das die weitgespannte Familie der Verrückten Wolken treffend charakterisiert.

---

1 vgl. Nagarjunas Gedicht:

Ich ehre den Buddha,
den ersten der Lehrer.
Seine Lehre war
das Abhängige Entstehen,
das Ende der Begriffsspiele.
Keine Schöpfung, kein Auslöschen;
keine Dauer, keine Unbeständigkeit;
keine Identität, keine Differenz;
keine Ankunft, kein Abschied.
Um alle irrigen Ansichten zu widerlegen,
lehrte der Erhabene die Leerheit.
Wer aber die Leerheit für wirklich hält,
kann von allen Buddhas zusammen
nicht mehr gerettet werden.

P'ang-yün:
Der Laie

Von allen Verrückten Wolken spiegelt vielleicht die Geschichte des Laien P'ang am besten das gegenwärtige Zen im Westen wider. Als einziger bedeutender Laien-Zen-Lehrer der chinesischen Geschichte trug er seine Botschaft vom Zen des Alltagslebens außerhalb der Klöster auf seinen Wanderungen durch ganz China und verweigerte die Angebote, Dharma-Nachfolger der größten Ch'an-Meister der T'ang-Periode zu werden. Statt dessen begründete P'ang eine *sangha* von Familie, Freunden und Gefährten auf dem *Weg*. Sein Leben spielte sich ab vor dem Hintergrund einer stürmischen Periode in der Geschichte der T'ang; er lebte von 740(?) bis 808 – eine Zeit, die geprägt war von konfuzianischen Regeln, von Hochkultur und Literatur, beinahe ununterbrochener Rebellion im Inneren und vernichtenden Niederlagen gegen die mongolischen Invasoren.

Im Jahre 712 bestieg Hsüan-tsung den Thron nach dem Fall der Kaiserin Wu, einer leidenschaftlichen Buddhistin. Seine 44-jährige Herrschaft sollte die längste der ganzen T'ang-Dynastie werden. Er machte die buddhistische Politik seiner Vorgängerin rückgängig und brachte Taoismus und Konfuzianismus wieder in ihre ursprünglichen einflußreichen Positionen. Obwohl er die Buddhisten nicht aktiv verfolgte, bestimmten ihn politische Überlegungen, die ungeheure soziale und wirtschaftliche Macht des buddhistischen Klerus zu beschneiden. 30 000 Mönche wurden »zwangslaisiert«, und der Neubau von Tempeln wurde verboten. Jede Renovierung von alten Tempeln mußte von Regierungsbeauftragten genehmigt werden, und kleinere Schreine konnten ihre Unabhängigkeit nicht beibehalten, sondern wurden größeren Tempeln unterstellt. Der Grundbesitz der Klöster wurde beschränkt, und Mönche und Nonnen durften nicht mehr in der Öffentlichkeit predigen oder buddhistische Bücher und Bilder auf der Straße verkaufen. Seit 747 konnten religiöse Bescheinigungen nur mehr von der Regierung ausgestellt werden, und klösterliche Institutionen wurden durch schwere Steuern belastet.

Eingeleitet wurde der Niedergang Hsüan-tsungs durch die Ränke seiner Lieblingskonkubine, der bildschönen Yang Kuei-fei. Er wurde von seinen eigenen militärischen Beratern gezwungen, sie enthaupten zu lassen, als der Hof vor den heranrückenden Armeen der Barbaren floh. [Noch ausgeprägter als im klassischen Griechenland galt in China jeder Ausländer als »Barbar«.] Der Kaiser legte seine Macht in die Hände seiner Generäle und schuf dadurch die Grundlagen für den An-Lu-shan-Aufstand, der von 755 bis 763 dauerte. In diesem Jahr eroberten die Tibeter die große westliche Hauptstadt Ch'ang-an, und der neue Kaiser Hsien-tsung wandte sich an die nördlichen Barbaren um Hilfe. Es war eine Zeit der schnell wechselnden Loyalitäten in der Zivilverwaltung, in Religion und nationaler Identität. Für den gewöhnlichen Bürger bedeuteten das drückende Steuern, zwanzig Tage Zwangsarbeit jährlich für den Staat, und eine schlangengleiche Bürokratie, die jede Freiheit des täglichen Lebens zu erdrücken drohte.

Nach dem An-Lu-shan-Aufstand zerbrach das System dann gänzlich. Der Buddhismus, der sich der Protektion der machthabenden Elite erfreut hatte, verlor im Rahmen seiner Wiederbelebung seinen philosophischen und aristokratischen Anspruch und ließ populäre Sekten wie das Ch'an für die Bevölkerung des flachen Landes entstehen. Dieser Buddhismus der neuen Art konnte sich nun ungehindert vom Glanz des Hofes und von metaphysischen Haarspaltereien dem gewöhnlichen Leben der ganz normalen Menschen widmen und einen einfacheren, humaneren Zugang zu den alltäglichen Angelegenheiten gewinnen.

Der Großteil der Zen-Laufbahn des Laien P'ang fiel in die Regierungszeit des Kaisers Te-tsung (779–805), dessen gewalttätige Regierung und höchste Protektion genießende Palastgarde Rebellionen im ganzen Land provozierten. Die Situation war so unsicher, daß der kaiserliche Hof von allen Provinzgouverneuren erwartete, Zivilverwaltung und Militärgesetzgebung zu verbinden.

Die massiven Versuche des Kaisers, die vor dem Aufstand übliche wirtschaftliche und politische Autonomie der Provinzen wieder zu beschneiden, führten zu einem Zusammenschluß der nordöstlichen Provinzen im Jahr 781 und ihrer Kriegserklärung an den Kaiser. Aber Unstimmigkeiten unter den Rebellen sicherten Te-tsung die Macht, und er konnte die zivile Kontrolle des Reiches durch ein System von erfolgreichen Finanzreformen wiederherstellen. Schließlich aber fiel er den militärischen Hof-Eunuchen zum Opfer, denen er die Macht anvertraut hatte, um die zivile Ordnung aufrechtzuerhalten. Sein kurzzeitiger Nachfolger Shun-tsung konnte sich ebenfalls nicht halten, er wurde vertrieben und schließlich durch Hsien-tsung ersetzt, den Kaiser, der während der letzten Lebensjahre P'angs regierte – eine Zeit der Wiederbelebung lokalen, dezentralen Denkens. Ohne konfuzianisch inspirierte Hindernisse von seiten der Zentralregierung entwickelten die lokalen Kaufleute ihre Märkte selbst, und der Handel blühte. Das ökonomische Schwergewicht verlagerte sich von der Landwirtschaft auf den Handel, und ein neues System von Silbergeld verdrängte die alte Reis-Währung. Auf Schnüre gereihte Münzen wurden zum Tauschmittel und symbolisierten den Zusammenbruch des festgelegten hierarchischen Rangsystems, das dem An-Lu-shan-Aufstand vorangegangen war.

Es gab in dieser Zeit nicht wenige Menschen wie P'ang-yün, Sohn eines konfuzianischen Provinzgouverneurs, die von den blitzschnell wechselnden Loyalitäten in Politik und Wirtschaft desillusioniert waren und einfach aus dem System ausstiegen. Der daraus resultierende Mangel an Beamten führte dazu, daß die tägliche administrative Gewalt in der Hand von militärischen Autoritäten lag wie z. B. von Yü-ti, dem Gouverneur von Hu-chou und Su-chou, einem Ch'an-Freund und Gönner des Laien P'ang. Yü-ti regierte mit eiserner Faust. Er hatte den rebellierenden Wu Shao-ch'eng, den Gouverneur einer Nachbarprovinz, besiegt und erfreute sich für diese Leistung der Protektion von Kaiser Te-Tsung. Dieser bemerkenswerte Mann von zentralasiatischer Abstammung beendete aber sofort seine grausame und willkürliche Verfolgung der ansässigen Buddhisten, als er von Tsu-yu Ho-shang, einem Nachfolger von Ma-tsu [jap. Baso], zum buddhistischen Glauben bekehrt wurde.[1] Er wurde ein ebenso leidenschaftlicher Ch'an-Anhänger wie er vorher dessen Verfolger gewesen war, befreundete sich mit dem Laien P'ang, besuchte ihn täglich und führte mit ihm lebhafte Dharma-Dialoge. Als P'ang gestorben war, trug der Gouverneur den einzigen noch erhaltenen Bericht über das Leben des großen Ch'an-Laien zusammen.[2]

Wenn man die Situation des durchschnittlichen chinesischen Laien der T'ang-Zeit betrachtet, sah sie ungefähr so aus: Die Bauern wurden gezwungen, Mietarbeiter zu werden, mehr oder weniger Leibeigene für Landbesitzer, denen es durch die größere soziale Mobilität gelungen war, riesige Ländereien anzusammeln. Diese Landbesitzer waren von einer armen, landhungrigen Bevölkerungsgruppe zur neuen Elite in den Provinzen aufgestiegen. Der Süden wurde zum Zentrum des Salzhandels, während sich Kiangsi, wo das Kloster des Ch'an-Meisters Ma-tsu lag, einen Namen als Chinas wichtigster Teeproduzent machen konnte. Kleine Handelsknotenpunkte dominierten das Geschäftsleben und halfen mit, eine Kleinstadtkultur zu verbreiten, in der die meisten Städte gleichzeitig als Garnisonen der allgegenwärtigen Armee dienten. Diese Zentren waren weitgehend autark und versorgten den Durchschnittsbürger mit allen lebensnotwendigen Waren sowie mit Arbeit, Handel, sozialen Kontakten und Religion. Die Steuerbelastung der Kaufleute war besonders hoch, so daß viele reiche Geschäftsleute ihre Söhne ermutigten, dieser sozialen Diskriminierung zu entgehen, indem sie sich den öffentlichen Prüfungen unterzogen und das Amt eines Beamten oder Gelehrten anstrebten. In dieser unsicheren Situation, mit einer zusammenbrechenden Zentralregierung und nur einem Flickwerk von Sozialstruktur, mit einer überall stationierten reizbaren Armee, ist es um so verwunderlicher, daß ein begabter Ch'an-Laie wie P'ang-yün nicht Zuflucht in einem Kloster suchte.

Er wurde irgendwann um das Jahr 740 geboren und starb eine Woche nach der Sonnenfinsternis vom 3. August 808, nur wenige Jahre vor der Geburt von Lin-chi. Die hervorragenden und lebendigen Ch'an-Klöster aus den Traditionslinien der »*dharma*-Großväter« Ma-tsu und Shih-t'ou [Sekito] waren jetzt in den Händen von Pai-chang [Hyakujo], Yüeh-shan [Yakusan], Nan-ch'üan [Nansen] und ähnlich leuchtenden Namen. Sie waren sein Übungsfeld. P'angs Engagement für das Ch'an der Laien stellte ihn in die Reihe buddhistischer Gläubiger, die *chü-shih* [»wohnender Herr«] genannt wurden, Praktizierende, die das formale Leben in einem Kloster ablehnten und sich im allgemeinen lieber einen Platz außerhalb des chinesischen religiösen Establishments suchten. Aber das hielt Sucher wie den Laien P'ang nicht davon ab, bei verschiedenen Ch'an-Meistern seiner Zeit zu lernen, für einige Zeit in ihren Klöstern zu bleiben und dann wieder weiterzuziehen, um die eigene Einsicht zu schärfen.

Der Laie, der den Namen *P'ang-yün*, »Erhabenes Inneres«, erhalten hatte, Sohn eines konfuzianischen Kleinstadt-Beamten in Hsiang-yang, zog mit seiner Familie nach Heng-yang, als sein Vater dort zum Präfekten ernannt wurde. Seine frühen Jahre sind durch keine Besonderheiten gekennzeichnet; er tat alles, was man von einem Konfuzianer erwarten durfte: Er heiratete, gründete ein Unternehmen und wurde Vater einer Tochter und eines Sohnes. Erst später begann er ein Verhalten an den Tag zu legen, das seine Nachbarn sicherlich für ein übertriebenes Interesse an spirituellen Dingen hielten – er errichtete eine kleine Klause als Anbau seines Hauses, wohin er sich mit seiner Familie zur Meditation zurückzog. Hier schrieb er auch Gedichte und philosophierte. Der Laie klagte: »Wie schwierig, wie schwierig! Meine Studien sind wie der Versuch, 10 000 Pfund Flachs zu trocknen, indem ich sie in die Sonne hänge.» Seine Frau meinte dazu: »So leicht, so leicht: Es ist wie den Fuß auf den Boden zu setzen, wenn du morgens aus dem Bett steigst. Ich habe die Lehre in den Trieben der blühenden Pflanzen gefunden.«

Und seine spirituell hochbegabte Tochter Ling-chao, die ihn als *Weg*-Gefährtin sein Leben lang begleiten sollte, ergänzte: »Meine Praxis ist weder leicht noch schwer – wenn ich hungrig bin, esse ich; wenn ich müde bin, raste ich.« [Ein verblüffender Vorgriff auf einen späteren bekannten Ausspruch Lin-chis] Wenig erwähnt wird P'angs Sohn Keng-huo, der zu Hause blieb, sich bei einem Bauern verdingte und um seine Mutter kümmerte, als sein Vater irgendwann zwischen 785 und 790 das Haus als Tempel stiftete, den ganzen Hausrat auf ein Boot lud, dieses im Wasser versenkte und mit seiner Tochter Ling-chao auf Pilgerschaft ging. Ihren Lebensunterhalt stellten sie dadurch sicher, daß sie Bambuswaren anfertigten und diese auf den Märkten verkauften.

Im Jahre 786 erschien P'ang-yün im Kloster auf dem Nan-yüeh-shan bei Meister Shih-t'ou und fragte ihn: »Wer ist der Mensch, der nicht mit den 10 000 *dharma* geht?« Der Meister antwortete, indem er ihm den Mund zuhielt, und der Laie war auf der Stelle erleuchtet. Er blieb ein Jahr bei Shih-t'ou und übte Ch'an als Laienschüler unter den Mönchen. Eines Tages fragte ihn der Meister: »Wie hast du Ch'an geübt, seit du auf diesen Berg gekommen bist?«

P'ang antwortete: »Es gibt nichts, was ich über mein tägliches Tun sagen könnte.« »Gerade weil ich weiß, daß du keine Worte gebrauchen kannst, frage ich dich jetzt«, sagte Shih-t'ou. Darauf legte der Laie einen Vers vor, dessen zwei letzte Zeilen Kennzeichen des Zen geworden sind:

In meinem täglichen Leben ist nichts,
als was mir jeweils von selbst zufällt.
Nichts ergreifend oder zurückweisend
gibt es kein Hindernis, keine Trennung.
Ich habe kein anderes Ehrengewand
als der blauen Berge strahlende Klarheit.

Meine wunderbare magische Kraft
liegt im Wasserholen und Holzhacken.

Shih-t'ou bot ihm daraufhin eine Mönchsrobe an, aber der Laie wies sie zurück und sagte: »Ich will ungebunden bleiben.« Sein nächstes Ziel war Kiangsi und das Kloster des großen Ma-tsu.

Auch dort fragte er den Meister bei ihrem ersten Gespräch: »Was ist das für ein Mensch, der unter den 10 000 *dharma* keinen Gefährten findet?« Ma-tsu antwortete: »Wenn du mit einem Schluck das Wasser des West-Flusses ausgetrunken hast, werde ich es dir sagen.« Da erfuhr P'ang eine noch tiefere Erleuchtung und beschloß wieder, einige Zeit als Laienschüler zu bleiben. Nach einem Jahr bot ihm Ma-tsu ebenfalls die schwarze Mönchsrobe an im Tausch gegen sein »weißes Hungerleidergewand«, und wieder lehnte der Laie ab. Im sicheren Bewußtsein seines Verständnisses forderte er den Meister heraus und sagte: »Ein Mann der unverdunkelten Selbst-Natur bittet Euch, Euren Blick nach oben zu richten.« Ma-tsu blickte demonstrativ nach unten. P'ang sagte: »Nur Ihr spielt so herrlich auf der Laute.« Ma-tsu schaute nach oben. P'ang verbeugte sich tief, und Ma-tsu ging in seinen Raum zurück. Der Laie bemerkte: »Jetzt wollte er besonders klug sein und hat es vermasselt.«

Dieser spielerische Dialog illustriert die Metapher von Gast und Gastgeber, die in den *koan* der Ma-tsu-Schule eine so wichtige Stelle einnimmt [und später bei Tung-shan; vgl. S. 57 ff.]. Hier haben beide Personen ihre Rolle angenommen und wieder gewechselt, sie sind spielerisch zwischen Leerheit und Form hin und her gesprungen in einem Schauspiel, in das beide sich eingliedern konnten.

Während seiner Reisen befreundete sich P'ang mit einem anderen wandernden Sucher, der als Taglöhner in Shih-t'ous Kloster gearbeitet hatte und dort zu der Überzeugung gekommen war, sich den Kopf zu scheren und Mönch zu werden. Tan-hsia T'ien-jan (besser bekannt unter dem japanischen Namen Tanka und berühmt geworden dadurch, daß er eine hölzerne Buddha-Figur verbrannte, um sich in einer Winternacht vor der Kälte zu schützen) war ein höchst lebhafter Dichter und unorthodoxer Mönch und wurde schließlich einer von Shih-t'ous Dharma-Erben, obwohl er einen großen Teil seiner Zeit auf Wanderschaft mit P'ang und Ling-chao verbracht hatte. Die Freunde wanderten von Kloster zu Kloster, maßen ihre Einsicht im Ch'an mit allen, die sich das zutrauten, und ergingen sich gemeinsam mit Ling-chao in informellen Dharma-Gefechten am Straßenrand.

Zu Hause übte in der Zwischenzeit Frau P'ang zusammen mit ihrem Sohn Ch'an. Ein reizvolles Beispiel ihrer erleuchteten Einsicht findet sich in Yü-tis Buch: Eines Tages brachte sie ein Speiseopfer zu einem nahegelegenen buddhistischen Tempel, und der Priester fragte sie, für wen das Opfer bestimmt sei, damit er den Namen zur Übertragung des Verdienstes auf ein Kärtchen schreiben könne. Frau P'ang nahm ihren Kamm, steckte ihn sich verkehrt herum ins Haar, sagte: »Das Verdienst ist übertragen«, und ging heim.

Da es nicht viele biographische Einzelheiten über das spirituelle und alltägliche Leben der P'ang-Familie gibt, können wir nur annehmen, daß sie sich nicht wirklich trennten und ihrer eigenen Wege gingen, sondern daß sie in Kontakt blieben und ihrer jeweils bevorzugten Praxis nachgingen – Frau P'ang und ihr Sohn in der Landwirtschaft und Herr P'ang selbst mit seiner Tochter als umherziehende Händler. P'ang und Ling-chao wurden schließlich ebenfalls seßhaft und schlugen ihr Lager in einer Felsenhöhle dreißig Kilometer südlich von Hsiang-yang auf. Hier wurden sie täglich von dem bereits erwähnten Gouverneur Yü-ti besucht, dem freimütigen Präfekten und Teilzeit-Ch'an-Übenden, der später P'angs Taten, Gedichte und Dharma-Weisheit zusammentrug und veröffentlichte.

Ihren Zeitgenossen muß die P'ang-Familie wohl als ziemlich seltsam erschienen sein. Sie hatten das relativ bequeme Leben einer Beamtenfamilie aufgegeben und gegen die Abhängigkeit von den Umständen auf ihrer Wanderschaft eingetauscht, freiwillig ihr soziales Umfeld verlassen und sich der Gefahr des Hungertodes ausgesetzt. Obwohl der Herkunft nach Konfuzianer, bezeichneten sie sich als Buddhisten, weigerten sich jedoch, in ein Kloster einzutreten. Obwohl P'ang den Status eines erleuchteten Ch'an-Meisters erlangt hatte, bestätigt von niemand geringerem als Shih-t'ou und Ma-tsu, hielt er keine Dharma-Vorträge und hatte keine Schüler. Er hatte nicht den traditionellen Schellenstab der buddhistischen Pilger, sondern den einfachen Bambusstock eines gewöhnlichen Reisenden. Er trug das weiße Gewand der armen Leute – das er »meine nahtlose Robe der Leerheit«[3] nannte – ohne irgendeine Ambition, sie gegen die schwarze Mönchsrobe einzutauschen, die seinen Ruf im Ch'an gesichert hätte. Die Chinesen hatten wenig Respekt für weiße Kleidung; bis heute ist sie ein Zeichen von äußerster Armut oder wenigstens von Trauer.

Das *Chodang chip*, eine koreanische Geschichte der chinesischen Ch'an-Meister aus dem Jahre 952, beschrieb den Laien so: »Schließlich trat sein Geist aus der Welt der Objekte, ohne daß er seine konfuzianische Tracht abgelegt hätte; seine Emotionen waren ungebunden, aber seine Handlungen entsprachen dem wahren Sinn.« Weiter hieß es dort, »sein Leben war verworren« und »er war wirklich in die Mysterien [des Tao] eingeweiht«, und sein Verhalten im Umgang mit Konfuzianern wie mit Taoisten, mit Militärgouverneuren und Kindern, mit umherziehenden Händlern und ebenso mit den hervorragendsten Ch'an-Meistern wurde als »rundum mühelos« bezeichnet. Sein Freund und Biograph Yü-ti charakterisierte ihn als einen »haushaltenden Bodhisattva«, eine chinesische Inkarnation des indischen Laien Vimalakirti Bodhisattva, der das Leben eines Weltmenschen nutzte, um anderen zur Erleuchtung zu verhelfen.

Nach zwei Jahren in der Felsenhöhle am Ling-men-shan (Gemsentor-Berg) nahe seinem Geburtsort Hsiang-yang beschloß der Laie, daß es nun Zeit sei, zu sterben. Er setzte sich in traditioneller Sitzhaltung hin und sagte seiner Tochter, sie solle vor dem Höhleneingang beobachten, wann die Sonne den Zenit erreiche. Zu Mittag wolle er sterben. Ling-chao ging hinaus und kam gleich wieder mit der Meldung zurück, es sei bereits Mittag, und da gebe es eine Sonnenfinsternis. Er solle kommen und sie ansehen. »Ist das so?« fragte P'ang. Seine Tochter bejahte. Der Laie trat zum Eingang und schaute hinaus. In diesem Moment sprang Ling-chao auf den leeren Sitzplatz, kreuzte die Beine und starb auf der Stelle. Als der Laie sich umdrehte und sah, was geschehen war, sagte er: »Meine Tochter war immer schon schnell von Entschluß. Jetzt ist sie mir zuvorgekommen.« Er ging hinaus, sammelte Feuerholz für die Bestattung und hielt die traditionellen sieben Trauertage ein, bevor er selbst in Anwesenheit des Gouverneurs Yü-ti starb. Der war gekommen, um sich nach P'angs Befinden zu erkundigen. Der Laie legte seinen Kopf auf das Knie seines Freundes und sagte: »Ich bitte dich nur, alle existierenden Phänomene als leer anzusehen und dich davor zu hüten, die nicht-existierenden als wirklich anzunehmen. Nimm dich in acht in dieser Welt der Schatten und Echos.« Dann schied er friedlich dahin. Yü-ti ließ die Bestattungsriten vollziehen und benachrichtigte Frau P'ang.

Als die Frau des Laien von den Todesfällen erfuhr, rief sie aus: »Dieses dumme Mädchen und der närrische alte Mann sind gegangen, ohne mich zu benachrichtigen. Wie unerträglich!« Sie suchte ihren Sohn Keng-huo, der gerade ein Feld bearbeitete, und erzählte ihm die Neuigkeiten. P'angs Sohn stützte sich auf die Harke, seufzte einmal und starb im Stehen. Die Mutter besorgte seine Bestattungsriten, verabschiedete sich von ihren Freunden und zog sich ihrerseits in eine Einsiedelei zurück. Man hörte nie wieder von ihr. Das Ende der exzentrischen Familie P'ang war nicht sehr verschieden von ihrem Leben: tiefgründig, einfach und ohne Spuren zu hinterlassen.

P'angs Vers, der seinen radikalen Lebensstil bezeugt, seinen nicht-konfuzianischen Zugang zum chinesischen Brauchtum, das absoluten Konformismus verlangte in Angelegenheiten von Familie, Tempel und Gemeinschaft, spiegelt zugleich sein gesellschaftliches Testament und sein Ch'an wider:

Ich habe einen Sohn ohne Braut,
eine Tochter ohne Bräutigam;
im Kreise dieser glücklichen Familie
sprechen wir über das Ungeborene.[4]

Die Lehre des Laien P'ang ist mehr in Erzählung und Gedicht verkörpert als in Predigten. Seine spirituelle Erfahrung ist Stoff für *koan*. Er kommt und geht, gestern wie heute; jetzt verstrickt er Meister Yüeh-shans Mönche in Diskussionen über Schneeflocken, dann treibt er Schabernack mit seinem Freund Tan-hsia – immer im Geiste der lebendigen Verwirklichung.

Eines Tage, als Tan-hsia kam und P'ang in seiner Höhle besuchte, erhob sich der Laie nicht von seinem Platz. Tan-hsia hob seinen Fliegenwedel, das Symbol der Autorität des Ch'an-Meisters. P'ang hob seinen hölzernen Hammer. »Ist das alles, oder gibt es noch etwas?« fragte Tan-hsia. »Dich jetzt zu sehen und dich früher gesehen zu haben, das ist nicht dasselbe«, antwortete P'ang. »Geh und mach mich lächerlich soviel du willst«, meinte Tan-hsia. Der Laie erwiderte: »Vor kurzem hast du von meiner Tochter eine Niederlage einstecken müssen.« »Wenn das so ist, dann hast du mich zum Schweigen gebracht.« »Du bist stumm deiner eigentlichen Natur nach, und nun ärgerst du mich mit deinem Gebrechen.« Tan-hsia warf seinen Fliegenwedel zu Boden und ging hinaus. »Meister Tan-hsia, Meister Tan-hsia!« rief P'ang ihm nach, aber der drehte sich nicht um. Der Laie sagte: »Nun ist er nicht nur stumm, sondern auch noch taub geworden!«

In solch spielerischer Wechselwirkung drücken P'ang und Tanhsia ihre völlig unbekümmerte Methode des Kommens und Gehens in absoluter Stille aus. An einem anderen Tag war P'ang in der umgekehrten Lage; er stand vor Tan-hsia mit vor der Brust gefalteten Händen. Diesmal beachtete der ihn nicht. P'ang ging wieder und kam abermals herein, und wieder wurde er nicht beachtet. P'ang setzte sich nieder, und nach einiger Zeit stand Tan-hsia plötzlich mit gefalteten Händen vor ihm auf. Nach einer Minute ging er ebenso plötzlich zurück in sein Zimmer. »Ich komme rein, du gehst raus«, rief der Laie, »so kommen wir nirgendwohin!« »Dieser alte Herr kommt rein und geht raus, kommt rein und geht raus – wo wird das enden?« rief Tan-hsia aus seinem Zimmer. »Du hast nicht die Spur eines Vergleichs«, sagte P'ang. Tan-hsia rief aus »Ich habe diesen Kerl in diesen Zustand gebracht!« und kam aus seinem Zimmer zurück. »Was hast du?« fragte ihn P'ang. Ohne Zögern nahm Tan-hsia die Kappe von P'angs Kopf und sagte: »Du bist genau wie ein alter Mönch!« Der Laie nahm seine Kappe zurück, setzte sie auf Tan-hsias Kopf und sagte: »Du bist genau wie ein junger Laie.« »Jawohl, jawohl!« stimmte der lachend zu. »Du hast immer noch den Geist der alten Zeiten«, sagte P'ang, und Tan-hsia warf die Kappe zu Boden und meinte: »Die sieht einer Beamtenmütze sehr ähnlich.« »Jawohl, jawohl«, gab der Laie zurück. »Wie könnte ich den Geist der alten Zeiten vergessen?« fragte Tan-hsia. P'ang schnalzte dreimal mit den Fingern und sagte: »Den Himmel bewegen, die Erde bewegen.«

Einbunden in eine solch übermütige Konfrontation, beschäftigt sich dieser possenhafte Diskurs mit nichts weniger als den großen Wahrheiten des Buddhismus: Vergänglichkeit, Einheit und Leerheit – manifeste Wirklichkeit, spielerisch zur Schau gestellt in der herrlich trivialen Geste, seinem Freund die Kappe runterzuziehen.

Bei einem ähnlichen Treffen, diesmal mit dem Ch'an-Meister P'u-chi (Fujaku)[5] versicherte P'ang: »Shih-t'ous Lehre ... konnte Eis schmelzen und Ziegelmauern zerbrechen.« »Das ist selbstverständlich, auch ohne daß du es aussprichst«, erwiderte P'u-chi. P'ang warf daraufhin seinen Bambuskorb zu Boden und rief aus: »Wer hätte gedacht, daß sie nicht eine einzige Münze wert war?« P'u-chi bemerkte weise: »Obwohl sie keine einzige Münze wert ist, wie kann man ohne sie weiterkommen?« P'ang zeigte seine Zustimmung durch ein paar Tanzschritte und ging. Als er den Raum verlassen wollte, hielt P'u-chi den Korb hoch und rief ihn zurück: »Laie!« P'ang schaute zurück, und P'u-chi machte ein paar Tanzschritte und ging. Entzückt klatschte der Laie in die Hände und rief: »Heimkehren, heimkehren!« Hier feierten beide Ch'an-

Adepten die Heimkehr zu ihrer wahren Natur mit den Lauten und Gesten des Lebens selbst.

P'angs Methode zu lehren war informell, exemplarisch im eigentlichen Sinn des Wortes; und sein Leben war völlig der szenischen Darstellung des Ch'an-Dramas gewidmet. Von Dorf zu Dorf wandernd auf der Suche nach einem würdigen Gegner, verbrachte er seine Zeit mit spiritueller Improvisation. Frei von Klosterregeln und hierarchischen Zwängen unternahm er es, die Besten und Berühmtesten herauszufordern. Aber er mißachtete auch nicht die Märkte und Landstraßen, wo er Bettelmönche und Viehhirten ebenso ansprach wie Gelehrte und Adelige. Auf dem Marktplatz einer Stadt, wo professionelle Prediger Vorträge und Diskussionen über die buddhistischen Schriften hielten, stand er einmal unter den Zuhörern und hörte einem Vortrag über das *Diamant-Sutra* zu. Als der Sprecher die Stelle erreichte, an der es heißt: »Kein Selbst, keine Person«, rief der Laie aus der Menge: »He, Vortragsmeister, da es kein Selbst und keine Person gibt, wer ist der, der vorträgt, und wer hört zu?« Der wußte keine Antwort, und P'ang fuhr fort: »Obwohl ich ein gewöhnlicher Mensch bin, weiß ich ein wenig über den Glauben Bescheid.« »Was meinst du?« fragte der Redner. P'ang antwortete mit einem kurzen Gedicht:

> Es gibt weder Selbst noch Person.
> Wie dann Verwandtschaft und Fremde?
> Bitte hör auf, von Vortrag zu Vortrag zu reisen;
> es ist besser, Wahrheit direkt zu suchen.
> Die Natur der diamantenen Weisheit
> schließt auch das kleinste Stäubchen aus.
> Von »So habe ich gehört« bis »Das glaube ich«
> ist alles nur eine Reihe unwirklicher Namen.

Der Vortragsmeister konnte nur mehr bewundernd seufzen.

Einmal verkauften der Laie und seine Tochter Bambuskörbe auf dem Markt. Als er von einer Brücke stieg, stolperte er und fiel hin. Als Ling-chao das sah, lief sie zu ihm und warf sich neben ihn in den Schmutz. »Was treibst du da?« rief der Laie. »Ich sah Vater hinfallen, also half ich«, meinte Ling-chao. Der Laie schmunzelte: »Gut, daß niemand zugesehen hat!«

Als verwirklichte Frau des Ch'an war Ling-chao ebenso ihres Vaters *dharma*-Freundin wie seine Tochter. Porträts der beiden zeigen sie als ein Paar von scharfblickenden, wachen Gefährten, die ihre täglichen Arbeiten verrichten.

Ihre Lebensweise wird festgehalten in den 300 Gedichten, die der Laie niederschrieb, von denen allerdings nur wenige erhalten sind. In ihnen skizziert er auch seine unstete, improvisierte und alltagstaugliche Ch'an-Methode. Hier einige Beispiele:

Ohne ein Anderes, ohne ein Selbst,
weder Schild noch Speer tragend,
stimme ich überein mit der Weisheit des Buddha;
wohlvertraut mit dem Buddha-Weg, gehe ich den
Nicht-Weg[6].
Ohne die Sache des Alltäglichen aufzugeben,
werden Bedingtes und Name-und-Form zu Luftschlössern.
Namenlos, formlos lasse ich Leben-und-Tod hinter mir.

Wenn der Geist *so* ist, sind auch die Umstände *so*.
Es gibt kein »wirklich« noch »unwirklich«.
Der Existenz keine Beachtung schenkend
und an der Nichtexistenz nicht haftend,
bist du kein Heiliger noch ein Weiser, nur
ein Jedermann, der seine Sache erledigt hat.
Leicht, so leicht ...[7]

Einem Perfektionisten bietet P'ang folgenden Rat an:

> Das Vergangene ist schon vorbei –
> versuche nicht, es wiederzuerlangen.
> Die Gegenwart bleibt nicht erhalten –
> versuche nicht, den Augenblick zu bewahren.
> Die Zukunft ist noch nicht da –
> denke nicht an sie im voraus.
> Wenn die drei Zeiten nicht existieren,
> ist der Geist identisch mit dem Buddha-Geist.
> Lautlos handeln, gestützt auf die Leere –
> das ist der tiefe Grund des Handelns.
> Nicht das geringste *dharma* existiert –
> was dir vor Augen kommt, laß es sein.
> Es gibt keine Gebote zu halten,
> keinen Staub abzuwischen.
> Mit leerem Geist wahrhaft durchdrungen,
> haben die *dharma* kein Leben.
> Wenn du *das* verwirklichst,
> hast du die Quelle erreicht.

Direkt zu seinen *dharma*-Erben in der Laientradition von heute spricht P'ang-yün:

> Nahrung und Kleider erhalten Leben und Körper –
> ich rate dir zu lernen, *so* zu sein.
> Wenn es Zeit ist, nehme ich meine Klause mit, gehe –
> und Nichts bleibt zurück [– ein leerer Abfalleimer].

---

1 Es gab eine Zeit, als der Präfekt Yü-ti von Hsiang-yang anordnete, daß alle wandernden Mönche in seinem Gebiet ergriffen und zu ihm gesandt werden sollten. Kein einziger kam mit dem Leben davon – alle wurden getötet. Es gab zahllose solche Fälle. Als er das hörte, wollte der Meister (Tsu-yü) dem Präfekten einen Besuch abstatten, und er suchte unter seiner Versamm-

lung nach Gefährten. Ungefähr zehn Mönche wollten ihn begleiten. Er ging also an der Spitze von zehn Schülern los. An der Grenze jedoch fürchteten die sich weiterzugehen, und der Meister überquerte die Grenze allein. Die Soldaten sahen ihn kommen, legten ihm ein Halseisen an und trieben ihn unter Bewachung nach Hsiang-yang. Als er vor dem Regierungsgebäude ankam, zog er – immer noch im Halseisen – seine Mönchsrobe an und betrat den Gerichtssaal.

Der Präfekt, der großartig auf seinem Stuhl saß, legte die Hand auf den Griff seines Schwertes und fragte: »Bah, du Lehrer – weißt du nicht, daß der Präfekt von Hsiang-yang die Macht hat, dich dem Schwert zu überantworten?«

Der Meister antwortete: »Weißt du nicht, daß ein König des *dharma* keine Angst vor Geburt-und-Tod hat?«

Der Präfekt sagte: »*Ho-shang*, hast du Ohren im Kopf?« Der Meister erwiderte: »Meine Augenbrauen und Augen sind frei von Hindernissen. Wenn ich, ein armer Mönch, mich mit dem Präfekten zu einem Gespräch treffe, was könnte es für Behinderungen geben?« Darauf warf der Präfekt sein Schwert von sich, legte seine Uniform ab, verbeugte sich und fragte: »Ich habe gehört, daß es in den Lehren eine Passage gibt, wo es heißt, daß der schwarze Wind die Schiffe treibt und sie zu der Insel der Rakshasas [Dämonen] bläst. [Zitat aus dem *Kuan-yin-Sutra*] Was heißt das?« »Yü-ti!« rief der Meister. Das Gesicht des Präfekten wechselte die Farbe. Der Meister bemerkte: »Das Land der Rakshasas ist nicht weit!« Wieder fragte der Präfekt: »Was ist es mit dem Buddha?« »Yü-ti!« rief der Meister nochmals. Der Präfekt fragte: »Ja?« Der Meister sagte: »Suche nirgends sonst.« Bei diesen Worten überkam den Präfekten die Erleuchtung, er verbeugte sich tief und wurde sein Schüler. (aus dem *Chodang chip*, zit. nach *A Man of Zen. The Recorded sayings of Layman P'ang*)

2 *P'ang chü-shih yü-lu* (*A Man of Zen*)

3 Weiße Kleidung ist in China Kennzeichen eines Menschen, der sich farbige Gewänder nicht leisten kann oder will – daher ist Weiß auch Trauerfarbe. (»Ich bin so betrübt, daß mir selbst die Farbe meines Gewandes gleichgültig ist.«) Später bezog P'ang die Farbe (rationalisierend?) auf den ebenfalls weißgekleideten Vimalakirti und schrieb ein Gedicht über seine »nahtlose Robe der Leere«:

Ich besitze eine herrliche Robe,
nicht aus weltlicher Seide.
Sie kann nicht gefärbt werden,
kristallklar wie Seidenfäden.
Keine Schere hat sie geschnitten,

kein Faden sie genäht.
Ich trage sie immer am Körper,
doch kein Mensch hat sie je gesehen.
Sie schützt die Welt vor Hitze und Kälte,
umhüllt Fühlendes und Fühlloses gleich.
Kannst du diese Robe je erlangen,
kannst du darin stracks den Palast
des Königs der Leere betreten.

Eine interessante Parallele findet sich in einem Gedicht von Han-shan:

Ich habe nun ein Gewand erworben,
nicht aus glatter oder gemusterter Seide.
Fragst du, welche Farbe es hat?
Weder Scharlach noch Purpur!
Im Sommer nehme ich es als Robe,
im Winter noch zum Zudecken.
Im Winter wie im Sommer,
so bleibt sie Jahr für Jahr.

4 Unverheiratet zu bleiben galt im konfuzianischen Weltbild als eine der schwersten Verfehlungen gegen die Kindespflicht. Und *wu-sheng*, das Ungeborene, ist ein uralter buddhistischer Bergriff, auch wenn er – als *fusho* – häufig mit Bankei (S. 106 ff.) in Verbindung gebracht wird, der selbstsicher behauptete: »Ich war der erste, der das gelehrt hat. Wenn irgend jemand behauptet, er habe von jemandem vor mir gehört, der die Menschen gelehrt hätte mit dem wahren Siegel des Ungeborenen, dann ist er ein Lügner.«

5 Ta-t'ung P'u-chi aus Li-chou (nicht zu verwechseln mit P'u-chi, dem *dharma*-Erben von Shen-Hsiu) war ein *dharma*-Erbe von Shih-t'ou. Sonst ist wenig über ihn bekannt, erwähnt wird er noch im 1654 erschienenen *Wu-teng yen-t'ung* [*Die strenge Regel (oder: erhabene Sukzession) der fünf Lampen*, jap. Gotō gentō].

6 Nimmt Bezug auf das *Vimalakirti-Sutra*, in dem Vimalakirti den Manjusri mahnt: »Wenn ein Bodhisattva den Nicht-Weg geht, dann nennt man das ›mit dem Buddha-Weg wohlvertraut sein‹.«

7 Derselbe Gedanke, z.T. auch im gleichen Wortlaut, kommt mehrfach bei Chinul (Korea, 1158–1210) zum Ausdruck.

Lin-chi: Der spirituelle Sturm

Man nennt die T'ang-Dynastie in China (618–907) das »Goldene Zeitalter« des Ch'an. In ihrer frühesten Phase gilt sie auch als die Periode der Erneuerung in Kunst, Religion, Diplomatie und Handel. Es war eine Zeit noch nie dagewesenen Weltbürgertums, so gab es u. a. die ersten Zeitungen und erstmalig Prüfungen für den öffentlichen Dienst. Die T'ang-Kaiser schufen ein Zentrum, in dem sich Mönche, Studenten, Kaufleute und Reisende trafen, die aus so entlegenen Gebieten wie Griechenland, Arabien, Indien, Persien, Syrien und der Türkei kamen.

In dieser dynamischen Epoche stellte sich auch das Problem einer Zentralisation des Staates, der in der »Zeit der Streitenden Reiche« (180–581) zu einem Zankapfel zwischen Parteien und mächtigen Regionalfürsten geworden war. Während der gesamten T'ang-Dynastie kämpfte die kaiserliche Regierung darum, die Exekutivgewalt im Lande den großen Clans wieder zu entreißen, die sich in ununterbrochener Rebellion befandenen. Stark geschwächt vom An-Lu-shan-Aufstand 755–763, konnte die Regierung nur noch die Macht unter die lokalen Militärgouverneure verteilen, die ihrereseits uneingeschränkte Autonomie besaßen. Das war genau die Form der Provinzregierung, die es unabhängigen, anti-hierarchischen Zen-Reformern wie Lin-chi (Rinzai) möglich machte, die Erscheinungsform des Buddhismus im China der T'ang-Dynastie und auf Dauer zu verändern. Als Lin-chi zwischen 810 und 815 geboren wurde, saß Kaiser Hsien-tsung auf dem Drachenthron. Er und seine Nachfolger waren voll und ganz mit der Unterdrückung von Aufständen am unteren Yangtse und in Szechuan beschäftigt und damit, eine wenigstens andeutungsweise einheitliche Verwaltung im Reich wiedereinzuführen. Das gelang ihnen auch weitgehend – außer in einigen widerspenstigen nordöstlichen Provinzen; aber sie hatten darüber hinaus keine Zeit, sich um die uninteressanten Affären irgendwelcher exzentrischer und hinterweltlerischer Ch'an-Mönche zu kümmern, wie es Lin-chis Lehrer waren.

Im Jahre 820 bemächtigten sich die einflußreichen Hof-Eunuchen des Throns, ermordeten Hsien-tsung und vernichteten nachhaltig die zentrale Bürokratie, indem sie sich 20 Jahre lang darauf konzentrierten, eine Reihe von machtlosen Marionettenkaisern zu kontrollieren. Kaiser Wu-tsung sah 840 seine Dynastie durch wechselhafte, instabile Außenbeziehungen, finanzielles Desaster und andauernde Aufstände ernsthaft gefährdet. Angestachelt von einem fanatischen taoistischen Minister, entschied sich der Kaiser, seine Probleme dadurch zu lösen, daß er sich auf die Buddhisten als Staatsfeinde konzentrierte – ein bequemer Vorwand, sich des enormen Reichtums der Klöster zu bemächtigen und eine neue Einkommensquelle zu erschließen. Diese Buddhistenverfolgung dauerte nur zwei Jahre. Kaiser Wu starb infolge des Genusses von zuviel taoistischem Unsterblichkeits-Elixier, und sein Nachfolger Hsüan-tsung erließ eine Amnestie für die Buddhisten und versuchte sich als Finanzreformer und Gesetzgeber. Aber die Rebellionen im Yangtse-Tal und in den wirtschaftlich wichtigen Südprovinzen machten seine Pläne zunichte. In der nordwestlichen Provinz Nan-chao zog sich der Krieg von 858 bis 866 hin, Linchis Todesjahr. Während der ganzen Spanne seines unauffälligen Mönchslebens befand sich China im Krieg, oft bedrängt von unloyalen Truppen, die sich mit Morden und Brandschatzen den Heimweg von irgendeiner Front erkämpften. Im Jahre 880 wurde die große westliche Hauptstadt Ch'ang-an selbst erobert und der Kaiser aus seinem Palast vertrieben. Politisches und wirtschaftliches Chaos herrschten, bis 907 der totale Zusammenbruch der Zivilverwaltung das Ende der großen T'ang-Ära brachte.

Im Gegensatz zum zeitgenössischen Europa des Karolinger-Reichs war die T'ang-Dynastie nicht feudal, sondern aristokratisch, mit neun Graden des Adels, alle in Beziehung zur kaiserlichen Familie. Ihr erster und größter Monarch, T'ai-tsung, schuf das chinesische Beamtentum und förderte ein soziales Kastensystem, das von konfuzianischen Regeln geformt war und von dem die Gesellschaft Asiens noch heute durchdrungen ist. Das Geschlecht der Li, von dem T'ai-tsung seine Legitimität herleitete, dehnte seinen Machtbereich durch halb Asien aus, öffnete das Land für fremdländische Ideen und verbreitete die chinesische Kultur in alle Richtungen. Ch'ang-an war die Hauptstadt des Reiches, die größte Stadt der Welt, mit über zwei Millionen Einwohnern. Ihre Märkte und Häfen waren gefüllt mit Gütern aus Indien, Java, Persien und Japan. Fremde kamen, um den Buddhismus zu studieren, um reich zu werden oder um in Freiheit ihre Religion praktizieren zu können, so z. B. die Nestorianer oder Manichäer. In einer solchen Atmosphäre blühte der Buddhismus, und als 868 der Buchdruck erfunden wurde, war das erste gedruckte Buch das *Diamant-Sutra.* Mit Dichtern wie Li Tai-po, Tu Fu, Po Chü-i und Malern wie Yen Li-pen begannen künstlerische Bewegungen, deren Niveau dem der europäischen Renaissance – acht Jahrhunderte später – sicherlich ebenbürtig war.

Während der frühen Han-Dynastie des zweiten Jahrhunderts u. Z. war der Buddhismus aus Indien nach China eingedrungen und hatte das chinesische Kulturleben und seine Institutionen beeinflußt, war aber seinerseits vom konfuzianischen Pragmatismus und der einheimischen taoistischen Haltung der Natur gegenüber verändert worden. Der Buddhismus stellte vom 2. bis zum 11. Jahrhundert den einzigen dominanten fremden Einfluß auf das chinesische Leben dar. Er brachte den indischen Monastizismus in direkte Auseinandersetzung mit der konfuzianischen sozialen und weltlichen Hierarchie und den Begriffen der säkularen Moral. Während der T'ang-Dynastie wurden die Klöster reich und mächtig, besaßen riesige Ländereien, trieben Handel, hielten Sklaven und produzierten wertvolle Grundstoffe wie Reis und Öl. Mönche wurden zu Geldverleihern, Lehrern, politischen und spirituellen Beratern wichtiger Militärgouverneure, und ihr Einfluß verbreitete sich über die städtischen Zentren des Südens, ja, selbst am kaiserlichen Hof in Ch'ang-an war er spürbar. Aber der T'ang-Hof stand ebenso unter dem ständigen Einfluß von Taoismus und Konfuzianismus, und die drei Religionen lagen häufig miteinander im Streit. Das Schicksal einer jeden hing oft von den Launen und Vorlieben eines einzelnen Kaisers ab, und es ist durchaus möglich, daß der An-Lu-shan-Aufstand, dessen militärische Leiter ausgeprägt buddhistisch waren, möglicherweise indirekt zu der Buddhistenverfolgung von 845 beitrug.

Armeeangehörige fühlten sich besonders vom Ch'an angezogen (eine Vorliebe, die sich also nicht auf das spätere Japan der Samurai beschränkt hat), Bauern von der Reinen-Land-Schule; und der populäre Buddhismus mit seiner Reliquienverehrung, seinen religiösen Festen, Pilgerfahrten und Schreinen fand bei allen Anklang. In der Mitte des neunten Jahrhunderts hatte der Buddhismus jedoch an Bedeutung bei Staatsangelegenheiten und als intellektuelle Bewegung verloren. Dies lag teilweise an der Korruption in den Klöstern, teils auch an dem erzwungenen Handel mit rituellen Bestätigungen und Ordinationen durch den kaiserlichen Hof.

Die Taoisten griffen den Buddhismus häufig als fremdländische Importreligion vehement an und drängten auf eine Rückkehr zu indigenen chinesischen Traditionen. Als sie unter Wu-tsung 845 mit ihrer Mission Erfolg hatten, die »fremde Religion« auszumerzen, wurden über 46 000 buddhistische Tempel und Klöster beschlagnahmt, 400 000 Mönche und Nonnen wurden »zwangslaisiert« und um ihre religiösen Freiheiten, ihren Besitz und ihre Sklaven gebracht. Auch andere ausländische Religionen wurden verfolgt; Nestorianer, Manichäer und Parsen wurden gezwungen, das Land zu verlassen, und ein neuer Versuch des kaiserlichen Thrones zur Zentralisierung des Staates hatte vorübergehend einigen Erfolg.

Buddhistische Rituale waren am Kaiserhof nur zugelassen worden, um die Illusion aufrecht zu erhalten, daß es zwischen den Kaisern und den berühmten buddhistischen Gesetzgebern der Vergangenheit keinen grundsätzlichen Unterschied gab. Der Glaube war also dogmatisch stabil, politisch aber unsicher. Da Ritual und Zeremonie nie die starken Seiten der meditativen Schulen wie Ch'an waren, konnten Mönche wie Lin-chi ungestört wirken, ohne die gefährliche Aufmerksamkeit der kaiserlichen Autoritäten auf sich zu ziehen. Besonders galt das für den Norden, wo Lin-chi sich letztlich niederließ und lehrte – ein Gebiet, in dem Achtung vor Meditation und Pietismus vorherrschend war, während man sich im Süden meist auf die Textexegese konzentrierte.

Das Reisetagebuch des japanischen Mönchs Ennin, das 838 beginnt und nach der Verfolgung von 845 endet, dokumentiert das tägliche buddhistische Leben sehr genau. Darin beschreibt er drei Kategorien von buddhistischen Würdenträgern: »Erzbischöfe«, »Bischöfe« und Klosteraufseher und -aufwärter. Um für ihre Klöster Geld zu beschaffen, reisten solche höheren Mönchsränge umher und hielten öffentliche Vorträge über bekannte Sutras, wobei sie häufig bis zu 1 800 Zuhörer anzogen. Die Vorträge in den Klöstern waren in der Form von Frage- und Antwort-Spielen gehalten, die oftmals kämpferisch verliefen, mit viel aggressivem Schreien und Herausforderungen zwischen Redner und Zuhörern. Anschließend verbrachten die Teilnehmer einige Stunden mit zeremonieller Rezitation und Verehrung des Klosterschreins.

Von der Zeit an, als die Ch'an-Schule am Ende des achten Jahrhunderts unter Hui-neng, dem berühmten Sechsten Patriarchen, aus dem Untergrund auftauchte, galt sie traditionellen Buddhisten als Verirrung. Dies wird auch in Ennins Tagebuch deutlich, der die Ch'an-Mönche durchgehend als »ungehobelte und schroffe Kerle« beschreibt. Liang-su, ein berühmter buddhistischer Autor Mitte des neunten Jahrhunderts, übte eine vernichtende Kritik an seinen Zeitgenossen aus der Ch'an-Schule:

> Heutzutage haben nur wenige den wahren Glauben. Die den Weg des Ch'an gehen, sind so vermessen, das Volk zu lehren, es gebe weder einen Buddha noch ein *dharma*, und weder Sünde noch Tugend hätten irgendeine Bedeutung. Wenn sie diese Lehren gewöhnlichen oder unterdurchschnittlichen Menschen predigen, werden sie geglaubt von allen jenen, die ein Leben der weltlichen Lüste leben wollen. Solche Ideen, die dem Ohr so angenehm klingen, werden als große Weisheiten angenommen. Und die Leute werden von ihnen ebenso angezogen wie die Motten in der Nacht vom Kerzenlicht, in dem sie umkommen ... Solche Lehren sind unrecht und gefährlich wie die Teufel und Ketzer der Vergangenheit.

Alteingesessene Schulen des Mahayana wie T'ien-t'ai oder Hua-yen hatten von den Ch'an-Häretikern wenig zu fürchten, bis der An-Lu-shan-Aufstand das ganze politische und religiöse System erschütterte. Als spirituelles Gegenstück zu den individualistischen aufständischen Generälen setzte Ch'an den aktiven Nonkonformismus fort, der für das Zeitalter seiner Entstehung so charakteristisch war. In keiner Weise spekulativ, entsprach es der pragmatischen chinesischen Lebenseinstellung. Es betonte Spontaneität und Natürlichkeit und widersprach nicht der taoistischen Haltung gegenüber der Natur. Es besaß eine gesunde Ablehnung jedes Institutionalismus, und seine Mönche arbeiteten, um sich zu nähren und zu kleiden, im Gegensatz zu den Klöstern rivalisiernder Schulen, die riesige Ländereien besaßen und von den Spenden ihrer Umgebung profitierten. Völlig unabhängig von Schriften und Dogmen zerstörte die Lehre des Ch'an alle Begriffe von Subjekt und Objekt und wirkte in dem oft schwindelerregenden Bereich von Drama und Paradox. Seine Vertreter brachen mit indischem Quietismus, Bilderverehrung und Metaphysik und verkündeten einen direkten und praktischen Zugang zur Erleuchtung für alle, in einer alltäglichen Sprache, die auch vom einfachsten chinesischen Bauern verstanden werden konnte. [Die Nutzanwendung für die heutige Situation im Westen ist kaum zu übersehen.] Während so der Hof-Buddhismus verfiel, blühte das rauhe und kämpferische Ch'an auf und überlebte selbst die große Verfolgung von 845.

Ch'an-Mönche und taoistische Priester wurden vom Hof und der konfuzianischen Beamtenschaft als potentiell gefährliche Träger revolutionärer Gedanken angesehen; repräsentierten sie doch einen großen Teil der lokalen Landbevölkerung, des am wenigsten angesehenen und meist unzufriedenen Teils der Bevölkerung. Auch in der Praxis gab es offenkundige Parallelen. Sowohl im Taoismus als auch im Ch'an wird die Technik des Atemzählens als Grundtechnik der Meditation bis zum heutigen Tage verwendet; beide betonten eher Verneinung *(via negativa)* als Verehrung, und die Erfahrung der Leerheit als Grundlage ihrer Praxis. Der Ch'an-Meister Ma-tsu begründete die große Traditionslinie, die Gestalten wie Nan-ch'üan, Pai-chang, Huang-po [Obaku] und Chao-chou [Joshu] hervorbrachte – die ihr hartnäckiges Bestehen auf dem »gewöhnlichen« Weg zur Erleuchtung oftmals auf höchst seltsame und ungewöhnliche Weise ausgedrückten.

Das Leben eines Ch'an-Mönchs war einfach: Es bestand aus harter körperlicher Arbeit, und der Mönch teilte alles Besitztum mit der Gemeinschaft. Er schlief und meditierte auf derselben Matte, flickte seine Robe selbst und pflanzte sein eigenes Gemüse. Mehr noch, seine Lehrer teilten die Arbeit mit ihm und ergingen sich in dem, was orthodoxen Buddhisten wie Liang-su als wilde und groteske Streiche, Schreie und Schläge erschien. Während ihre dogmatischeren Kollegen ihre Zeit nutzten, um die Buddhafiguren in zahllosen Tempeln und Schreinen zu verehren, standen die Ch'an-Mönche im Ruf, diese Figuren und die heiligen Schriften zu verbrennen. Ihre Kritiker konnten nicht verstehen, daß im neunten Jahrhundert in China eine völlig neue Form des Buddhismus Gestalt annahm, die all ihre indischen Hüllen abwarf und sich der Erfahrung der Wirklichkeit von Erleuchtung auf eine völlig neuartige Weise hingab, dabei aber die indischen Legenden,

Figuren, Götter und himmlischen Bereiche – als Metaphern – weiterverwendete.

Ein unbekannter Mönch mit Namen I-hsüan machte sich irgendwann um 835 auf den Weg nach Chiang-nan im Süden, um bei dem berühmten Ch'an-Meister Huang-po zu praktizieren. Diese Reise stand am Beginn einer Bewegung, die wir heute Rinzai-Zen nennen. I-hsüan hatte bis dahin ein sehr gewöhnliches Leben geführt, selbst nach der traditionellen, von seinen Nachfolgern geschriebenen Biographie des Ch'an-Meisters, der später als Lin-chi bekannt werden sollte. Der Knabe I-hsüan wurde zwischen 810 und 815 in Nan-hua in der Präfektur Ts'ao geboren und trug den Familiennamen Hsing. Er wuchs auf in der Region, die jetzt als Yen-chou-fu in Shantung bekannt ist, unmittelbar südlich des Hoang-ho, fand früh seine Berufung zum Mönch und wurde mit 20 ordiniert. Wie viele andere kluge junge Männer seiner Zeit folgte auch er dem Weg der Gelehrsamkeit, insbesondere beschäftigte er sich gründlich mit den buddhistischen Schriften. Er verbrachte fünf oder sechs Jahre intensiven Studiums mit der esoterischen Philosophie der Hua-yen- und der Wei-shih-Schule des Mahayana. Dann erfaßte ihn eines Tages heftiger Abscheu gegen seine Bücher, er sah in ihnen »nichts als bloße Medikamente zur Errettung und zum Aufzeigen von Meinungen« und warf sie alle weg. Diese Geschichte ist so charakteristisch für so viele große Ch'an-Meister am Anfang ihrer Karriere, daß man sich fragt, ob sie nicht zu einer Formel erstarrt ist: Der zur Spiritualität neigende gescheite junge Mann wendet sich früh dem Mönchtum zu, schließt sich einer intellektuellen Tradition an, wendet sich in seinem Verlangen nach der direkten Erfahrung der Buddhaschaft wieder davon ab und der Lehre jenseits von Worten und Schriften zu.

Ohne jeden Zweifel standen der Luxus und die Korruption des monastischen Establishments im krassen Widerspruch zu der bereits im Verborgenen existierenden Linie des Ch'an. Diese war von Ma-tsu an Huang-po weitergegeben worden, und deren Schreie,

Schläge und Verachtung aller traditionellen Formen des Buddhismus kamen unzufriedenen jungen Mönchen wie I-hsüan gerade recht.

Bei seinem Eintritt in Huang-pos Gemeinschaft zog der junge Novize wenig Aufmerksamkeit auf sich; er war so scheu, daß er fast drei Jahre brauchte, bevor er den Mut aufbrachte, dem großen Meister in einem persönlichen Gespräch gegenüberzutreten. Nach dem *Lin-chi-lu*[1], das während der Sung-Dynastie fast 300 Jahre nach seinem Tod verfaßt wurde, erregte er die Aufmerksamkeit des Mönchsaufsehers, wahrscheinlich Mu-chou Tao-ming (Bokushu, der später auch einer von Huang-pos begabten und exzentrischen *dharma*-Erben werden sollte), und der riet ihm, beim Meister vorzusprechen. I-hsüan folgte dem Rat des Aufsehers, ging zu Huang-po und fragte ihn: »Was ist das ursprüngliche Prinzip des Buddha-*dharma*?« – eine alltägliche Frage für Ch'an-Novizen. Huang-pos Antwort war ein Stockschlag. Verwirrt kehrte I-hsüan zum Aufseher zurück und erzählte ihm seine Erfahrung mit dem Meister. Mu-chou drängte ihn, zurückzukehren und nochmals zu fragen. Eifrig suchte er ein zweites Gespräch und stellte dieselbe Frage. Wieder schlug ihn Huang-po. Wieder ging I-hsüan zu Mu-chou und berichtete, was geschehen war. »Geh zurück und frage nochmals«, war der Rat des Mönchs. Zum drittenmal ging der unglückliche junge Mönch zum Meister und fragte ihn: »Was ist das ursprüngliche Prinzip des Buddha-*dharma*?« Wieder erhielt er einen Schlag für seine Mühe. Diesmal ging er zu Mu-chou und gestand, er wisse nicht, worum es eigentlich gehe, er vermute aber, der Fehler liege bei ihm, er habe sicher Huang-po verärgert und sei deshalb geschlagen worden. Er sei entschlossen, das Kloster zu verlassen. Mu-chou, der mitfühlend seinen Zustand erkannte, ging heimlich zum Meister, erzählte ihm von I-hsüans Zwangslage und empfahl ihm, ein Auge auf das junge Talent zu haben. Dann ging er zu I-hsüan und sagte ihm, er solle sich von Huang-po verabschieden, bevor er ginge. I-hsüan ging pflichtschuldig zum Meister, um ihm seinen Respekt zu bezeugen. Huang-po erwähnte beiläufig Ta-yü [Daigu], einen Freund, der unweit in einer Einsiedelei lebte, und schlug vor, I-hsüan solle dorthin gehen, um eine Antwort auf seine Frage zu finden.

Der vielversprechende junge Mönch machte sich sofort auf den Weg zu Ta-yüs Klause und legte ihm gleich bei der Ankunft sein Dilemma vor. Der exzentrische alte Einsiedler aber tadelte ihn und sagte: »Huang-po war zu dir freundlich wie eine alte Großmutter, und du weißt das nicht zu schätzen!« Bei diesen Worten erfaßte I-hsüan die Wirklichkeit und rief aus: »Ah ... soviel ist an Huang-pos *dharma* also gar nicht dran!« Ta-yü antwortete ihm mit einem Schlag, den I-hsüan sogleich erwiderte. »Du Grünschnabel!« rief Ta-yü. »Ich habe nichts mit dir zu tun, du bist Huang-pos Problem. Geh zurück zu ihm!«

I-hsüan kehrte in sein Heimatkloster zurück und begrüßte Huang-po mit einem Schlag. »Dieser Wahnsinnige kommt hierher zurück, um an den Barthaaren des Tigers zu zupfen!« rief der Meister, hocherfreut über die Einsicht seines Schülers. Der antwortete mit einem lauten »HO!« [jap. *katsu* – schreien, saufen], das später sein Markenzeichen als Ch'an-Meister werden sollte. »Führt diesen Verrückten zurück in die Mönchshalle«, sagte Huang-po lachend.

Dieser »verrückte« Dialog war der eigentliche Anfangspunkt von I-hsüans Ch'an-Training. Er blieb bei Huang-po und wanderte zwischen Chiang-nan und Ta-yüs Einsiedelei in Hung-chou hin und her, um seine Einsicht zu vertiefen. Die Buddhistenverfolgung von 845 fand ihn friedlich in Ta-yüs Klause sitzend, wobei er von Zeit zu Zeit Streifzüge für Studien mit Huang-pos dharma-Brüdern Kuei-shan [Isan] und Yang-shan [Kyozan] unternahm, er kehrte aber immer wieder zu seinem Heimatkloster in Chiang-nan zurück. Die Dialoge zwischen I-hsüan und Huang-po während dieser Jahre des Trainings geben ein lebhaftes Bild dieser beiden religiösen Genies »in Aktion«.

Als I-hsüan einmal bei der Arbeit war und das Feld harkte, sah er Huang-po kommen, hörte auf und lehnte sich auf seine Harke. Näherkommend rief Huang-po: »Ist dieser Kerl etwa schon müde?« »Wie könnte ich müde sein, wenn ich meine Harke noch gar nicht aufgenommen habe?« gab I-hsüan zurück. Huang-po schlug ihn, aber I-hsüan ergriff seinen Stock und stieß ihn damit, bis der Ältere niederfiel. »He Aufseher«, rief der den diensthabenden Mönch, »komm und hilf mir auf!« Daß I-hsüan den Huang-po niederstoßen konnte, war schon bemerkenswert, denn der Meister war ein bärenstarker Zwei-Meter-Riese. Der Aufseher kam gelaufen und rief: »Meister, warum laßt Ihr diesen Wahnsinnigen mit solchen Respektlosigkeiten durchkommen?« Sobald Huang-po auf den Beinen war, schlug er den Aufseher. I-hsüan arbeitete unbekümmert weiter und rief aus: »Überall begraben sie die Toten; hier aber begrabe ich die Leute lebendig!«

Dieses Beharren auf der unbedingten Würde selbst des niedrigsten Gliedes der Hackordnung war kein bloßes Symbol der Verspieltheit des Ch'an, sondern eine grundlegende und ernsthafte Herausforderung für die kaiserliche Hierarchie der T'ang-Ordnung, in der Insubordination ein Kapitalverbrechen war. Huang-pos Anerkennung des klaren Verständnisses der »Großen Frage von Leben und Tod« wird deutlich durch sein andauerndes Gutheißen von I-hsüans offenbarer Grobheit. [Ein selbst weniger grober Meister hätte da vielleicht größere Schwierigkeiten gehabt.] In einer von konfuzianischen Standesbegriffen geprägten Gesellschaft improvisierten diese beiden frei ihr Drama von »Revolution« und Freiheit des Individuums.

Als I-hsüan einmal auf seinem Sitzkissen eingeschlafen war, kam Huang-po in die Halle und schlug das Klangbrett [*han*] mit seinem Stock an. I-hsüan öffnete die Augen, sah wer das Brett anschlug, und schlief weiter. Mu-chou, der Mönchsaufseher, saß vorschriftsmäßig in Meditation. Huang-po schlug nochmals das Brett an, stellte sich direkt hinter ihn und rief: »Dieser junge Kerl, der da auf dem geringeren Platz sitzt, meditiert wirklich. Du und deine künstlichen Begriffe – was glaubst du, was du da tust?« Mu-chou antwortete: »Was will der alte Knabe von mir?« Huang-po schlug nochmals gegen das Brett und ging hinaus.

Im Gegensatz zu der Lehrerverehrung und Wundersucht, die in der überwiegenden Mehrzahl der buddhistischen Klöster üblich war, offenbarten diese Ch'an-Praktiker das Buddha-*dharma* im besten Sinne. Völlig »demokratisch« im Ausdruck ihrer Einsicht, klar und sich in jedem Augenblick bewußt, worauf sie und ihre Lehrer hinauswollten, drückten sie ihre grundlegende menschliche Freiheit in jeder Geste und jedem Schrei aus. I-hsüan war konsequent und benahm sich auch so ehrwürdigen Meistern wie Te-shan [Tokusan] gegenüber in dieser Weise. Als er einmal dem alten Mann aufwartete, erwiderte er des Meisters Bemerkung, daß er müde sei, mit der Frage: »Was murmelt der alte Kerl da im Schlaf?« Als Te-shan ihn zur Antwort schlug, zog ihm I-hsüan den Meisterstuhl weg. Te-shan stand auf und ging zurück in sein Zimmer. Das Wichtigste in diesen scheinbar wilden und ungestümen Auseinandersetzungen ist, daß keiner der Teilnehmer sich dabei in einem Wettkampf engagiert, um seine Überlegenheit zu beweisen, daß es keinen Gewinner und keinen Verlierer gibt; das Spiel selbst ist die Sache.

Um 849 machte sich I-hsüan, nun schon über vierzig, auf die traditionelle Pilgerreise des »fertigen« Zen-Mönchs. Reif genug in seinem Verständnis, um eine ganze Schar von berühmten Lehrern im ganzen Reich herauszufordern, zeigte I-hsüan seine charakteristische geistige Unabhängigkeit auch bei seinem Abschied von Huang-po. Als ihm der Meister am Klostertor Lebewohl sagte, bot er ihm einige Gegenstände an, die er von seinem Lehrer, dem großen Pai-chang, erhalten hatte. »Hier, nimm die Armstütze und das Lesepult«, sagte Huang-po und erteilte damit symbolisch seinem scheidenden Schüler die *dharma*-Übertragung. »Das *dharma* hat keinen Bedarf an solchen Dingen«, erwiderte I-Hsüan, »warum verbrennst du sie nicht?« Huang-po, der seinen *dharma*-Erben genau kannte, sagte: »Nimm sie trotzdem mit. In Zukunft wirst du jedem Mann in der Welt die Zunge abschneiden!« I-hsüan weigerte sich weiterhin hartnäckig und verließ das Kloster ohne Armstütze und Lesepult. Noch am Ende dieser tiefen, beständigen und häufig wortlosen Verbindung zwischen den beiden radikalen Vertretern des Ch'an stand ein dem Anschein nach ironischer Wortwechsel.

I-hsüan wanderte über ein Jahr umher, ließ sich einen Bart stehen und das Haar schulterlang wachsen und erprobte seine Verwirklichung mit einer Reihe von berühmten und weniger berühmten Ch'an-Meistern, wobei er immer mit dem Bewußtsein wegging, daß ihm keiner auch nur ansatzweise gewachsen sei. War das Arroganz, oder war das vielleicht eher ein Ausdruck der absoluten Freiheit, die er gewonnen hatte? Endlich schlug er den Weg nach Norden ein und beendete seine Pilgerreise in der Präfektur Chen-chou in Hopei. Hier, unter dem hochherzigen Patronat des autonomen Militärgouverneurs Wang, wurde der Mönch I-hsüan zum Lehrer Lin-chi, so genannt nach seinem Tempel Lin-chi Yüan [Rinzai-ji], dem »Tempel an der Furt« des Flusses Hu-to.

Obwohl Lin-chi völlige Selbständigkeit gegenüber dem Gouverneur genoß, kam er nicht zu großem Ruhm, und sein Tempel blieb immer klein und abseits der ausgetretenen Pfade – keine Konkurrenz für die märchenhaften Wu-t'ai-Klöster auf dem sich über Chen-chou erhebenden heiligen Berg[4], die Tausende buddhistischer Pilger aus ganz Asien anzogen. Seine Popularität war ebenfalls eher bescheiden; es gibt keine Berichte über riesige Versammlungen von Mönchen, obwohl durchaus Besucher kamen, sowohl Laien als auch Mönche; und selbst ein weitberühmter Ch'an-Meister wie Chao-chou tauchte an seinem Tor auf.

Aber wichtiger für Lin-chi war ein ganz anderer, nämlich P'u-hua [Fuke], ein seltsamer himmlischer Narr, ein rätselhafter Helfer, der, gemäß einer Jahre zurückliegenden Weissagung, zu Lin-chis Vorteil hervortreten sollte. P'u-hua war eine fast schon übernatürliche Gestalt, die in Lin-chis Gemeinschaft auftauchte und wieder verschwand, die Marktplätze durchwanderte und mit ihren Rätseln und Streichen das Ch'an-Establishment zum Narren hielt. Von seinem Stil färbte viel auf Lin-chi ab, dessen persönliches Markenzeichen des exzentrischen Individualismus in den zehn kurzen Jahren seiner Lehrerschaft einen immer deutlicheren Ausdruck erlangte. Ihre fast possenhafte Partnerschaft wird in etlichen Beschreibungen des *Lin-chi-lu* sichtbar.

Lin-chi und P'u-hua waren zu einem vegetarischen Festmahl

eingeladen, das ein örtlicher Gönner ihnen zu Ehren gab. Lin-chi präsentierte seinem Freund während des Essens einen *kung-an* [jap. *koan*]: »Ein Haar verschlingt das ganze Weltmeer, und ein Senfkorn enthält den Berg Sumeru. Geschieht das durch übernatürliche Kräfte, oder ist das immer so?« P'u-hua stieß mit dem Fuß den Tisch um. »Du Grobian!« rief Lin-chi. »Was ist das für ein Ort, von grob und fein zu sprechen?« konterte P'u-hua.

Am nächsten Tag gingen sie wieder zum Essen in ein Privathaus, und Lin-chi fing nochmals eine Diskussion an: »Wie ist das heutige Essen verglichen mit dem gestrigen?« P'u-hua stieß wieder den Tisch um, und Lin-chi sagte: »Du verstehst es wirklich, aber du bleibst ein Grobian.« Diesmal antwortete P'u-hua: »Du blinder Kerl; was predigst du Grobheit und Feinheit im Buddha-*dharma*?« Rinzai streckte seine Zunge heraus, ein alter chinesischer Ausdruck der Bewunderung.

Bei einer anderen Gelegenheit saß P'u-hua, der nach Belieben kam und ging, manchmal Lin-chis Gemeinschaft beiwohnte, meist aber auf dem Markt herumstrich, vor der Meditationshalle und kaute lautstark an einem Kohlstrunk. Lin-chi sah ihn und rief: »Du machst den Eindruck eines Esels!« P'u-hua schrie wie ein Esel. Lin-chi rief: »Dieser Räuber!« P'u-hua ging weg und schrie laut: »Räuber, Räuber!«

Solche Auseinandersetzungen boten eine gute Gelegenheit, die Einsicht im Ch'an zu schärfen, da es eben *nicht* darum ging, irgendeine Überlegenheit zur Schau zu stellen. Keine Begebenheit war zu banal, kein Ort war zu wenig geeignet, kein Mensch war zu groß oder zu klein für das Spiel des *dharma*. Im eigentlichen Sinne war P'u-hua mehr noch als Lin-chi ein hausloser Mönch, aber beide waren wahrhaft hauslos, denn beide hatten alles egoistische Verlangen und jeden Begriff von Überheblichkeit abgelegt. Und beide waren daher überall zu Hause.

P'u-hua, der außerhalb jeder gesellschaftlichen Ordnung stand, ein purzelbaumschlagender Witzbold, pflegte in den Straßen herumzuwandern, mit seiner Glocke zu läuten und zu rufen: »Wenn es in der Helligkeit kommt, schlage ich es in Helligkeit; wenn es in der Dunkelheit kommt, schlage ich es in Dunkelheit. Wenn es von allen Seiten kommt, schlage ich es wie ein Wirbelwind; kommt es aus der Leere, dresche ich es.« Als er das hörte, wies Lin-chi einen der Mönche an, P'u-hua festzuhalten und ihn zu fragen: »Und wenn es auf keinem dieser Wege kommt, was dann?« Der Mönch tat, wie ihm aufgetragen worden war. Aber P'u-hua wand sich nur aus seinem Griff und sagte: »Morgen gibt es ein großes Gratisessen im Kloster des Großen Erbarmens!« Als der Mönch zurückkam und Lin-chi das Ergebnis berichtete, sagte der nur: »Ich war immer schon fasziniert von diesem Kerl.«

In der wahrscheinlich volkstümlichsten ihrer Auseinandersetzungen demonstrierten die beiden nichts weniger als das zentrale Thema des Ch'an, die Frage von Geburt und Tod. P'u-hua bettelte jeden Vorbeikommenden auf dem Marktplatz an, ihm eine Robe zu schenken, war aber mit nichts zufriedenzustellen, bis ihm Lin-chi einen Sarg anbot und sagte: »Hier habe ich eine Robe für dich machen lassen.« P'u-hua nahm den Sarg auf, hängte ihn mit einem Seil über seine Schultern, ging über den Marktplatz und schrie: »Lin-chi hat mir diese Robe schneidern lassen! Ich gehe zum Osttor, um dort zu sterben.« Die Leute strömten zusammen und liefen dem »Dorftrottel« nach, um zu sehen, was er diesmal wohl vorhatte. Als er zum Osttor kam, drehte er sich um und sagte: »Nein, nicht heute. Ich werde zum Sterben lieber morgen zum Südtor gehen.« Dieses Spiel betrieb er drei Tage lang, bis die Leute aufhörten, ihm Beachtung zu schenken. Am vierten Tag trug P'u-hua ganz allein seinen Sarg vor die Stadtmauer hinaus, stieg hinein und streckte sich aus wie ein Leichnam. Ein Passant kam seiner Bitte nach, den Sarg zuzunageln; dann ging er zum Marktplatz, um den Leuten davon zu erzählen. Die rannten alle hin, neugierig, worauf P'u-hua nun aus war; als sie aber den Sarg öffneten, war er leer, und nur das leise Läuten seines Glöckchens aus der Höhe erinnerte an den himmlischen Narren.

Lin-chi war bekannt für seine Härte; P'u-hua für seine Possen. Gemeinsam adaptierten sie wie Künstler die Methode des Lehrens für die Straße und machten Ch'an selbst dem einfachsten Ladenschwengel zugänglich. Ohne Interesse daran, den klösterlichen Buddhismus weiterzuverbreiten, ja ohne der Wohlanständigkeit ihrer Bühne oder Zuhörerschaft viel Beachtung zu schenken, lebten und verkörperten sie den Geist des Pu-tai [Hotei], des Bodhisattva des Marktplatzes.

Die Welt rund um den kleinen Tempel an der Furt war in ständigem Aufruhr. Soldaten waren allgegenwärtig, mögliche Invasionen der nördlichen Barbaren eine alltägliche Sorge. Politisch konnte nichts gefährlicher sein, als irgendeine Art von Individualismus zu verbreiten oder der Abschaffung von Rangordnungen das Wort zu reden. Und doch war es gerade hier, daß Lin-chis ungemilderter Nicht-Dualismus, sein Beharren auf der vollständigen Aufgabe von religiösem Dogma und jeder Abhängigkeit von äußeren Umständen, sich zu einer Schule entwickelte, die später in Japan als Rinzai-Zen bekannt wurde. Seine unmittelbaren Schüler zählten nicht mehr als 25, mit San-sheng Hui-jan [Sansho Enen] als direktem Erben, nach des Meisters berühmtem, unorthodoxem letzten Wort der Übertragung: »Wer hätte gedacht, daß ich mein *dharma* einem solchen blinden Esel weitergeben würde!« Erst in der siebten Generation seiner Nachfolger, mit Shih-shuang Ch'u-yüan [Sekiso Soen, 986–1039], verbreitete sich seine Linie nach Süden und wurde zur bedeutendsten Ch'an-Schule der Sung-Dynastie. Die Berichte widersprechen einander bezüglich seines Todestages; einer gibt den 27. Mai 866 an, der andere nennt den 18. Februar 867. Beide Quellen berichten aber, daß er nicht krank war und daß er sich auf seinen Platz setzte und mit seinem charakteristischen Humor und Einsatz zu seinen Schülern sprach, bevor er die Augen schloß und friedlich starb.

Alle schriftlichen Informationen, die von Lin-chis Leben und Lehren erhalten sind, sind im *Lin-chi-lu* enthalten, in Form von Diskursen mit Schülern und Besuchern des Lin-chi Yüan und einer angehängten Biographie. Obwohl es erst mehr als 300 Jahre nach seinem Tod zusammengetragen wurde, ist es doch ein lebendiges und kraftvolles Zeugnis der revolutionären, in alltäglicher, ja vulgärer Rede enthaltenen Mächtigkeit von Lin-chis Lehrmethode. Er zeigt sich hier als brillanter Improvisator, der seine Zuhörerschaft mit schockierenden Aussprüchen und Handlungen auffordert, immer *sie selbst* zu sein. Mit der direkten Methode des sokratischen Dialogs ermunterte er den Fragenden, ihn herauszufordern in einer Konfrontation »Augenbraue an Augenbraue«, und er zögerte auch nicht, weniger wackere Kämpen verbal und physisch niederzumachen. Lin-chis äußerliche Ruppigkeit wird jedoch Lügen gestraft von seinem ganz unzeitgemäßen Humanismus, seinem Bestehen auf einer bedingungslosen Würde des Einzelnen, einem Thema, das im damaligen sozialen und spirituellen Milieu völlig unerhört war. Und zwar sowohl im auf die Natur konzentrierten Taoismus als auch im Konfuzianismus, der im Vorurteil der sozialen Form gefangen war und jede Autonomie des Individuums ablehnte, und im Buddhismus, der sich erbaulich und jenseitig darstellte. Für Lin-chi war das menschliche Wesen nicht eine philosophische Abstraktion, sondern ein Buddha aus Fleisch und Blut. Seine Zuhörer waren häufig nicht wenig erstaunt, von ihm als Bodhisattvas, Buddhas und Patriarchen angesprochen zu werden, und seine Gönner brachte er vermutlich nicht weniger in Verlegenheit mit seiner vollständigen Mißachtung von Rang und Autorität, die er in seiner Doktrin des »Wahren Menschen ohne Rang« entwickelte.

Während er seine Zuhörerschaft fest ins Auge faßte, rief er aus: »Mitten auf eurem Klumpen rötlichen Fleisches sitzt ein wahrer Mensch ohne Rang, der immer ein- und ausgeht durch die Pforte eures Gesichts. Wer ihn noch nicht erkannt hat – sieh! Sieh!« Ein Mönch stand auf und fragte: »Was ist's mit diesem wahren Menschen ohne Rang?« Lin-chi stieg von dem Hohen Stuhl, stellte sich ihm Auge in Auge gegenüber und sagte: »Was ist's mit ihm?« und, ihn beim Kragen packend, rief er: »Rede! Rede!« Der Mönch zögerte, und Lin-chi stieß ihn zur Seite, rief: »Dieser wahre Mensch ohne Rang, wie ist er voll von Scheiße!« und verließ die Halle.

Lin-chi fügte der Botschaft des Ch'an nichts Neues hinzu, aber er änderte radikal die Art, diese Botschaft zu vermitteln. Er übte ätzende Kritik an den Leuten, die von einem Lehrer zum anderen liefen und Erleuchtung in den Worten und Namen anderer suchten:

> Ich rede auf diese Weise nur, weil ihr Suchenden nicht aufhört, überall herumzurennen, um die wertlosen Kniffe von Leuten zu lernen, die längst tot und vergangen sind [wie heute er selbst]. Für mich sind die Bodhisattvas nichts als Scheiße im Kübel, Pfosten, um Esel anzubinden, Sträflinge in Ketten. Buddha ist nichts als ein Name!

Solche Ansprüche an das spirituelle Selbstbewußtsein waren nichts für ängstliche oder nach Erbauung suchende Menschen. Um seinen Worten lebendige Bedeutung zu verleihen, scheute Lin-chi nicht davor zurück, seine Schüler zu schütteln, zu schlagen und anzubrüllen; »Schocktherapie« zu verwenden, um ihnen zum Durchbruch zu verhelfen. Es überrascht nicht, daß er Quietismus demaskierte und dramatische »action« bevorzugte, lebendigem Austausch gegenüber langen Sitzperioden den Vorrang gab. Er charakterisierte scheinheilige Mönche als »blinde Glatzköpfe, die sich mit Essen vollstopfen und stundenlang wie Säcke in Meditation dasitzen würden, um den Fluß der Gedanken anzuhalten« und warnte sie, daß dieses Sitzen nur zu einem »Höllen-Karma« für sie führen könne. Lin-chi lebte von radikalen Aussprüchen wie diesen, er ging sogar so weit, Schüler zu drängen, die Buddhas samt den alten Lehrern und gleich auch ihre eigenen Eltern zu erschlagen. Es verwundert nicht, daß solche Lehren die Feindschaft der Konfuzianer hervorriefen, die außer sich waren über eine solche Verletzung der Kindespflichten. Traditionelle Buddhisten wiederum schraken zurück vor Lin-chis Anstiftung zu solch »schändlichen Verbrechen«[2].

Für Lin-chi war ein Schüler nur dann akzeptabel, wenn er vollständige Hauslosigkeit anstrebte – nicht in Form des Mönchseins, sondern durch ein absolutes Sich-Enthalten jeden Haftens an die Welt der Phänomene überhaupt. Das schloß auch die Meditation und den Begriff der Erleuchtung ein. Für Lin-chi existierten keine »Buddhas«. Keine Vergangenheit, keine Gegenwart und keine Zukunft konnten die Erfahrung der Erleuchtung verhindern oder hervorbringen. *Wu* [jap. *satori*] selbst benötigte keine Übung. Alles, was ernsthaft Suchenden blieb, war das Vertrauen in ihre Aktivität »hier und jetzt«. Allen, die ihn weiter ausfragten über Buddha, Buddhismus, Erleuchtung etc., antwortete er: »Der Buddha bist du, der du da gerade jetzt vor meinen Augen meiner Rede folgst!«

Ungeduldig mit dem Herumsitzen in Meditation und mit den Lehrmethoden, die *chien-hsing* [jap. *kensho*] vorantreiben sollten, war Lin-chi häufig frustriert, überhaupt sprechen zu müssen. Etliche Vorträge zielten daher warnend auf die Schüler, die jede Spur verfolgten und sich überall umsahen, um Ch'an-Erfahrung »aus zweiter Hand von den Sprüchen anderer zu schnorren«. Lin-chi genügte nichts außer bedingungsloser geistiger Loslösung *und* leidenschaftlichem Engagement in den Aktivitäten des Lebens selbst. Zweifellos eine schwierige Aufgabe für einen sich mühenden jungen Novizen. Es muß schwierig gewesen sein, des Meisters Ablehnung herkömmlicher Ch'an-Lehrmethoden zu akzeptieren, schwierig, den in der Sitzmeditation implizierten Begriff von Ursache und Wirkung loszuwerden, demgemäß Sitzen zur Erleuchtung führen würde. Lin-chis Beharren auf der Überlegenheit der unmittelbaren Erfahrung gegenüber der künstlich herbeigeführten Beschaulichkeit wird gut illustriert durch die folgende Auseinandersetzung mit einem etwas überheblichen Mönch:

Lin-chi sagte vor der Gemeinschaft: »Ich habe zwanzig Jahre mit Huang-po verbracht. Als ich ihn dreimal nach dem Grundprinzip des Buddhismus fragte, schlug er mich dreimal mit seinem Stock. Es war wie Klopfen mit einem Blumenstengel. Jetzt würde ich einen anderen Geschmack des Stockes bevorzugen. Wer kann mir den geben?« Ein Mönch trat vor und sagte: »Ich.« Lin-chi hielt ihm den Stock hin. Der Mönch versuchte ihn zu packen, aber Lin-chi schlug ihn damit.

Lin-chis Stil des Ch'an war die Darstellung, die direkte Rede und Antwort, die perfekt dramatisierte Präsentation des Ganzen. Alle esoterischen Prinzipien des Mahayana waren konzentriert in einem Schlag, übersetzt in das herausfordernde Wort eines Hasardeurs. Heute würde man Lin-chi vielleicht einen Systemschauspieler nennen, dessen Wort und übertriebenes, ja verzerrt erdhaftes Spiel gerade die tiefste spirituelle Erfahrung transportiert. Sein Genie schneiderte diese Erfahrung für jeden einzelnen, der ihm gegenübertrat, zurecht. Mit seiner abweichenden Art von Ch'an-Einsicht, seiner Weigerung, zwischen heilig und profan zu unterscheiden konnte er in Gesprächen »einen Menschen durch und durch erkennen«. Wenn er auch nur einen Funken des Zweifels in einem Schüler entdeckte, einen Moment des Zögerns, ließ er einen Schlag oder einen Schrei los, um den Schüler wieder ins Zentrum des Selbstvertrauens zurückzubringen – »Ein Gedanke des Zweifels in deinem Geist ist der Teufel.« Furchtlos gegenüber einer Ächtung durch die Ch'an-Gemeinschaft, befürwortete er, daß seine Mönche jede Hierarchie, jede Sicherheit eines Tempels und jede Gönnerschaft vermieden, und warnte sie, keine Tempel-Priester zu werden, die wie junge Bräute davor Angst haben müßten, »mit nichts in der Tasche hinausgeworfen zu werden«. Die wirklich großen Männer des Ch'an, sagte er, seien von Anfang an Außenseiter gewesen, und ihr Wert sei erst in späteren Jahren erkannt worden. Und das war in seinen Augen »eine gute Sache, denn wären sie überall anerkannt gewesen, was hätten sie dann überhaupt für einen Wert gehabt?«

Lin-chi drängte seine Zuhörer, sowohl den »Luxus« des Klosterlebens zu vermeiden, als auch die Suche nach dem Buddha aufzugeben. Er ermutigte sie zur Tapferkeit auch angesichts von Wundern und Dämonen. Nichts sei ewig, nicht einmal die Götter, um wieviel weniger dann das Wort selbst des verehrungswürdigsten Ch'an-Meisters? »Wenn du dein Verständnis auf die aus zweiter Hand überlieferten Aufzeichnungen irgendeines toten alten Knackers aufbaust«, schimpfte er, »deine Aufzeichnungen in Tücher wickelst und sie für geheim erklärst, dann bist du nichts als ein blinder Narr. Welchen Nährwert kannst du in diesen ausgetrockneten alten Knochen finden?« Er bevorzugte lebendige Aussprache, beißenden Dialog, dialektisches Paradox und scheinbar unlogische Verdrehung, wie z. B. in dieser Aussage über den Geist:

> Geist ist ohne Form und durchdringt die zehn Richtungen: im Auge wird er Sehen genannt, im Ohr Hören, in der Nase nimmt er Gerüche wahr, im Mund führt er Gespräche, in der Hand ergreift und in den Füßen läuft und trägt er. Im Grunde ist er eine einzige reine Ausstrahlung; getrennt wird er zu den sechs harmonisch vereinten Sinnes-Sphären. Da der Geist nicht existiert, wo immer du bist, bist du befreit.

Wie der typische chinesische Intellektuelle seiner Zeit neigte Lin-chi zum Kategorisieren. Aber der Ch'an-Mensch Lin-chi verwendete Worte und Kategorien, um das begriffliche Denken zu zerschlagen, und schleuderte Donnerkeile, um den intuitiven Geist zu erwecken. Seine Lehrerschaft war sehr ausgeprägt, und er überarbeitete die persönliche Lehrer-Schüler-Beziehung zu einem lebensfähigen Werkzeug der Erleuchtung. Sein eigener umspannender Geist und seine psychologische Auffassungsgabe standen in jedem Augenblick auf verschiedenen Ebenen in Wechselwirkung, und er hatte keine Geduld mit dem langsamen und gleichmäßigen Zugang anderer Lehrer. So übte er nicht nur offene Kritik an den anderen buddhistischen Schulen, sondern auch an den anderen Ch'an-Lehrern, die ihre Schüler nicht »die Wahrheit für sich selbst erfahren« ließen.

Eine oberflächliche Sicht seiner Techniken, die das freigebige Verteilen von Schlägen ebenso umfaßte wie ohrenbetäubendes Schreien, könnte aber Lin-chis anspruchsvolle Lehre von der vierfachen Verwandtschaft zwischen Fragesteller und Antwortendem[3] verdecken, deren prozeßorientierte Zugangsweise die »Gast und

Wirt«-Metapher benutzt, um die Wandlung des Ich auf dem Weg zu beschreiben.

In der ersten Situation trifft der »Gast«, das begrenzte Ich, auf den »Wirt«, die Essenz oder das universale Wesen. Der beschränkte Gast stellt eine Frage, und die wird vom universalen Wirt beantwortet. Ein Beispiel dafür ist Lin-chis eigenes Zusammentreffen mit Huang-po, als der noch unerleuchtete junge Mönch seine dreimalige Frage stellte und seine drei Schläge von dem unbehindert und spontan funktionierenden universalen Selbst bekam.

In der zweiten Situation sieht der »Wirt« den »Gast«. Der Fragende nimmt die universale Position ein und der Antwortende die des abgetrennten Ich. Dies ist der Fall, wenn der erleuchtete Lin-chi seinem unerleuchteten Schüler eine Frage stellt, oder wenn ein erleuchteter Schüler vom Gesichtspunkt seines begrenzten Ich aus antwortet wie z. B. der sich dumm stellende Mönch. Oder wenn der Mönch wirklich von der Ebene seines dualistischen Geistes aus antwortet.

In der dritten Situation, »Wirt sieht Wirt«, funktionieren der Fragende und der Antwortende beide als universales Selbst. Das ist die ideale Position. Lin-chis erleuchteter Austausch mit Ta-yü – als er den alten Lehrer schlägt und nicht auf seine Frage »Was hast du gesehen?« antwortet – weist hin auf den »Wirt, der den Wirt grüßt«.

Wenn in der vierten Situation der »Gast« auf den »Gast« trifft, sind wir in der unglücklichen Lage, daß das beschränkte Ich verblendet auf ein anderes beschränktes Ich trifft und irregeleitet zu kommunizieren versucht. Das ist es, was nach Meinung Lin-chis bei den meisten Begegnungen zwischen Schüler und Lehrer geschieht: »Da gibt es Schüler, die ihre Kette und Kugel herumschleppen und bei einem Ch'an-Lehrer erscheinen, der nur noch ein Vorhängeschloß an ihre Last hängt. Schüler und Lehrer sind höchst zufrieden, denn beide haben nicht mitbekommen, was eigentlich geschehen ist.«

In seinen »Vier Verfahren der Befreiung von Subjektivität und Objektivität« präsentiert Lin-chi einen *kung-an*, einen Schlag oder einen Schrei, um den Schüler auf der Stelle von seinem dualistischen Subjekt-Objekt-Geist zu befreien. Zuerst (1) nimmt er die Person weg, aber nicht die objektive Situation, d. h., er befreit sie von ihren Bindungen an die subjektive Welt, läßt aber die objektive Welt bestehen. Zu diesem Zweck benutzt er Gedichte, die ausschließlich die natürliche Landschaft beschreiben, ohne eine Ich-Perspektive. Dann (2), um die objektive Situation zum Verschwinden zu bringen, die Person aber übrigzulassen, merzt er alle Begriffe des Suchens nach einer Erleuchtung von außen aus: »Da gibt es manche buddhistische Sucher, die schon den Fehler gemacht haben, auf dem Fünftafelberg[4] nach Manjusri zu suchen. Willst du Manjusri erkennen? Der ist in diesem Moment am Werk mitten in dir, unerschütterlich, ohne Platz für irgendeinen Zweifel. Das ist der lebendige Manjusri.«

Entsprechend wird die Befreiung eines Schülers von sowohl objektiven als auch subjektiven Anhaftungen (3) durch einen Schrei, einen Schlag oder Stoß erreicht. Solche physischen Schocks heben den Geist aus den Angeln des intellektuellen Kalküls und befreien den Menschen von der Identifikation mit Subjekt oder Objekt. Das wird dramatisch illustriert im Fall 32 des *Bi-yän-lu [pi-yen-lu, Hekiganroku]*, einer *kung-an*-Sammlung, die heute noch in Zen-Zentren verwendet wird. Der Mönchsaufseher Ting Shang-tso [Jojoza] fragte Lin-chi: »Was ist das wahre Wesen des Buddhismus?« Lin-chi stieg von seinem Sitz, packte Ting beim Kragen, schüttelte und ohrfeigte ihn und stieß ihn weg. Ting blieb einfach stehen. »Ting, warum verneigst du dich nicht?« rief ein Mönch aus der Versammlung. Als Ting sich verneigte, erfuhr er plötzlich die große Erleuchtung.

Am Ende (4) läßt Lin-chi sowohl Subjektivität als auch Objektivität bestehen, wie sie sind, vollständig identisch im Zustand des gewöhnlichen Seins, seine letztendliche Realität von »Scheißen, pissen und ganz gewöhnlich werden«.

Indem er die [ritualisierte] Meditation ablehnte und mit neuen Lehrformen experimentierte, stellte Lin-chi auch die traditionellen Definitionen von Erleuchtung und Übertragung in Frage.

Trotzdem gelang ihm die Begründung einer Schule des Ch'an, die zwar exzentrisch, aber selbständig genug war, viele ihrer auf Hierarchie und Establishment gegründeten Gegenspieler zu überleben. Parallel zu ihrem friedlicheren Zeitgenossen, der Ts'ao-tung-[Soto-]Schule, die zurückgeht auf Meister Tung-shan Liang-chieh [Tozan Ryokai], entwickelte sich die Ch'an-Schule des Lin-chi unbehindert von Politik oder religiösem Institutionalismus. Mit der Zeit jedoch wurde ihr ursprünglicher kreativer Impetus, die wilde Energie und Spannkraft ihres Gründers, von sektiererischen Nachahmern aufgezehrt; seine spontanen Schreie und Gebärden wurden in Japan von der Kriegerkaste der Samurai zu einem »System« eingefroren. Lin-chis Gespräch mit dem Militärgouverneur Wang, seinem eigenen Schüler und Gönner, klingt vor diesem Hintergrund noch ironisch durch die Jahrhunderte nach:

Eines Tages besuchte der Gouverneur Wang den Tempel und traf Lin-chi vor der Mönchshalle. »Rezitieren die Mönchen hier die Sutras?« fragte er. »Nein, tun sie nicht«, erwiderte Lin-chi. »Üben sie dann Meditation?« »Nein, sie üben auch keine Meditation.« »Wenn sie weder Sutras lesen noch Meditation üben, was um Himmelswillen tun sie dann hier?« fragte der Gouverneur. »Alles, was ich hier mache, ist, sie zu Buddhas und Bodhisattvas werden zu lassen«, erwiderte Lin-chi mit einem Lächeln.

---

1 *Lin-chi-lu [Rinzai-roku],* »Der Bericht von Lin-chi«. Es gibt mehrere sehr unterschiedliche deutsche Übersetzungen, zuletzt Linji Yixuan: *Das Denken ist ein wilder Affe.* München: Barth, 1996

2 Die fünf schändlichen Verbrechen sind: Vatermord, Muttermord, Ermordung eines Arhats, das Verletzen eines Buddha und der Versuch einer Spaltung der *sangha.*

3 vgl. auch *Die fünf Stände von Zen-Meister Tosan Ryokai,* deutsche Bearbeitung nach Hisamatsu Shin'ichi. Pfullingen: Neske, 1980.

4 Die Klöster auf dem Wu-t'ai-shan (jap. Gotai-san) waren seit dem 5. Jh. ein Heiligtum des Manjusri (Bodhisattva der Weisheit), Aufbewahrungsort einer geheiligten Abschrift des *Hua-yen-ching (Avatamsaka-Sutra)* und Zentrum des mongolischen Buddhismus.

Bassui: Der Liebhaber der Geräusche

Obwohl er sein ganzes Leben hindurch nichts anderes hörte als die Schlachtrufe des Bürgerkriegs, fand Bassui die große Erleuchtung in den Geräuschen dieser Welt. Im Japan der Militärdiktatur der Minamoto geboren, die fast zwei Jahrhunderte andauerte (1338–1500), stellte Bassuis Zen eine gegenläufige Entwicklung sowohl zu den politischen Machtkämpfen zwischen rivalisierenden Höfen als auch dem feudalen Chaos dar. Als er sieben Jahre alt war, wurde das Shogunat bei dem Versuch einer Splitterpartei, den entthronten Kaiser wieder an die Macht zu bringen, gestürzt. Die krampfhafte Rebellion war erfolglos und führte nur zu offenen Streitigkeiten um die Kontrolle über das Land zwischen dem Shogunat und der kaiserlichen Armee. Abgeschnitten vom Sitz der Macht und Kultur, wurden Höflinge, Dichter, Künstler und Krieger zu wandernden Buddhisten, ein Zeichen des tiefen Verständnisses der Vergänglichkeit, welches diese Zeit charakterisierte. Es war eine Periode der ästhetischen Melancholie, die die Schönheit der Unvollkommenheit pries und Zuflucht in der Unsicherheit suchte, der sie ihr Leben verdankte.

Während seiner Lebenszeit von 1327 bis 1387 konnte Bassui unter dem Shogun Yoshimitsu (1358–1408) nur eine kurze Zeit der Ordnung miterleben, mit einem Mäzenatentum gegenüber den Künsten und Zen, das Auswirkungen hatte bis in die Welt von Diplomatie und Handel. Aber den größten Teil seiner Zen-Karriere verbrachte er damit, den schlüpfrigen Boden der Politik und die Zen-Hierarchie der Fünf Berge zu vermeiden, die das

»spirituelle Leben« der Muromachi-Periode prägten. [vgl. S. 105, Anm. 1]

Mehr als sechzig Jahre lang litt Japan unter heftigen Kämpfen zwischen feudalen *daimyo,* die gierig darauf bedacht waren, ihren Ruhm über das ganze Land zu verbreiten. Selbst der große mittelalterliche Ehrenkodex des *bushido* wurde nach Belieben mißachtet in dem offenen Versuch, sich der Macht zu vergewissern. Die Verpflichtung zwischen Fürst und Vasall verengte sich auf wenig mehr als den unmittelbaren Kreis der Familie oder des Clans. Die einst so mächtigen Fürsten hatten jede Kontrolle über ihre Lehen verloren, und Anarchie war das einzige Gesetz. Alle Arten von Abenteurern, kleinen Samurai, Provinzlern und Verwaltungsbeamten lieferten sich einen erbitterten Kampf um die Landgebiete, die dem besiegten kaiserlichen Hof entrissen worden waren. Lohn und Strafe lagen nicht länger in den Händen der Fürsten, kein Justizsystem irgendeiner Art war in Kraft. *Shiki,* das komplizierte Gleichgewicht der Macht zwischen den Fürsten, Verwaltern und lokalen Beauftragten, löste sich auf zu einem verrückten Muster von kleinen Herrschaften, die an das regierende Ashikaga-Shogunat nur dem Namen nach gebunden waren. Die Teilung in ein südliches und ein nördliches Königreich, die aber nicht zum Ende des Krieges führte, bildete den perfekten Hintergrund für ständig wechselnde Loyalitäten und ein legitimiertes Banditentum. Kyoto war dabei immer das Angriffsziel; erst von der südlichen Partei eingenommen, dann von den Ashikaga zurückerobert, dann im Besitz des Yoshiakira-Clans etc., bis die Ashikaga schließlich den Frieden erkauften, indem sie den rivalisierenden Yoshiakira die Autonomie in sechs Provinzen anboten.

1390 griff der Yamana-Clan, der ein Sechstel des Reiches kontrollierte, die Ashikaga an. Wieder konnten die geschäftstüchtigen Ashikaga den Frieden erkaufen und damit einen Krieg, der über dreißig Jahre lang gedauert hatte, beenden, indem sie den unersättlichen Yamanas noch mehr Land überließen. Auf diese Weise stellten sie in Kyoto wenigstens eine gewisse Ordnung wieder her und schufen zur gleichen Zeit eine Verbindung zu den fernliegenden Provinzen. Das Gesetz der Samurai setzte sich durch, d. h., statt Gesetz und Ordnung herrschten Brutalität und Korruption. Kyoto war voll von schäbigen Soldaten, Glücksrittern, Genußmenschen und Krämern. Der Kaiser durfte seinen Hof behalten und regierte dem Namen nach, während die großen Militärclans in ihren Hauptquartieren feierten. Eine Gruppe von Samurai-Gefolgsleuten stellte ihre grenzenlose Verachtung der kaiserlichen Macht dadurch unter Beweis, daß sie sich mit der Palastwache herumschlug und die Äste der heiligen Ahornbäume des Kaisers abhieb.

Während der Lebenszeit Bassuis kultivierten die Ashikaga die Künste erfolgreicher als ihre Untertanen. Diese neue flegelhaft militante Oberschicht suchte nach Respektabilität in der Nachahmung der chinesischen Ästhetik der Sung-Zeit und im Zen. Modern zu sein bedeutete über alle Chinoiserien mitreden zu können. Tatsächlich hatte der Handel mit China bewiesen, daß er nicht nur eine wirtschaftliche Notwendigkeit war, sondern auch eine spirituelle. Ch'an-Priester wurden importiert wie Reis, Seide und künstlerische Techniken. Unter dem Ashikaga-Shogunat versorgte der Zen-Buddhismus Japan mit einer ganz neuen Art von religiösen Geschäftsleuten, die mit Ritualen und Pflichten ebenso umzugehen wußten wie mit ihren »Schäfchen«. Geldwechsel war ein anderes lukratives Geschäft für Priester. Die Verbindung zwischen religiöser Hierarchie und Handel war so stark, daß die Handelsschiffe, die zwischen Japan und dem chinesischen Festland verkehrten, nach den großen Tempeln in Kyoto benannt wurden.

Im 14. Jahrhundert entwickelten sich auch die japanischen Handelsgilden, die häufig nur durch das Patronat und die Bestechung der mächtigen Äbte überleben konnten. Ein Geschäftsmann mit einem günstigen Standort oder ein geschickter Handwerker konnte sich einem Tempel anschließen und dann sicher sein, daß die Steuereinnehmer nicht so genau hinsehen würden. Wie immer waren die Bauern die am härtesten Betroffenen. Sie waren Opfer von ungeheuren Transportsteuern und erpresserischen Mittelsmännern, und häufig griffen sie zu Gewalt gegen ihre weltlichen Gläubiger, waren aber völlig hilflos gegenüber ihren geistlichen Herren. So trugen zusätzlich zu der feudalen Kriegführung auch zahlreiche Bauernaufstände zu den tiefgreifenden wirtschaftlichen Umschwüngen der Muromachi-Periode bei. Auch der Stellenwert der Einzelfamilie war dramatischen Änderungen unterworfen. Alle Erbprivilegien blieben dem ältesten Sohn vorbehalten (der notfalls am ehesten den Grundbesitz der Familie verteidigen konnte), und Frauen besaßen nur mehr den Stellenwert von beweglichem Eigentum. In Fällen, in denen kein Sohn da war, um den Namen der Familie weiterzutragen, wurden wildfremde Männer adoptiert und mit allen Rechten und Privilegien ausgestattet – ein Verfahren, das in Japan heute noch praktiziert wird [vgl. das »Erbhofgesetz« im Dritten Reich]. Große Teile der Bevölkerung waren deshalb hauptsächlich damit beschäftigt, das Familienprestige zu erhalten, den Namen oder ein Stück Land. Sogar noch die Familien von einfachen Bauern und Handwerkern wurden von Herrschaften verfolgt, die das »Recht« auf ihre Dienste für ihre Nachkommen zu fixieren suchten.

Innerhalb dieser starren feudalen Lebensweise wurden Geduld und Bescheidenheit zu Tugenden; der Schutz des Familiennamens und das Konformgehen mit der Obrigkeit wurden zu nationalen gesellschaftlichen Normen erhoben. Für viele glücklose jüngere Söhne und Töchter war das religiöse Leben die einzige Zuflucht, ebenso für eine ganze Palette von spirituellen Suchern, Unzufriedenen und unabhängigen Denkern. Klöster waren auch ein sicherer Hafen für Künstler und Dichter, die sich in der Gunst von großen Zen-Mönchen wie Muso Kokushi (1275–1351) sonnen konnten. Dieser »Landeslehrer« des Shogun Taka-uji war so mächtig, daß er den Diktator überzeugen konnte, überall im Land Tempel zu errichten als Sühne für die in den Bürgerkriegen Getöteten. Das Errichten von Zen-Tempeln wurde zum regelrechten Baufieber; das Tenryu-ji, der Haupttempel in Kyoto, wurde in nur drei Monaten fertiggestellt. Musos denkwürdiges Lob für Taka-uji, seinen Haupt-Schüler, war, daß der Shogun selbst nach einer durchzechten Nacht noch mehrere Stunden in Meditation sitzen konnte, bevor er einschlief.

Dies war die Situation des Zen, als Bassui Tokusho in einer unbekannten Samurai-Familie in der Provinz Sagami, in der Präfektur Kanagawa, am 6. November 1327 geboren wurde. Während ihrer Schwangerschaft hatte seine abergläubische Mutter geträumt, daß sie einem Dämon das Leben schenken würde, und so setzte sie das Neugeborene auf einem Feld in der Nähe aus. Ein Diener der Familie fand das Baby und zog es als sein eigenes auf. Als Bassui vier war, starb sein Stiefvater und ließ das Kind in der überwältigenden Angst zurück, in die Hölle zu kommen. Bei einer Gedenkfeier für seinen Stiefvater überraschte der Siebenjährige den Priester, der auf dem Altar ein Speiseopfer darbrachte, mit der Frage, wer denn diese Sachen essen würde. »Die Seele deines Vaters«, antwortete der. Der Knabe ließ nicht locker: »Was ist das für ein Ding, die Seele?« Aber er bekam keine zufriedenstellende Antwort. Im Alter von neun Jahren hatte Bassui Alpträume von ewiger Verdammnis, wachte in der Finsternis auf und sah höllische Feuerzungen in seinem Zimmer.

Als gesellschaftlicher Außenseiter, der von den Schrecken der »drei bösen Wege« in Angst und Schrecken gehalten wurde, der Wiedergeburt in Höllen, als Hungergeister und Tiere, begann Bassui früh über das Leben nach dem Tod zu meditieren. Allmählich verfeinerte er seine Fragestellung und wechselte von »Was ist die Natur der Seele, die sich an Nahrung erfreuen und Schmerzen erleiden kann, nachdem der Körper gestorben ist?« zu »Wer ist der eine, der sieht, hört und versteht in genau diesem Augenblick?« Als Heranwachsender erkannte er, daß nichts da war, das Seele genannt werden konnte, daß alles in Wahrheit leer war, und das beruhigte ihn zeitweilig. Aber eines Tages fiel ihm ein Buch in die Hände, und er las »Der Geist ist der Gastgeber, und der Körper ist der Gast«, und er verfiel erneut in Zweifel. Wenn der Geist Gastgeber war, konnte er nicht leer sein, überlegte er. Tatsächlich mußte der Geist derjenige sein, der sieht, hört und versteht, daß er das tut. Aber auf diese Weise zu grübeln brachte ihn nirgendwohin; also suchte er im Alter von zwanzig Jahren Zen-Meister Oe im Jifuku-ji auf, einem Tempel in seiner Heimatprovinz Sagami, um unter seiner Leitung seinen spontanen *koan* zu lösen.

Vom ersten Augenblick an weigerte sich Bassui, seinen Kopf zu scheren oder irgendwelche religiösen Rituale zu vollziehen. In Laienkleidung, nie ein Sutra rezitierend, verbrachte er jede wache Minute in *zazen*, entschlossen zu entdecken, »wer der Meister ist«. Immer wieder brach er von seinem Heimattempel aus zu Pilgerreisen auf, suchte die Zen-Lehrer seiner Zeit auf und erprobte seine Frage an ihnen, weigerte sich aber immer als Mönch bei ihnen zu bleiben, weil er es angemessener fand, in einsamen Berghütten oder sogar auf Bäumen *zazen* zu sitzen. Einmal hörte er von einem Einsiedlermönch namens Tokukei Jisha; und Bassui, der sich inzwischen den Kopf geschoren hatte als Konzession an die Bräuche des Tempels, beschloß, ihn zu besuchen. Der Eremit schaute aus seiner Hütte und rief: »Warum trägst du keine Mönchsrobe?« »Ich bin ein Mönch geworden, um die große Sache von Leben und Tod zu verstehen, und nicht, um buddhistische Roben zu tragen!« rief Bassui zurück. »Ich verstehe. Dann studierst du die *koan* der alten Meister?« »Natürlich nicht. Wie kann ich die Worte von anderen würdigen, wenn ich nicht einmal meinen eigenen Geist kenne?« gab Bassui zurück. »Gut, aber wie sonst gehst du an deine religiöse Praxis heran?« »Ich bin Mönch geworden, um die Quelle des großen Buddha-*dharma* zu klären. Nachdem ich Erleuchtung erlangt habe, möchte ich alle Wesen retten, ob klug oder dumm, und jeden nach seiner Fähigkeit belehren. Was ich vor allem will, ist, die Menschen von ihrem Leiden zu befreien, auch wenn ich dafür selbst in die Hölle gehen müßte.« Tokukei war beeindruckt und hieß den unorthodox aussehenden Mönch willkommen.

Nahezu seine ganzen 20er Jahre widmete Bassui der Meditation, bis er eines Tages nach einer durchsessenen Nacht aufstand, um sich in einem nahegelegenen Bergfluß zu waschen. Plötzlich durchdrang ihn das Geräusch des gurgelnden Wassers, und die Erkenntnis brach für einen Moment in ihm auf. Er hatte gelobt, über Erfahrungen dieser Art nicht zu sprechen, ohne von einem wirklichen Zen-Meister bestätigt worden zu sein, und so machte er sich sofort auf den Weg, um mit Kozan Mongo, dem Abt des Kencho-ji in Kamakura, zu sprechen. Es war im März 1358, und Bassui war 31. Vielleicht war er etwas enttäuscht, so ohne weiteres von Kozan die Bestätigung zu erhalten; auf jeden Fall beschloß er dort, die buddhistische Robe zu tragen und sich als traditioneller Zen-Mönch zu verstehen. Von dieser Zeit an wurde sein Leben zu einer einzigen Pilgerfahrt.

Nach vielen Kilometern Weges machte Bassui Station im Horin-ji, einem Tempel, in den er große Hoffnungen setzte. Er war aber so enttäuscht von dem berühmten Abt Fukuan Soko, der dort 2 000 Schüler betreute, daß er zu Tokukei zurückkehrte und die Absicht äußerte, Einsiedler zu werden. Tokukei bemerkte, in dieser Entscheidung liege seiner Meinung nach auch eine Spur von Arroganz, und er warnte Bassui davor, sich selbst zu isolieren. »Gut«, sagte Bassui, »dann bin ich dein Schüler.« Und er siedelte für ein volles Jahr in die Einsiedelei seines Freundes über.

Auf Tokukeis Empfehlung machte sich Bassui als nächstes daran, seine Erleuchtungserfahrung mit Koho Kakumyo im Unju-ji in Izuma abzuklären. Er war voller Optimismus, in ihm einen wahrhaft großen Meister vorzufinden. Koho war immerhin ein direkter Nachfolger von Dogen, der das chinesische Ch'an nach Japan gebracht hatte; und Kohos Lehrer hatte die Gelübde bei Keizan Jokin abgelegt, dem dritten Patriarchen der japanischen Soto-Schule. Diesmal wurde Bassui nicht enttäuscht. Koho, der streng und kompromißlos über die Vorschriften und die Praxis des *zazen* wachte, weigerte sich, Bassuis Erkenntnis zu bestätigen, wenn er nicht in aller Form als Schüler im Unju-ji bliebe. Irritiert darüber, daß er in dieser Art in die Enge getrieben wurde, suchte Bassui einen Kompromiß auszuhandeln: Er würde Koho täglich sehen und am *zazen* im Kloster teilnehmen, aber in einer Hütte irgendwo abseits des Klosters leben und zwischen dort und Unju-ji hin und her pendeln. Zu seiner Überraschung stimmte der große

Lehrer zu, der einen vielversprechenden, aber schwierigen Schüler entdeckt zu haben glaubte, und wies Bassui an, mit dem Anfänger-*koan*, Joshus »Mu«, zu sitzen. (Ein Mönch fragte Chao-chou: »Hat ein Hund Buddha-Natur?« Chao-chou antwortete: »Wu!« [jap. »Mu« – »Nichts«, oder auch »Nein«])

In einem Morgen-*dokusan* fragte Koho: »Was ist *mu*?« »Berge, Flüsse, die große Erde, Gras, Bäume und Wälder, alles ist *mu*«, erwiderte Bassui mit einiger Befriedigung, den *koan* so schnell gelöst zu haben. Plötzlich stieß Koho einen lauten Schrei aus: »Ohne deinen Geist!« Diese Worte eröffneten Bassuis tiefe und unmißverständliche Erleuchtung. Er war in Schweiß gebadet. Später beschrieb er einem Schüler: »Es war, wie wenn ich die Wurzel meines Lebens verloren hätte; wie ein Faß, dessen Boden plötzlich herausgeschlagen wird.« Blind ertastete er sich den Weg aus dem Zimmer des Lehrers, stieß sich den Kopf, und war auf dem Heimweg noch so ergriffen von der Erfahrung seines *satori*, daß er sich an den Wänden abstützen mußte, um nicht zu fallen. Als er endlich angekommen war und sich in seiner kleinen Hütte fallen ließ, brach er in Tränen aus.

Das nächste *dokusan* am Abend war ein beinahe ebenso großer Schock, denn bevor Bassui noch den Mund aufmachen konnte, rief Koho aus: »Mein *dharma* wird nicht verschwinden. Alles ist nun gut. Mein *dharma* wird nicht untergehen!« Nun wahrhaft erleuchtet und mit einer unzweifelhaften Bestätigung antwortete Bassui mit folgendem Gedicht:

> Sechs Fenster öffnen sich natürlich; kalte einsame Blüte,
> Unju [Koho] räumt den Schutt von meinen Augen,
> zerquetscht das Juwel in meiner Hand vor meinen Augen,
> so sei es – dieses Gold ist zu hartem Eisen geworden.

Trotzdem wandte sich der rastlose Wanderer wieder der Straße zu, ohne Kohos formelle Übertragung abzuwarten. Mit 32 kehrte Bassui zu seiner alten Einsiedelei zurück, um die gute Nachricht zu verkünden. Tokukei sah, daß Bassui nun wirklich reif war, und riet ihm, sich selbst eine Hütte zu bauen und zu lehren. Wieder folgte der dem Rat seines alten Freundes und ließ sich nicht weit von ihm in seiner Heimatprovinz Nanasawa nieder.

Vier Jahre vergingen, und Bassui träumte eines Nachts, daß Koho im Sterben läge. Sofort machte er sich auf, um Unju-ji einen Besuch abzustatten, und traf tatsächlich seinen Lehrer schwer krank an. Aber seine Beziehung zu den anderen Mönchen war so gespannt, daß er einen schnellen Rückzug antreten mußte. Wer war denn schon dieser Exzentriker aus einem Baumhaus, der sich weigerte, die Sutras zu rezitieren und eine besondere Dispens brauchte, um außerhalb des Klosters zu leben? Warum hatte er eine so schnelle und leichte Übertragung erhalten? Der das Wanderleben gewöhnte Bassui brauchte nicht lange zu der Feststellung, daß er hier nicht willkommen war, und machte sich bald auf zu einer anderen seiner zeitweiligen Einsiedeleien, diesmal in der nahegelegenen Provinz Ki. Unterwegs besuchte er einen Bekannten, Jikushitsu Genko, den Abt von Eigen-ji, wurde sehr herzlich empfangen und sogar eingeladen, ein formales *teisho* zu halten. Er wäre nicht Bassui gewesen, wenn er nicht die Mönche ermutigt hätte, mönchisches Zen zu vermeiden und ihre Erleuchtung eher im wirklichen Leben anzuwenden, als sich auf formale Rituale, Institutionen und Hierarchien zu verlassen.

Bassui war stets ein vorbildliches Beispiel für das, was er predigte; er blieb eine »flüchtige« Erscheinung, wies viele Klosterämter zurück, zog es vor, allein in kleinen Einsiedeleien und Tempeln zu sitzen, und stahl sich heimlich in der Nacht davon, sobald sich zu viele Schüler um ihn geschart hatten. Von seinem 32. bis zu seinem 52. Lebensjahr trieb er sich auf diese Weise in Japan herum, verbrachte einige Zeit in verschiedenen Einsiedeleien und besuchte Lehrer. Sein Zen war transportabel, es benötigte keine rituellen oder priesterlichen Formalitäten, keine traditionellen *koan*, obwohl er die *koan*-Sammlungen des *Rinzai-roku* und des *Pi-yen-lu* durcharbeitete, zusammen mit Chikugan Teizosu, einem Einsiedlermönch, mit dem er eine Zeitlang studiert hatte, und obwohl er später häufig seine eigenen Lehren mit *koan* illustrierte.

Das unvermeidliche Alter veranlaßte Bassui, kürzer zu treten, und 1378 wurde er notgedrungen in einem Tempel auf dem Berg Takemori in der Provinz Kai seßhaft. Sobald sich das herumgesprochen hatte, sah er sich zu seinem Erstaunen von über 800 Schülern umgeben. Zögernd übernahm er die Rolle eines Zen-Lehrers. Er war jedoch immer noch so hartnäckig gegen den klösterlichen Betrieb eingestellt, daß er sich weigerte, seinen Tempel »Kloster« zu nennen, und ihm den Namen Kagaku-an gab (*an* für »Einsiedelei, kleiner Tempel«, anstatt *ji* für »Kloster«). Hier stellte Bassui mit 54, sieben Jahre vor seinem Tod, 33 Regeln für das Verhalten seiner Schüler auf. Es war ein exzentrisches Dokument, ohne die übliche religiöse Emphase für Traditionslinie und Zeremonie, aber mit Betonung auf *zazen*, in einfachem Stil, aber ziemlich esoterisch in der Wortwahl. In seiner Verurteilung der Trunkenheit war er ganz massiv. Er verbot jedem seiner Mönche, auch nur einen Tropfen Alkohol zu sich zu nehmen – »Die wahre Bedeutung der Vorschriften«, erklärte er, »ist, daß man sich nicht nur des Alkohols enthält, sondern ebenso vermeidet, vom Nirvana betrunken zu werden.« Und dann betrank er sich öffentlich bei einem denkwürdigen Anlaß vor seinen versammelten Schülern; und als er darüber befragt wurde, gab er zur Antwort, das habe er getan, um ihnen ein Beispiel zu geben, nicht an Regeln zu haften!

Durch seine Erleuchtung beim Hören der Geräusche des Bergflusses identifizierte sich Bassui stark mit Kannon Bodhisattva, »welche/r die Geräusche der Welt hört«. Er ließ einen Schrein für Kannon errichten und wies seine Anhänger darauf hin, daß er diesen auch als seine eigene Grabstätte wünschte. Am 20. März 1387 setzte er sich gerade auf, kreuzte seine Beine in der *zazen*-Haltung und sprach seine Schüler mit lauter Stimme an: »Schaut unmittelbar! Was ist das? Schaut *so*, und ihr werdet nicht getäuscht werden!« Er wiederholte den Ausspruch nochmals und starb.

Getreu seinem Gelöbnis, alle Wesen zu retten wie Kannon selbst, hielt sich Bassui nicht vom schlammigen Wasser der Welt fern, sondern verbrachte die Jahre nach seiner Erleuchtung damit, andere zu ermutigen, ihre Wahre Natur zu suchen und sich von ihrem Leiden zu befreien.

Als Zen-Lehrer, der alle formalen Zugänge zum Zen vermied, warnte Bassui die Schüler, sich nicht in *koan*-Praxis zu vertiefen, bevor sie nicht einen gewissen Einblick in ihre eigene Natur gewonnen hätten. Spontan in seinen Methoden und vor allem darauf bedacht, die Menschen zur Erkenntnis zu führen, lehrte er entsprechend der Fähigkeit und dem Temperament des jeweiligen Schülers. Denjenigen, die eine Neigung dazu verspürten, empfahl er sogar das Kopieren von Sutras als gute Methode »den Geist zu entleeren«. Bassui ging sogar so weit, Leute zu ermutigen, für Verstorbene Gedenkfeiern abzuhalten, um den Verschiedenen ebenfalls eine Chance auf Erleuchtung zukommen zu lassen. Er benutzte Folklore und Legende und war sich nicht zu gut, im Notfall auch einmal einen Schuß Aberglauben einfließen zu lassen, um seine Schüler zur Erkenntnis anzustacheln. Alle Lehren waren auf *einen* Punkt hin ausgerichtet – darauf, daß die Einsicht in die eigene Wahre Natur Buddhaschaft *ist.*

Sein schlichter Stil wird deutlich im Titel seiner überlieferten Vorträge, *Enzan Wadeigassui*[1] *(Eine Sammlung von Schlamm und Wasser von Enzan)*, geschrieben in japanischer Umgangssprache für den unbedarften Leser. [Noch Jahrhunderte später ein geradezu unmögliches Unterfangen in ernsthaften Zen-Kreisen.] Unermüdlich und auf vielen verschiedenen Wegen legte er seinen Schülern die Frage vor, die ihn zu seiner eigenen Erleuchtung getrieben hatte: »Wer ist der Meister, der in diesem Moment jetzt hört?«

Bassuis sanfter Verrückte-Wolken-Zugang, seine anarchistische Neigung, paßte sich keiner der formalisierten Zen-Linien an. Er war ein Einsiedlermönch durch und durch, ein zögernder Reformer, dessen Abneigung gegen den zeremoniellen Aufputz des Zen ihn auf einen zielgerichteten, individualistischen Pfad zur Verwirklichung führte. Ganz spontan kam er zu der allen Kindern wohlvertrauten Frage: »Wer bin ich?« und schmiedete sie um in einen *koan*, der heute noch bereitsteht, jene zu befreien, die ihm jederzeit und überall nachzugehen gewillt sind. Bassuis *zazen* ist die Methode, in seinen eigenen Geist zu blicken und ständig zu fragen, ob im Schlafen, Wachen oder bei der Arbeit: »Was ist mein Geist? Was ist es, das Farben sieht, Geräusche hört, die Glieder meines Körpers bewegt? Was ist dieser Geist, der keine Farbe hat, kein Geschlecht oder sonst irgendeine Unterscheidung, der ungeboren und todlos ist und doch die zahllosen Bilder und Gedanken wie ein Spiegel wiedergibt?« Er versicherte seinen Schülern, daß kein Buddha und kein Bodhisattva diese Frage für sie durchdringen könne, so wie ein Kind, das sich im Traum verletzt hat, umsonst nach seinen Eltern um Hilfe schreit. Die Eltern würden nichts lieber tun, als ihm zu Hilfe kommen und sein Leid beenden; aber nur dadurch, daß es selbst erwacht, kann das Kind frei werden von seinem schmerzhaften Traum. Tiefgründiges und hartnäckiges Infragestellen, sagt er, durchbricht mit Sicherheit die trügerische Fiktion, die wir unser Selbst nennen, um aufzuweisen daß »der Geist selbst Buddha ist«.[2]

Wieder und wieder drängte er seine Schüler, zu dieser Frage zurückzukehren, auch nach einer Erkenntnis. »Werft ab, was ihr erkannt habt«, sagte er ihnen, »wendet euch wieder dem Subjekt zu, das erkennt, dem Wurzelgrund, und geht entschlossen weiter.« Selbst nach dem Erlangen tiefer Einsicht, mahnte Bassui den Sucher, die Erkenntnis noch weiter »zu polieren, bis sie buchstäblich das ganze Universum erhellt.« Denen, die in diesem Leben kein *satori* erlangten, aber nach dieser Methode zu meditieren fortfuhren, versprach er Verwirklichung im nächsten Leben und verglich ihre harte Arbeit mit der Vorbereitung für eine Reise, mit einem leicht zu erreichenden Ergebnis, sobald der Reisende einmal das Schiff bestiegen habe.

Wenn er gefragt wurde, was mit den Gedanken zu tun sei, wies Bassui seine Schüler an, sie als vorübergehend und irreal zu betrachten und mit der Frage fortzufahren: »Was ist dieser Geist?« oder »Wer hört diese Geräusche?« Mit dem Hinweis auf Kannon als sein archetypisches Modell für die Durchdringung des wesentlichen Selbst durch Geräusche bereitete er den Hörenden auf

Erfahrungen der großen Leere vor: »Versteht dieses Stadium nicht fälschlich als Selbstverwirklichung«, warnte er, »sondern fahrt fort, euch *noch* intensiver zu fragen: ›Was ist es, das da hört?‹ Dann wird die Leere plötzlich verschwinden und einer absoluten Finsternis Platz machen. Aber haltet weiterhin unablässig an der Frage fest: ›Was ist es, das da hört?‹« Selbst die Heiterkeit, die durch *zazen* erlangt wird, ist illusorisch, sagte er, ist nichts als eine vorübergehende Widerspiegelung. »Ihr müßt fortschreiten, bis ihr die Stufe überschritten habt, auf der eure Ratio von irgendeinem Nutzen ist« – um den allumgreifenden Geist zu entdecken, der nicht mit dem Körper entsteht oder mit seiner Zerstörung stirbt und doch jeden Akt des Sehens, Hörens, Riechens, Sprechens und jede Bewegung durchströmt.

Wie alle Reformer des Zen betonte Bassui die Erfahrung weit mehr als Zeremonien und traditionelle Formen der religiösen Verehrung. Und doch war er toleranter als viele andere beim Umgang mit Schülern, die noch nicht bereit waren, die abgenutzten Sutras abzulegen oder das Flehen zu den rettenden Buddhas aufzugeben. Sutras, erzählte er ihnen, seien hilfreich, wenn sie den Geist fokussierten abseits von den wandernden Gedanken; ebenso *koan*, oder auch Gedenkfeiern. Aber all das seien nur »Finger, die auf den Mond weisen, und nicht der Mond selbst.« Die letzte Zuflucht für jene, die sich selbst entdecken wollten, sei die Erfahrung des eigenen Geistes, die Grundlage jedes *koan*, Buddha und Sutra. »Wenn du auch nur einen kurzen Blick auf deine Selbst-Natur erhaschst«, versprach er, »ist es so, wie wenn du alle Sutras ohne Ausnahme gleichzeitig liest und verstehst, ohne auch nur eines in der Hand zu halten und ein Wort zu lesen.« Um sich auf diese Erfahrung vorzubereiten, konnte man das Niederwerfen vor dem Buddha als eine vorbereitende Übung verwenden, die er als »Niederlegen des Mastes des Ich« bezeichnete. Aber Bassui riet vom Fasten und anderen asketischen Übungen ab mit dem Hinweis, daß die Übung des Zen Reinigung genug sei. Der Wunsch, sich von normalen Leuten zu unterscheiden, so schalt er Schüler, die visionäre Erfahrungen suchten, sei ebenso Verblendung wie jeder andere ablenkende Gedanke auch. »Verstrickt euch nicht in solche Phantasien, fragt nur: »Wer ist der Meister, der dies alles sieht?«

Er verwendete bestimmte traditionelle *koan* für einzelne Schüler, vermutlich, nachdem sie einiges Verständnis für seine Vorbereitung gezeigt hatten: »Wer ist der Meister, der dieses Geräusch hört?« Eines seiner Lieblingsbeispiele aus dem *Mumonkan* (Fall 29[3]) lieferte ihm einen geeigneten Maßstab, um den Grad der Einsicht eines Schülers zu bestimmen. Ein anderer (in dem Meister Ma-tsu auf die Frage des Laien P'ang antwortet [aus dem *Chodang chip*, vgl. S. 26]) scheint ebenfalls mehr als einmal in Bassuis Dialogen mit Schülern auf. Aber im allgemeinen verließ er sich auf seinen eigenen natürlichen *koan* »Wer hört?« als das sicherste Mittel zur Selbstverwirklichung. »Dein physisches Sein hört nichts, noch tut es die Leere. Was also hört? Bemühe dich, das festzustellen. Lege deinen intellektuellen Rationalismus zur Seite, gib alle Techniken auf ... Du brauchst nur den Begriff des Selbst loszuwerden.«

In seiner Führung zur Verwirklichung war Bassui psychologisch sehr geschickt. Er wies immer auf den kognitiven Prozeß der Vermischung von Subjekt und Objekt hin, und seine Methode konzentrierte sich mehr auf die Reflexion über das Subjekt als auf den Zugang über die Sinne, den Lehrer wie z. B. Bankei bevorzugten. Bassui arbeitete fast ausschließlich mit dem Mittel der Frage – »Was ist es, das hört, sieht, geht?« – eine Methode, die den heutigen psychologisch orientierten westlichen Zen-Übenden ebenso entspricht wie der großen Zahl der Laien seiner eigenen Zeit. Die Fragen-und-Antworten im Stile des *hossen*, die in seinem *Enzan Wadeigassui* zu finden sind, liefern uns ein klares Bild seines Stils. Als ein Laienschüler fragte, wie Zen »eine Überlieferung außerhalb der Lehre« genannt werden könne mit seinen *koan* und Berichten von alten Meistern, rief Bassui laut: »He, Laie!« Als der antwortete: »Ja?« fragte er ihn: »Aus welcher Überlieferung ist dieses ›Ja‹ gekommen?« Der Laie verstand, senkte seinen Kopf und verbeugte sich.

Bassui hörte nicht auf, seine Zuhörer direkt anzusprechen: »Wenn ihr euch entscheidet hierherzukommen, tut ihr das selbst. Wenn ihr eine Frage stellen wollt, tut ihr das selbst. Ihr verlaßt euch nicht auf jemand anderen und verwendet auch nicht die Lehren des Buddha dazu. Kluge weltliche Sätze, geschriebenes Wort, gesunder Menschenverstand und Pflicht, Unterscheidung und Intelligenz können dieses Zen nicht erreichen.« Er warnte weiter, daß weder notwendigerweise jene erleuchtet seien, die die Schriften und formalen religiösen Lehren verwendeten, noch daß Zen-Mönche, die von den Schriften keine Ahnung hätten, alle tief verwirklicht seien. Auf jeden Fall sollte weder der Buddha noch die Schriften dem im Wege stehen, was da ist von Anbeginn in der Fülle und Vollkommenheit eines jeden Wesens. »Die Hand- und Fußbewegungen eines Neugeborenen sind auch das wunderbare Werk der Buddha-Natur ... ebenso der fliegende Vogel, der rennende Hase, die treibende Wolke. Und ebenso das Gespräch, das wir jetzt gerade führen.« Der Unterschied zwischen einem Zen-Übenden und einem schriftgläubigen Buddhisten ist, daß ersterer die direkte Erfahrung des Buddha lebt, letzterer aber vergleichbar ist jemandem, der sieht, wie ein anderer von einem Pfeil getroffen wird, und darüber nur spricht und räsoniert.

Jenen mit Fragen über die ethischen Vorschriften des Buddhismus außerhalb der direkten Zen-Erfahrung sagte er, daß die *paramita* alle zusammengefaßt werden könnten in dem einen Punkt – Einblick in die eigene Buddha-Natur zu erlangen. Zorn, Anhaftung und der ganze Rest könnten zusammengeschoben werden in der einen Gipfelerfahrung, das ist, einen Blick zu erhaschen auf die Wirklichkeit des Hörenden, Sehenden, Gehenden, Schlafenden, Liebenden, Hassenden etc. Jenen, die fasziniert waren von übernatürlichen Kräften, die sie durch tiefe Meditation zu erlangen hofften, hatte Bassui zu sagen: »Die Weisen betrachten die physische Manifestation übernatürlicher Kräfte als karmisches Hindernis. Sie ist das Ergebnis von Drogen und Zaubermitteln, den bösen Taten der Dämonen und Häretiker und den Kräften der Verblendung.« Auf ähnliche Weise interpretierte er alle traditionellen religiösen Gebote metaphorisch: Fasten wurde so zur Einsicht in die eigene Natur und zum Abschneiden verblendeter Gedanken; verstand man es aber buchstäblich, wurde Fasten zur Häresie. Die Vorschriften zu brechen bedeutete Leben durch den verblendeten Geist; und in seinen eigenen Geist zu sehen hieß, sie alle vollständig zu erfüllen. Der andere Zugang, die Vorschriften zu bewahren und von der Äußerlichkeit auszugehen, konnte eine »Abkürzung zum Tor des Buddha« sein – wenn er benutzt wurde zur Meditation über »Wer ist es, der die Vorschriften einhält?«

Einige Schüler kamen zu Bassui mit der Übung, die Namen von Rettenden Buddhas wie Jizo [Kshitigarbha] anzurufen. Mit großer Geduld erklärte er ihnen, daß *ji* »Erde« heißt und *zo* »Lagerhaus« oder die »Natur des Geistes«. Dann drängte er sie, »gewahr zu werden, daß all die Namen der Bodhisattvas nur verschiedene Bezeichnungen für die Natur des Geistes sind ... Gewöhnliche Leute, die sich dieser Wahrheit nicht bewußt sind, bleiben an den Namen haften und suchen Buddha und *dharma* außerhalb ihres eigenen Wesens, weil sie hoffen, Buddhaschaft zu erlangen. Das ist, wie Sand zu kochen in der Hoffnung, Reis zu bekommen.« Die Metapher mit Jizo zeigt, daß »die allgemeine Lehre die ist, daß die wahre Natur des *dharmakaya* gewöhnlichen Leuten bereits innewohnt und die vielen Gestaltungen, wie wir sie kennen, nur Nutzanwendungen davon sind.« Bassui dehnte das noch weiter aus und fügte hinzu, daß alle Lehrreden aller Buddhas nur Metaphern seien, die auf den Geist der gewöhnlichen Leute hinweisen. So machte er nicht den geringsten Unterschied zwischen Laien und Mönchen, ja, er erzählte seiner gemischten Zuhörerschaft, daß Lehrer, die dies täten, irreführende Lehren predigten, die »in die Hölle führen« würden. Bassui grenzte sein Zen streng von jedem Sektierertum ab, bei ihm waren auch Nicht-Buddhisten und Menschen aus sozialen Randgruppen willkommen. Für ihn war der Einblick in die Selbst-Natur mit der höchsten Form der religiösen Praxis identisch. Meditation verlange von niemandem, ein Buddhist, ein Mann oder ein Asket zu sein. Buddha, so argumentierte er, hätte schließlich nicht Buddhaschaft erlangt durch das Lesen und Rezitieren von Sutras, sondern durch Meditation.

Bassui forderte Zen-Mönche heraus, die Schriften genau anzugeben, in denen bestimmte Zeiten für religiöse Übungen vorgeschrieben seien, und behauptete, daß dieser Brauch nur bis in die Zeit der Mongoleninvasion zurückreiche, als die Regierung öffentliche Gebete vorschrieb. »Je mehr ich darüber nachdenke«, fügte er hinzu, »desto mehr komme ich zur Ansicht, daß diese Zeiten der religiösen Übung nicht Gebete waren, sondern einfach das Ergebnis des Niedergangs im Weg des Buddha, des königlichen Weges.« Dann schärfte er den Mönchen ein, keine Zeit mit solchen Dingen zu verlieren, sondern alles zurückzulassen und *zazen* zu sitzen. In der Linie dieser Bilderstürmerei interpretierte er alle traditionellen religiösen Praktiken seiner Zeit neu: Sutra-Studium, Zeremonien, die Verehrung des Buddha und die Suche nach Heil durch Wunder. Er entkleidete das Zen aller kulturellen, abergläubischen und sozialen Beigaben, manchmal mit leiser Ironie. »Ein Sutra zu rezitieren in der Hoffnung, anderen damit zu nützen, ist wie ein Kochrezept vorzulesen in der Hoffnung, es würde Leute vor Hunger bewahren.« In einer Kultur, die durchdrungen war von Aberglauben und Autoritätsgläubigkeit, konnte eine solche Lehre leicht als Blasphemie erscheinen, aber es kamen Tausende von spirituell Suchenden, um ihn zu hören, wenn er ihnen versicherte, daß die Stimmen der Frösche und Würmer, die Geräusche von Wind und Regen, alle die wunderbare Sprache des *dharma* sprächen.

Bassui war unter allen Zen-Lehrern derjenige, der seine Schüler am meisten ermutigte. Anstatt sie in die Erleuchtung hineinzuscheuchen, redete er ihnen gut zu und leitete sie geduldig. Schülern, die sich beklagten, daß sie keine Resultate erzielten, versicherte er, daß fortgesetzte Meditation sie weiterbringen würde auf dem Weg der karmischen Vorbereitung auf die Selbstverwirklichung. Manche, sagte er, seien scharfsinnig und schnell, andere wieder langsam und gründlich. Aber jeder Geist könne umfassend angewandt werden; jeder Mensch könne Farben sehen mit seinen

Augen, Geräusche hören mit seinen Ohren, mit seinem Mund reden und mit seiner Haut fühlen. Das mache sie alle zu Buddhas. Ganz wichtig sei es, daß die Übenden Vertrauen zu sich selbst hätten statt zu wundertätigen Heiligtümern, Traditionslinien oder asketischen Praktiken, wie dem Körper Verbrennungen zufügen, oder zu aggressiven Frage-und-Antwort-Spielen. Er warnte davor, von einem *koan* oder einer Vorschrift besessen zu werden, und schalt Schüler, die mit Arroganz andere Übende kritisierten oder verurteilten. Schüler, die eine Vorliebe für okkulte Praktiken zeigten, hatte er unter genauer Kontrolle und weckte andere unsanft aus ihrer erstarrten Trance. Fanatische Moralisten und Hedonisten waren für ihn beide »krank im Geist«, und er empfahl ernsthaften Zen-Übenden, solche Leute zu meiden. Er verglich solch extreme Verhaltensweisen mit notorischen Räubern, deren Herr der bewußte Geist sei – »die Grube des Wissens, die auf Anhaftung an Form basiert.«[4]

Wie man mit dieser Bande fertig werden könne? »Hör auf herumzuwandern, sieh durchdringend in deine Selbst-Natur und, konzentriert auf deine spirituelle Energie, sitze *zazen* und brich durch.« Keine *upaya* (nützlichen Mittel) sind vonnöten in Bassuis Zen. Alles, was nötig ist, ist ein schneller Blick auf den, der jetzt gerade dies hier liest. Wer ist das?

---

1 *Mud and Water. A Collection of Talks by the Zen Master Bassui.* San Francisco: North Point Press 1989.

2 Bei seinem ersten Besuch bei Ma-tsu fragte Ta-mei Fa-ch'ang: »Was ist der Buddha?« »Der Geist selbst ist Buddha«, war die Antwort, bei der Ta-mei die Erleuchtung erfuhr *[Mumonkan,* Fall 30]. Später, als er selbst ein Kloster gegründet hatte, schickte Ma-tsu einen Mönch zu ihm, um ihn zu prüfen. Der fragte: »Als du beim großen Meister Ma warst, was hast du von ihm gelernt?« Ta-mei antwortete: »Der große Meister sagte mir, der Geist selbst sei Buddha.« Der Mönch sagte: »Der große Meister hat jetzt seine Methode geändert, das Buddha-*dharma* zu lehren. Er sagt jetzt, dieser Geist, der Buddha ist, sei weder Geist noch Buddha.« Ta-mei meinte: »Das alte Schlach-

troß [*ma* = Pferd, *tsu* = Großvater, Patriarch] hört nicht auf, den Geist der Menschen zu verwirren. Er soll mit seinem »weder Geist noch Buddha« fortfahren, ich bleibe bei diesem Geist, der selbst Buddha ist.« Als der Mönch zurückkehrte und Bericht erstattete, meinte Ma-tsu: »Die Pflaume ist reif.« *[Ta-mei* = große Pflaume]

Der Laie P'ang hörte davon und ging hin, um seinerseits die Sache nachzuprüfen. Er hatte Ta-mei noch kaum begrüßt, da sagte er: »Schon lange wollte ich dich treffen. Ich frage mich, ob die Pflaume wohl reif ist oder nicht.« »Reif«, rief Ta-mei, »in welchen Teil willst du beißen?« »Eine Sammlung von Trockenfrüchten«, bemerkte der Laie. Ta-mei streckte die Hand aus: »Dann gib mir wenigstens die Kerne zurück!« Der Laie drehte sich um und ging weg, ohne sich noch einmal umzusehen. [Nach *A Man of Zen*]

Das »alte Schlachtroß« war offenbar sehr angetan, daß seine Lehrmethode nicht (wie etwa 80 Jahre später bei Lin-chi) zu einer »Methode« vereinheitlicht wurde. Genau zu diesem Punkt gibt es von ihm eine klare Stellungnahme. Ein Schüler fragte Ma-tsu: »Warum sagt der Meister, dieser Geist selbst sei Buddha?« »Damit die kleinen Kinder nicht mehr weinen«, antwortete der. »Und wenn das Weinen aufgehört hat?« »Dann sage ich, daß dieser Geist, der Buddha ist, in Wahrheit weder Geist ist noch Buddha.« Und was würdet Ihr einem Menschen außerhalb dieser beiden Kategorien sagen?« »Ihm würde ich erzählen, daß es überhaupt keine Existenz hat.« »Und was würdet Ihr sagen, wenn Ihr unvermittelt einen Menschen des Inneren Kreises träft?« [Ein durchaus taoistischer Ausdruck] »Dem würde ich einfach raten, das Große Tao zu verkörpern.«

3 Zwei Mönche sahen eine flatternde Fahne. Der eine sagte: »Die Fahne bewegt sich.« Der andere sagte: »Der Wind bewegt sich.« Der sechste Patriarch kam zufällig vorbei. Er sagte zu ihnen: »Weder die Fahne noch der Wind bewegt sich, sondern euer Geist.« Die Mönche schauderten.

4 Vgl. Yung-chia [jap. Yoka Genkaku, 665 – 713] (zit. nach Chinul):

Wenn du der Verblendung abschwörst und der Wahrheit
anhängst,
wird der abschwörende und anhängende Geist klug und
künstlich.
Anhänger verstehen nicht ihr Leben zu leben,
einen Räuber nehmen sie an Sohnes statt an!

Ikkyu: Kaiser der Abweichler

Die Muromachi-Zeit (1338–1573) sah sowohl Japans künstlerische Renaissance als auch seine schrecklichsten Hungersnöte, Seuchen und Aufstände. Höchst passend bildete sie den turbulenten Hintergrund für das Leben Ikkyus, Japans populärstes und umstrittenstes Genie. R.H. Blyth nannte ihn »den größten unter den Zen-Mönchen Japans.«

Im Jahre 1272 hatte Kaiser Go-saga ein Edikt erlassen, um jeden Streit um seine Nachfolgelinie zu vermeiden. Es sah vor, daß die Nachfolger auf dem Thron abwechselnd aus der Linie seines zweiten und seines siebenten Sohnes stammen sollten. Anstatt die Nachfolge des Kaisers zu sichern, rief der Plan nur noch größere Streitigkeiten und Nachfolgefragen hervor, die in einen mehr als hundertjährigen Parteienhader mündeten. In Loyalität zu seinem Haus setzte die südliche Partei ihren Widerstand gegen die Macht der Ashikaga fort, bis im Jahre 1392 ein Übereinkommen zur Regelung der Herrschaft ausgehandelt wurde. In die Wirklichkeit umgesetzt wurde dieses aber nie. 1392 wurde Go-komatsu, eine Schachfigur des siegreichen starken Mannes Taka-uji, der rechtmäßige hundertste Kaiser des Japan beider Parteien. Er regierte nur dem Namen nach und diente den tatsächlichen Machthabern, den Ashikaga-Shogunen des Hauses Hosokawa, als bequeme nationale Galionsfigur. Als Ikkyu 1394 geboren wurde, waren die seit über 100 Jahren im Kampf miteinander stehenden Parteien – der nördliche Hof in Kyoto und der südliche in Yoshino – unter dem mächtigen Kriegs-Shogun Ashikaga Taka-uji zu dieser ungeliebten und fragwürdigen Koexistenz zusammengezwungen worden.

Die religiösen, politischen und wirtschaftlichen Wechselfälle dieser so schrecklichen und entscheidenden Jahre begleiteten den Zen-Mönch Ikkyu nicht nur, sie bildeten den Stoff seiner eigenen Lebensgeschichte. Er war selbst ein illegitimer Sohn des Kaisers Go-komatsu und als potentieller Thronanwärter eine Gefahr für die Machthaber. Seine Mutter, eine Konkubine, welche die südliche Yoshino-Partei als Friedensgeschenk geschickt hatte, mußte den Hof verlassen, um ihren kleinen Sohn im geheimen aufzuziehen, nachdem sie durch eine Rivalin aus dem Norden aus der kaiserlichen Gunst vertrieben worden war.

Das Japan des fünfzehnten Jahrhunderts war unter vielen Aspekten ebenso mobil, offen, gewalttätig und wirtschaftlich wechselhaft wie das des zwanzigsten. Große Handelsschiffe befuhren das Meer, der Handel gedieh und brachte eine blühende Geldwirtschaft und moderne landwirtschaftliche Methoden. Reishändler und Wucherer konnten über Nacht ein Vermögen machen, und marodierende Militäreinheiten und Söldnergruppen nutzten jeden sich bietenden Anlaß, ob nun ein wirklicher oder eingebildeter, sich in den nächsten Krieg zu stürzen. Vom chinesischen Festland kam Kunst und buddhistische Philosophie – besonders die der Rinzai-Schule des Zen. Sie wurde bald mit der »männlichen« Disziplin in Verbindung gebracht, die man von der herrschenden Samurai-Klasse erwartete. Die Regierung des Shogun begründete die *gozan*-(Fünf Berge) Tempelhierarchie als Kopie des zeitgenössischen chinesischen Tempelwesens.[1] Hier fand nun ein für diese Zeit wichtiger und typischer Austausch statt. Die Mönche betätigten sich als Lehrer in Kultur und Buddhismus und genossen dafür die Protektion der unzivilisierten Kriegerkaste. Die *gozan* waren um Kyoto gruppiert, die Hauptstadt der Ashikaga-Shogune, und drängten bald die eher esoterischen und umständlichen Tendai- und Shingon-Schulen des Buddhismus in den Hintergrund, die vom Kaiserhaus favorisiert worden waren. Das *gozan*-System umfaßte einige hundert staatlich unterstützte Tempel. Religiöse Förderung schloß dabei auch die Zahlung von Gebühren an höhere Stellen und den Wettbewerb um Einflußsphären ein. Die Äbte der großen Zen-Tempel wie z. B. dem Nanzen-ji in Kyoto fungierten mehr als Erzieher, Berater, Diplomaten, Geschäftsleute, Dichter und Künstler denn als Priester. Dieser auf den militärisch-wirtschaftlichen Aspekt reduzierte Zen-Buddhismus wurde so das Markenzeichen der regierenden Kriegerklasse.

Kaiser Go-daigo hatte das Daitoku-ji in Kyoto 1333 zum »Ort der Kaiserlichen Verehrung« gemacht. Sein Nachfolger protegierte das Myoshin-ji, nur einige Kilometer entfernt, und schuf dadurch eine zweite Zen-Linie, die zu Ikkyus Zeit mit dem Daitoku-ji konkurrierte. Dessen Schule war bekannt als Otokan , ein Akronym auf die drei Gründerväter Daio, Daito, und Kanzan.[2] Besonders auf Daio und Daito bezog sich Ikkyu später, wenn er ein »reines Zen« sah, das alle kaiserlichen Grenzen überschritt. Ein Zen der Art, wie es Daio Kokushi (1235–1309) praktizierte, der die Tradition der Yang-ch'i-Linie der Lin-chi-Schule (jap. Rinzai-Yogi-Linie) direkt von Hsü-t'ang Chih-yü (Kido Chigu) aus China gebracht und an seinen Nachfolger Daito Kokushi (1282– 1337) weitergegeben hatte. Nachdem Daito von seinem Lehrer *inka* (das Siegel der Bestätigung und Anerkennung der Erleuchtung) erhalten hatte, zog er in eine verfallene Hütte abseits von Kyoto. Mit einer Handvoll von Schülern verbrachte er unbeachtet sieben Jahre unter der Gojo-Brücke und fristete sein Leben zusammen mit den Bettlern, die dort das trockene Flußbett bewohnten. Daito brachte Zen aus dem höfischen Umkreis auf die Straße und schuf so eine volksnahe Version dieser Schule, die später alle Aspekte der Kunst und Kultur dieser Periode beeinflussen sollte. Von Kaiser Go-daigo als Abt jenes Tempels eingesetzt, der zu seinen Ehren benannt worden war, kehrte Daito zögernd in das klerikale Leben zurück – wie Ikkyu, sein *dharma*-Erbe, es über hundert Jahre später tun sollte, und wurde *kokushi*, »Lehrer der Nation«. Seine Linie spaltete sich später unter dem Einfluß des Shogunats auf, welches das Myoshin-ji protegierte und damit das Daitoku-ji in den Hintergrund drängte.

Im 15. Jahrhundert griff der Streit zwischen dem vom Kaiserhaus protegierten Daitoku-ji und dem Haupttempel des Shogunats Nanzen-ji auch auf das Myoshin-ji über. Die Spiritualität verrottete in den Klöstern, ob nun unter kaiserlichem Patronat oder vom Shogun unterstützt. Die Priester verkauften *inka* an reiche Geldgeber, und sie verbrachten weniger Zeit damit, Novizen in die Meditation einzuführen, als ihnen die Augenbrauen zu rasieren, ihre Gesichter zu pudern, sie in Frauenkleider zu stecken und in sexuelle Affären zu verwickeln. Sake zu brauen und zu trinken wurde zum Normalzustand. Auf Bestellung elegante chinesische Gedichte zu schreiben, gezierten Shogunen gezierte Kalligraphie zu lehren und verschwenderischen Festmählern beizuwohnen, dies alles füllte die Zeit der Zen-Meister der Muromachi-Periode aus.

Nur in einigen wenigen Untertempeln wurde die Disziplin des hingebungsvollen *zazen* aufrechterhalten. Sie lagen meist verstreut in den Außenbezirken der Hauptstadt; ärmliche und schäbige Wohnorte, unterhalten von Otokan-Fanatikern; und sie waren es, die zum Fortbestand des Buddha-*dharma* beitrugen. In zweien dieser Untertempel absolvierte Ikkyu sein spirituelles Training.

Ikkyu erblickte das Licht der Welt am Neujahrstag 1394 in Saga, einer abgelegenen Vorstadt von Kyoto, wohin jene Aristokraten in aller Stille abgeschoben wurden, die sich nicht länger der Gunst des Hofes erfreuten. Von ihren Feinden gezwungen, ihren Liebhaber, den siebzehnjährigen Kaiser Go-komatsu, zu verlassen, hatte sich Ikkyus schwangere Mutter hierher zurückgezogen, glücklich, mit dem Leben davongekommen zu sein. Der Knabe wurde von Dienern aufgezogen und im Alter von fünf Jahren seiner Mutter ganz weggenommen und in das Ankoku-ji, einen nahegelegenen Zen-Tempel, gebracht. Durch diesen Schritt sollte er von allen möglichen späteren politischen Ambitionen ferngehalten und so vor Meuchelmördern geschützt werden. In der Muromachi-Zeit war es nicht unüblich, daß Aristokraten ihre Söhne in Zen-Tempeln unterbrachten, denn diese fungierten als »Abschlußschulen«

in einer Zeit, in der die Priester den Zugang zur Hochkultur in Händen hielten. Als Mönch konnte Ikkyu gleichsam untertauchen und so als illegitimer Sohn des Kaisers überleben.

Der Lehrplan im Ankoku-ji umfaßte chinesische Sprache und Kultur, Inbegriff der Bildung in höheren japanischen Kreisen. Wie von ihnen erwartet wurde, verbrachten Ikkyus Lehrer im Ankoku-ji mehr Zeit damit, ihre kahlgeschorenen Novizen literarische und künstlerische Themen zu lehren als Meditation. *Gozan*-Zen war zu dieser Zeit so populär, daß der Shogun selbst sich den Kopf scheren und zum Zen-Priester ordinieren ließ.

Als Novize erhielt der illegitime Kaisersohn den Namen Shuken; erst 19 Jahre später wurde er zu Ikkyu, »ein Halt« – dieser Name wurde ihm von seinem Meister Kaso als Bestätigung seiner Erleuchtung gegeben. Der Knabe Shuken erwies sich als begnadeter Musiker und Dichter. Von seinen Priester-Lehrern lernte er die eleganten Formen der chinesischen Poesie, Kunst und Literatur, und er schien nach seinen frühen Imitationen chinesischer Lyrik für das typische Leben eines *gozan*-Priesters vorbestimmt zu sein. Im Unterschied zu den anderen Novizen hatte Ikkyu jedoch keine Familie. Er wurde von seiner Mutter streng isoliert und tröstete sich, indem er traurige Verse über Konkubinen der chinesischen Geschichte schrieb, die am Hof in Ungnade gefallen und ins Exil getrieben worden waren. Darüber hinaus war er körperlich wenig anziehend, mit einem flachen, viereckigen Gesicht, einer wenig aristokratischen Boxernase und traurigen Augen. Seine gewöhnliche Erscheinung und zweifelhafte Abstammung mußte er also durch intellektuelle Brillanz wettmachen.

Mit dreizehn wechselte Shuken ins Kennin-ji, den ältesten Zen-Tempel Kyotos, um unter Botetsu zu studieren, einem Priester, der für seine hervorragende Gelehrsamkeit und seine literarische Lehrbefähigung berühmt war. Das Kennin-ji gehörte zu den fünf höchstrangigen Tempeln der Ashikaga, und es herrschte dort eine Atmosphäre scharfer Konkurrenz unter den besten angehenden Dichter-Priestern dieser Zeit. Hier schrieb Shuken seine jünglingshaften Nachahmungen der Poesie der T'ang-Zeit und konnte sogar einen Gedichtband drucken lassen – 100 Jahre vor den ersten gedruckten Büchern in Europa. Aber hier, am Sitz der Macht und des politischen Einflusses, trat auch sein religiöser Nonkonformismus mit Nachdruck hervor. Bald machten seine jugendlichen Gedichte voller Pflaumenblüten und abnehmender Monde einer beißenden Kritik an der Hierarchie des Kennin-ji Platz. Er griff den Tempel an wegen seiner weltlichen Wege, seines Mangels an spirituellem Training, seines versnobten Kastenwesens unter den Mönchen, und weil Politik größere Bedeutung zu haben schien als das Streben nach Erleuchtung. Auf sich allein gestellt, saß Shuken verbissen *zazen*, bis er die Umgebung des Kennin-ji nicht mehr ertragen konnte und im Herbst 1410 nach Mibu ging, in einen Tempel unter dem Abt Seiso, einem Rezitationsmeister und Spezialisten für Konfuzianismus. Der kurze Aufenthalt dort erwies sich als ebenso unerträglich, und der Junge ging erneut. Er verließ endgültig das mächtige *gozan*-System und zog in einen obskuren Tempel am Ufer des Biwa-Sees, wo er der einzige Schüler von Keno, »Bescheidener Alter Mann«, Abt von Saikin-ji, »Tempel des westlichen Goldes« wurde. Dieser schäbige Tempel, dessen alleiniger Meister sich weigerte, schriftliche *inka* auszustellen, wurde für Shuken zur Fundgrube für die Art von Rinzai-Zen, nach der es ihn verlangt hatte.

Lin-chis (Rinzais) Weigerung, von Huang-po (Obaku), seinem Lehrer, *inka* anzunehmen, und Kenos Weigerung, ein solches zu geben, sprachen sowohl den Reformer in ihm an als auch den Abtrünnigen. Wurden nicht *inka* auf dem Marktplatz von den *gozan* für Protektion und Geld verkauft? Kenos Beispiel, und Lin-chis vor ihm, übte auf Ikkyu einen so machtvollen Einfluß aus, daß er in seinem ganzen Leben als Zen-Schüler oder -Lehrer nie *inka* annahm oder gab. Für einen legitimen Erben Lin-chis bedeutete wahres Zen Übertragung jenseits der Worte, Schriften und formellen Erleuchtungszertifikate. Und Keno war genau ein solcher Meister – unkonventionell, kompromißlos, streng in seiner Hingabe an die Meditation und ohne jede weltliche Ambition. Shuken verbrachte vier Jahre harten Trainings in dem einsamen Tempel des westlichen Goldes, bis Kenos plötzlicher Tod im Dezember 1414 der Idylle ein Ende setzte.

Der 24jährige fastete und vollzog allein die Begräbnisriten für den alten Priester, der keine anderen Schüler gehabt hatte. Sieben Tage führte er seine religiösen Pflichten durch, und dann, in einem Zustand von Schock, Hunger und Verzweiflung, versuchte er sich im Biwasee zu ertränken. Wie seine Wahl von Keno als Zen-Lehrer zeigte dieser erste Selbstmordversuch die kompromißlose, emotionale, ja übertrieben selbst-dramatisierende Seite von Ikkyus Natur. Viel später, als er bereits ein verehrter Zen-Meister war, zögerte er nicht, nochmals einen Selbstmordversuch zu unternehmen als öffentlichen Protest gegen das, was er als Bestreben des Shogun ansah, seine Zen-Linie zu zerstören und die Nation zu ruinieren. Interessanterweise wurden beide Versuche durch eine rechtzeitige Intervention der kaiserlichen Familie verhindert. Am Ufer des Biwasees war es ein Bote seiner Mutter, den sie gesandt hatte, um dem verzweifelten jungen Mönch zu folgen. Sie rettete ihn mit ihrer Bitte, wenigstens zu ihrem Trost weiterzuleben. Bei seinem öffentlichen »Fasten bis zum Tode« in seinem dreiundfünfzigsten Lebensjahr war es der Nachfolger seines Vaters, sein Vetter Go-hanazono, dessen kaiserliches Dekret seinen Tod verhütete. Ikkyu war weder fähig noch bereit, seine Emotionen, seine Schwächen und Charakterfehler zu verstecken. Seine beißende Kritik konnte sich in einem Moment gegen die korrupte religiöse Hierarchie wenden und im nächsten mit gleicher Intensität in einem gewalttätigen, selbstzerstörerischen Akt gegen sich selbst.

Verzweifelt nach Erleuchtung suchend, machte er sich auf die Suche nach einem neuen Zen-Meister. Er hörte von einem anderen scharfen und unbeugsam strengen Zen-Lehrer, einem alten Meister mit Namen Kaso, der einen Zweigtempel des Daitoku-ji leitete, ebenfalls am Biwasee, dem schicksalhaften Schauplatz seines Selbstmordversuchs, gelegen, der sechs Jahre später Hintergrund seiner endgültigen Erfahrung des Großen Todes (*satori*) werden sollte.

Kasos Tempel Zenko-an war nicht weniger heruntergekommen als der Tempel Kenos. Auch Kaso haßte die Korruption der Hauptstadt und hatte wiederholt Angebote zurückgewiesen, eine hohe Position in der Hierarchie des Daitoku-ji einzunehmen. Aber Kaso hatte wenigstens ein paar Mönche und eine Nonne, die mit ihm studierten. Sein leitender Mönch Yoso, ein Mann mit zwanzig Jahren Training, war ein Zuchtmeister. In wahrer Zen-Tradition begrüßte er den neuen Bewerber Shuken, indem er ihm einen Eimer Spülwasser über den Kopf goß, als er am Tempeltor erschien. Der ließ sich davon nicht abschrecken und saß drei Tage in Meditation vor dem Tor, während der unentschlossene Kaso zögerte, ob er einen Novizen aufnehmen sollte, der erst kürzlich einen Selbstmord versucht hatte und dem zu allem Überfluß nachgesagt wurde, er sei ein Sohn des Kaisers. Am vierten Tag ließ er sich erweichen und hieß den Bewerber im spartanischsten aller Zen-Tempel willkommen, wo Novizen und Lehrer Seite an Seite in der bitteren Kälte arbeiteten, bis ihre Hände blutig waren, und wo sich nachts auf den Decken Eiskristalle bildeten.

Neun Jahre lang kämpfte Shuken mit den ihm gegebenen *koan*, meditierte jeden Tag darüber, ging morgens und abends zu Kaso zum *dokusan* und beantwortete dessen prüfende Fragen, und Kaso bestätigte sein Verständnis des *koan* oder wies es zurück. Den schmerzvollen Prozeß seiner sich vertiefenden Einsicht charakterisierend, schrieb er in einem Gedicht: »Ich leide die Schmerzen der Hölle.« Im Sommer meditierte er allein auf dem Biwasee in einem kleinen Boot, das ihm ein befreundeter Fischer geliehen hatte. Seine künstlerische Begabung konzentrierte er auf die Herstellung von Puppen für einen Laden in Kyoto, wo er manchmal einen Monat blieb, um für den Tempel Geld zu verdienen. In seinen wenigen freien Augenblicken mischte er sich unter die ungebärdigen armen Wahrsager, die Weinhändler, Prostituierten und Fischer, die zu den Einwohnern von Katada zählten, der Stadt, zu der das Zenko-an gehörte.

Für einen Musiker und Dichter nicht überraschend, erfuhr er seine erste Erleuchtungserfahrung durch Töne. Im Jahre 1418 arbeitete er am Fall 15 des *Mumonkan*, »Tozans 60 Schläge«. In diesem *koan* kommt Tung-shan (jap. Tozan [der spätere Begründer der Ts'ao-tung-(jap. Soto)Schule]) zum großen Meister Yün-men (jap. Ummon), der ihm mehrere »ganz normale« Fragen stellt wie »Wo kommst du her?«, »Wo hast du den Sommer über praktiziert?« u.ä. Tung-shan gibt darauf ganz normale Antworten und ihm wird beschieden: »Ich erspare dir dreißig Schläge!« Als er am nächsten Tag wiederkommt, fragt er Yün-men, wodurch er sich denn den Ärger des Meisters zugezogen habe. Der antwortet: »Du Reissack! Was wanderst du in Kiangsi und Honan herum?« und Tung-shan erfährt große Erleuchtung.

Eines Tages machte eine Gruppe von blinden Sängern Halt im Zenko-an, um eine populäre Ballade über eine tragische Liebe vorzutragen. Als Shuken dem Gesang lauschte, durchdrang er plötzlich den *koan*. Kaso bestätigte im *dokusan* seine Erfahrung und gab ihm den *dharma*-Namen Ikkyu, »ein Halt«, einen Namen, der Bezug nimmt auf die Einsicht des »einen Moments«, die Shuken erlangt hatte. Als Antwort schrieb Ikkyu ein Gedicht:

> Von der Welt der Leidenschaften
> zurück in die Welt der Leidenschaften –
> da ist ein Moment des Halts.
> Wenn es regnet, laß es regnen,
> wenn der Wind bläst, laß ihn blasen.

Als Ikkyu dann im Sommer 1420 in einem kleinen Boot auf dem Biwasee sitzend meditierte, provozierte wieder ein Geräusch sein Erwachen – diesmal der Ruf einer Krähe am frühen Abend. Ikkyu erfuhr sein großes *satori*, das ganze Universum wurde zum Krähenruf, und selbst »ein Halt« entfiel ihm. Kaso bestätigte das *satori*, prüfte ihn weiter mit Testfragen und sagte: »Das ist die Antwort eines *arhat* [buddhistischer Adept, der die eigene Erleuchtung noch nicht transzendiert hat, um alle Wesen zu retten], aber noch nicht die eines Zen-Meisters.« »Dann bin ich ein *arhat*«, gab Ikkyu zurück, »ich brauche kein Zen-Meister zu sein.« Darauf rief

Kaso aus: »Ah, dann bist du also doch ein Zen-Meister!« und schrieb auf der Stelle ein *inka* aus. Ikkyu nahm die Urkunde, warf sie zu Boden, drehte sich um und verließ den Raum. Nach anderen Quellen hat er sein *inka* erst im Jahre 1437 vernichtet.

Als der Obermönch Yoso von Ikkyus Benehmen hörte, wurde er wütend. Er, der seit zwanzig Jahren Zen übte, hatte nicht nur die große Erleuchtung dieses unverschämten 26jährigen Eindringlings zu verkraften, sondern auch dessen Verachtung für das begehrteste Zeichen in Zen-Kreisen. Er selbst hütete ein Porträt von Kaso als »symbolisches« Zeichen *seiner* Einsicht und *dharma*-Nachfolge, aber als er es einmal herumzeigte, hatte Kaso seine Hoffnungen zunichte gemacht und gerufen: »Wenn du diese Rolle jemals *inka* nennst, verbrenne ich sie!« Ikkyus Arroganz streute nun Salz in seine Wunden, und die beiden wurden zu erbitterten Feinden. Jeder suchte seine Loyalität dem Lehrer gegenüber auf seine Weise zu zeigen. Als Kaso an Ruhr erkrankte, räumte Ikkyu, dessen Erleuchtung nur seinen bizarren Stil auf die Spitze trieb, die Exkremente mit bloßen Händen weg. Yoso und die anderen Schüler verwendeten dazu Besen und Stöcke. Als er von Yoso wegen dieser seltsamen Zurschaustellung seiner Verehrung zur Rede gestellt wurde, gab er zurück: »Da es der Schmutz unseres Meisters ist, darf ich keinen Widerwillen dagegen haben.«

Zunehmend begann Ikkyus Verhalten nicht nur Yoso zu irritieren, sondern auch Kaso selbst. Wenn Gönner des Klosters zu Besuch kamen, platzte der junge Mönch mit beleidigenden Bemerkungen heraus wie »Zen ist keine Modesache!« und verließ den Raum. Er griff auch das modische Leben in Zenko-ans Muttertempel Daitoku-ji vehement an und übte anläßlich eines Gedenkmahls, an dem er dort teilnahm, öffentlich vernichtende Kritik an den »falschen Mönchen in Kuh-Röcken«. Schließlich wurden sein unorthodoxes Benehmen inmitten der Bevölkerung von Katada, seine betrunkenen Feiern und sein Spott über die Nachfolge-Riten im Zen selbst dem unkonventionellen Kaso zuviel. 1423 gab er Yoso *inka* und machte ihn in aller Form zu seinem *dharma*-Erben. Ikkyus Antwort war spontan und typisch. Er verließ das Kloster und begann ein unstetes Wanderleben, in dessen Verlauf er immer wieder bei Zeremonien mit der geflickten Robe und den Strohsandalen eines Bettelmönchs auftauchte. Als Kaso ihn einmal wegen seiner groben Art und Weise ermahnte, zitierte Ikkyu Lin-chi: »Ich halte nichts von Roben«, und ging weg. Kaso erkannte das Genie in seiner anarchistischen Verkleidung und erwiderte später an diesem Tag auf die Frage, wer denn sein Nachfolger sei: »Es wird der Verrückte sein.« Seine spirituelle Wahl war der »verrückte« Ikkyu, aber als der alte Meister starb, war es Yoso, »der Kultivierte«, der Abt des Daitoku-ji wurde.

Ikkyu wanderte nach dem Vorbild seiner geliebten Idole Lin-chi und Daito umher, und er nannte sich selbst in seinen Gedichten *kyo-un*, »Verrückte Wolke« – ein Wortspiel mit der traditionellen Bezeichnung für Mönche, *unsui*, »Wolke-Wasser«, und als Hinweis auf seine besondere »verrückte« Form des Zen. Im Unterschied zu seinen Vorgängern, deren Wanderjahre relativ kurz waren, dauerte Ikkyus ruheloses Wandern von seinem 29. bis zu seinem 57. Lebensjahr. Anders als selbst Lin-chi und Daito weigerte sich Ikkyu, formell die Rolle eines Zen-Lehrers oder Abtes eines Zen-Klosters anzunehmen. Doch irgendwann gesellte sich eine Handvoll gleichgesinnter Exzentriker zu ihm, und sie zogen als Gruppe umher. Mit einer Weggefährtin, die seine Frau wurde, hatte er einen Sohn. Die »Chronik des japanischen Mönchs Ikkyu«, eine nach Jahren geordnete Übersicht über sein Leben, angeblich zusammengestellt von seinem Haupt-Schüler Bokusai, beschreibt Ikkyus Kreis als »aus hartem Holz geschnitzt, fähig, jede Bequemlichkeit zu vergessen um des *dharma* willen. Sie sammelten dürre Äste als Feuerholz und schöpften Trinkwasser aus den Wildbächen … Sie waren gewissenhaft und unermüdlich.« In einem baufälligen Haus, das er zu Ehren von Lin-chis Bezeichnung für dessen Nachfolger »die Hütte des blinden Esels« nannte, ließ sich Ikkyu nieder. Er wollte durch sein ganzes Leben lehren, was Lin-chi propagiert hatte: »Scheißen und pissen und ganz gewöhnlich sein.« Als seine Frau starb, nahm er seinen Sohn als Schüler in seinen Tempel des blinden Esels mit seinen zerbrochenen Wänden und dem verrotteten Firstbalken auf. Das war keine geringe Ehre, denn Ikkyu wies jeden ab, der zu irgendeinem anderen Zweck kam als dem eines ernsthaften Zen-Studiums.

Hier schrieb er auch weiter seine rebellischen und aufrüttelnden Gedichte gegen die korrupten Klöster und ihre reichen und mächtigen Patrone. Er nahm sich der massiv unterdrückten Bauern und Städter an, die seine Anhänger waren, und während einer der vielen Volkserhebungen, bei denen von den Hosokawa-Shogunen die Erlassung von Schulden gefordert wurde, schrieb er:

> Räuber sind nie in armen Häusern anzutreffen,
> eines Mannes Reichtum macht nicht die ganze
> Gegend reich.
> Die Schwierigkeit beruht, glaube ich, auf dem
> kleinen Glück – du verlierst deine Seele
> für zehntausend Kupferstücke!

1425 starb der neu ernannte Shogun Yoshikaza an seinem Alkoholismus, und sein bereits im Ruhestand lebender Vater Yoshimochi mußte diese Position wieder einnehmen. Der war durch Alkoholmißbrauch jedoch geistig so gestört, daß er seine Herrschaft nicht ausüben konnte und einem Nachfolger Platz machte, der aber bald einem Attentat zum Opfer fiel. Inmitten dieses gesellschaftlichen Niedergangs kritisierte Ikkyu nicht nur furchtlos die Korruption des Zen, sondern auch die politische Lage. In einer Sammlung von recht revolutionären Gedichten schrieb er:

> Gier nach Luxus, nach Reis und Geld untergräbt den
> kaiserlichen Palast.
> Nicht gut, daß ich an eine schöne Frau auch nur
> denke, wenn das Reich in so trauriger Lage ist.
> Diesem einen Gefolgsmann hängt das Herz in Fetzen!

Er konnte nicht die Augen vor der schrecklichen Realität des Alltagslebens im Japan der Muromachi verschließen und wollte sich auch nicht vor ihr im sicheren Kloster verstecken. So begann er wieder das Leben eines Laien zu führen, aß Fleisch und Fisch, trank Wein, schlief mit Frauen und besang sie in seinen Gedichten. Als lebendes Beispiel für Lin-chis Forderung, »die Liebe zum Heiligen und den Haß auf die Welt« zu vermeiden, suchte Ikkyu die wahre Praxis des Zen vom Kloster auf die Straße zu bringen. Dorthin gehörte sie seiner Meinung nach, so wie es Daito vor ihm bereits gesehen hatte. Er griff öffentlich die ausschweifenden Institutionen des Rinzai-Zen an und hielt sich dabei die Maske des verrückten Mönches vor, um seine Botschaft zu bekräftigen, daß es »leicht ist, den Bereich der Buddhas zu betreten, viel schwerer aber, den der Dämonen.« Mehr als 15 Jahre lang hatte er den konventionellen, strengen und »männlichen« Stil des Zen geübt, nun war er entschlossen, »den Markt zu betreten mit segenspendenden Händen«[3], sich unter die gewöhnlichen Leute zu mischen, zu leben, wie sie lebten, und dadurch das *dharma* zu predigen, welch unkonventionelle Form es auch immer annehmen sollte.

Ikkyu war nicht wie Lin-chi ein harter und körperlich gewalttätiger Mann, sondern ein Liebender, ein Dichter, dem ein Sperling in der Hand im Gedächtnis blieb, der zärtlich über Frauenschönheit schreiben konnte und gleichzeitig das Zen-Establishment geißelte. Auch wenn das rauhe und wilde *Lin-chi-lu* [vgl. S. 60, Anm. 1] sein Standardtext war (er ging sogar so weit, es auswendig zu lernen), übertrug er dessen Lehren in das höchst empfindsame Gefäß seiner eigenen Natur und Erfahrung. Und obwohl er Lin-chi äußerlich imitierte, indem er sich einen Bart und langes Haar wachsen ließ und doch Mönch blieb, setzte Ikkyu sich von Lin-chis »maskulinem« Zen-Stil ab, er nahm Frauen als Schülerinnen und Weggefährtinnen an und akzeptierte sie als sozial und intellektuell gleichgestellt. Seine Ablehnung des Lebens in den Tempeln rührte sowohl von seinem Abscheu vor den sexuellen Ausschweifungen dort her [obwohl – oder vielleicht gerade weil – er selbst durchaus homosexuelle Neigungen hatte] als auch vor der dort herrschenden religiösen Heuchelei. Tatsächlich reichten in einer Gesellschaft, in der die regierenden Samurai ihre Abneigung gegen Frauen zur Schau stellten, indem sie die Liebe von Knaben bevorzugten, Ikkyus »feministische« Ansichten völlig aus, um ihn als verrückt abzustempeln. In den Bordellen und Geisha-Häusern entwickelte er sein Zen des Roten Fadens, ein Bild, das er dem alten chinesischen Meister Hsü-t'ang (Kido) entlehnt hatte. So schritt er fort zu den tiefen und subtilen Ebenen der Verwirklichung in »eben diesem Leib« als dem »Lotos des wahren Gesetzes«. Menschliche Wesen sah er an Geburt und Tod gebunden durch den Roten Faden der Leidenschaften wie durch eine blutige Nabelschnur. Eng verwandt mit dem tantrischen Buddhismus, der die sexuelle Vereinigung als religiöses Ritual verwendet, ist Ikkyus Zen des Roten Fadens die radikalste nicht-dualistische Interpretation des Geschlechtsakts, die je von einem Zen-Meister vorher oder nachher propagiert wurde [vielleicht bis zu Bobo Roshi im 20. Jh.; vgl. Wetering, S. 108 ff.].

Indem Ikkyu weltliche Formen der Zen-Übung förderte, entwickelte er eine völlig neue Ästhetik, schuf neue Formen in Kalligraphie, Poesie, No-Theater, Keramik und Tee-Zeremonie. Sein »laufender« Kalligraphiestil und die *kyo*, »verrückten«, manchmal geradezu pornographischen Gedichte wurden von seinen Laienschülern weiter entwickelt, von denen viele zu führenden Malern, Bildhauern und Schauspielern ihrer Zeit wurden. Einer von ihnen war sein Sohn Jotei, der später einer der bedeutendsten Teemeister Japans wurde. Vor allem aber kultivierte Ikkyu ein Leben der Armut und Bescheidenheit. Daraus erwuchs das in Japan so geschätzte *wabi*-Ideal der äußersten Einfachheit, das die Ästhetik dieses Landes bis heute charakterisiert.

Sein geselliger religiöser Stil wurde klarer, als er nach Sakai ging, einer aufblühenden Stadt am Ufer des Biwasees, die wie Katada von Raufbolden, Straßenmädchen, Piraten, reichen Kaufleuten und zweifelhaften Künstlern bevölkert war – Ikkyus idealen Gemeindemitgliedern. In dieser Atmosphäre feierte er im Kreise einer kleinen Gruppe loyaler Mönche und Laienschüler am Neujahrstag 1435 seinen 41. Geburtstag. Anstatt eine traditionelle Neujahrspredigt zu halten, stand er früh auf und lief hinaus in die Straßen der Stadt. Er schwang drohend ein langes hölzernes Schwert und schlug damit gegen Hauswände, um die Aufmerksamkeit auf sich zu lenken. Laut Bokusais Chronik sammelten sich die verwunderten Stadtbewohner und riefen durcheinander: »Wozu braucht ein Mönch ein Schwert? Schwerter sind Mordwerkzeuge!« Ikkyu antwortete darauf: »Ihr wißt es noch nicht – in dieser Zeit ist die Welt voll von einer Weisheit, die ebenso falsch ist wie dieses Holzschwert. Solange man es in der Scheide behält, sieht es aus wie eine wirkliche Klinge, aber wenn man es herauszieht, wird offenbar, daß es nur ein Holzspan ist. Es kann nicht einmal einen Menschen töten – geschweige denn einen lebendig machen!« Die Bürger von Sakai begriffen lachend und applaudierten ihrem exzentrischen Geistlichen. Ikkyu war sich bewußt, daß er allein das große Schwert des Manjusri Bodhisattva in Händen hielt, die Klinge der Weisheit, die alle Verblendung durchschneidet und so zur Erkenntnis führt.

Doch trotz seiner äußerlichen »Verrücktheit« war Ikkyu ganz offensichtlich ein strenger Anhänger von Lin-chis rigorosem Zen. Völlige Hingabe an Meditation, *koan*-Praxis und *dokusan* mit einem erleuchteten Meister waren ja das Kernstück seiner eigenen Laufbahn. Das Umfeld war wohl informell, unter den Schülern befanden sich mehr Laien als ordinierte Mönche, aber die Zen-Praxis war weitaus traditioneller als das ritualisierte Schauspiel, das in den *gozan*-Tempeln vor sich ging. Zehn katastrophale Tage lang versuchte er sich als Abt des Nioi-an, eines Untertempels auf dem Gelände des Daitoku-ji. Das Angebot war ihm von Yoso unterbreitet worden, und Ikkyus Anhänger hatten ihn dazu aufgefordert, diese Stellung zu Ehren seines geliebten alten Lehrers Kaso zu dessen Jahrestag anzunehmen. Bei dem Gedenkmahl machten jedoch Yosos reiche Gäste Ikkyu klar, daß sie für ihre reichlichen Geldspenden von ihm schriftliche *inka* erwarteten. Noch während des Essens stand er auf und ging hinaus, gefolgt von seinen Haupt-Schülern Bokusai und Bokushitsu.

Er stellte ein Inventar des Tempels zusammen und heftete es an ein Gedicht, das er als Rücktrittserklärung an die Wand hängte:

> Nach zehn Tagen in diesem Tempel dreht sich's in
> meinem Geist –
> der Rote Faden der Leidenschaft ist stark in
> meinen Lenden;
> wenn ihr mich ein andermal finden wollt,
> sucht beim Fischhändler, im Sake-Laden oder im
> Bordell!

Wahrscheinlicher jedoch verbrachte Ikkyu den nächsten Monat mit seinen Schülern bei einem *sesshin* auf dem Gelände seines Gönners Shiten Soiku im Süden von Kyoto mit *teisho* und dem Beantworten von Schülerfragen. Sein Zen gab er unmittelbar weiter, in der Begegnung von Angesicht zu Angesicht. Um diese Lehre in eine gewisse Ordnung zu bringen und die Schüler anzufeuern, überreichte er jedem eine Schriftrolle, auf der es hieß:

> Ich bin ein einfacher Mann und habe in meinem Leben nie jemanden bestätigt; ich fürchte, daß nach meinem Tod niemand dasein wird, um für mich zu sprechen. Da ich meine Bestätigung unter vier Augen erhielt, habe ich nicht darüber gesprochen. Aber wenn jemand es übernimmt, das *dharma* zu verbreiten und seine eigene Schule im geheimen zu gründen, werden die Regeln in Unordnung gebracht. Solche Menschen sollten rasch der Obrigkeit gemeldet und bestraft werden. Sie verfälschen den Buddhismus und sind meine erklärten Feinde. Wirklich wichtig ist der Schutz des *dharma.* Wie könnte da jemand zur Seite stehen und mit verschränkten Armen zusehen?

Ikkyus hartnäckiges Beharren auf dem wahren Geist der Nachfolge Daitos beeindruckte sogar zwei Mönche Yosos vom Daitoku-ji, Tsu und Kin. Beide tauchten eines Tages in seinem schäbigen Tempel in Sakai auf, baten um Aufnahme als Schüler und wurden von ihm herzlich willkommen geheißen. Solche Dinge bestärkten natürlich Yoso in seinen wiederholten und unaufrichtigen Versuchen, sich mit Ikkyu zu versöhnen – er lud ihn zu einer klösterlichen Festlichkeit ein. Bokusai gibt den ironischen, zunehmend bitterer werdenden Dialog zwischen den beiden alten Widersachern Wort für Wort wieder. Als Ikkyu ankam, stand Yoso persönlich am Tempeltor und rief: »Du kommst ziemlich spät; ich wollte schon jemanden schicken, um dich hierherzubringen. Ich wollte dir sagen, daß du Kasos Gesicht mit Latrinenwasser vollgeschüttet hast.«

Ikkyu antwortete ruhig: »Du brauchst mir nicht den frommen Bruder vorzuspielen. Könntest du mir freundlicherweise erklären, was du mit dem Latrinenwasser meinst?« Yoso fuhr fort, ihn zu beschuldigen, daß er die Traditionslinie des Daitoku-ji fälschlich benutze und die *teisho* seiner Meister zu seinen eigenen Zwecken rezitiere. Ikkyu gab zurück: »Auf der anderen Seite höre ich, daß du eine falsche Praxis anpreist und mit deinen Schülern kein *sanzen* mehr machst. *Das* ist es, wovon Kaso nie etwas wußte. Welche Alternative gibt es dazu? Wie kann man irgend etwas erreichen ohne diese Gespräche? Nein, du bist es, der Latrinenwasser schüttet, aber in dein eigenes Gesicht. Kaso kannst du mit deinen Irrtümern nicht beschmutzen.« Zornig sprudelte es aus Yoso heraus: »Ich trage seine Bestätigung. Mit welchem Recht beleidigst du mich?« »Ich wurde auch bestätigt«, sagte Ikkyu, »aber solche Dinge eignen sich nicht für öffentliche Vergleiche.« »Na, vermutlich habe ich keine Möglichkeit zu *beweisen, daß* du *nicht* bestätigt worden bist.« Daraufhin lachte Ikkyu laut und ging wieder.

1447 aber mußten die beiden ihre Kräfte vereinen, um ihre geliebte Traditionslinie davor zu retten, vom Hosokawa-Shogunat übernommen zu werden. Diesem war es als Gönner des Myoshin-ji immer schon gelungen, das dem Kaiserhaus zugeordnete Daitoku-ji in den Hintergrund zu drängen. Als gesetzgebende Macht in Japan setzten die Hosokawa den Kaiser unter Druck, einen Rivalen aus dem Myoshin-ji zum obersten Abt von Daitoku-ji zu ernennen. Dies rief dort einen Aufstand hervor, bei dem einer der Priester Selbstmord beging und einige andere eingekerkert wurden. Ikkyu begann in den Bergen um Kyoto einen Hungerstreik und schrieb:

> Ich schäme mich, noch unter den Lebenden zu sein;
> so viele Jahre habe ich Zen geübt und den Weg
> praktiziert, jetzt habe ich neue Probleme.
> Die Wahrheit des Buddha scheint wirklich
> verschwunden zu sein,
> und statt ihrer erhebt sich der Dämonenkönig
> hundert Fuß hoch!

Als Kasos legitimer Erbe war selbst der verhaßte Yoso besser als ein von den *gozan* bestellter Eindringling in die Daitoku-ji-Linie. Als Ikkyu vom Hunger geschwächt inmitten eines Gewitters in Meditation saß, wurde er von einem kaiserlichen Kurier seines Vetters Go-hanazono angesprochen. »Wenn der verehrte Mönch weiter in dieser Weise fortfährt, werden der Weg des Buddha und der Weg des Kaisertums beide vergehen. Wie kann Er solches verursachen? Wie kann Er sich in Zeiten wie diesen vom Reich davonmachen?« übermittelte der Kurier die Worte des Kaisers. Ikkyu hatte seinen Standpunkt deutlich gemacht. Er gab das Fasten auf, und das Daitoku-ji war gerettet – mit Yoso als Abt. Und Ikkyu ging erneut auf Wanderschaft, genauso Verrückte Wolke wie zuvor.

1457 hatten die Hosokawa die Bevölkerung wirtschaftlich so ausgeblutet, daß die sonst hilflosen Massen einen Volksaufstand wagten. Truppen plünderten und verbrannten ganze Stadtteile von Kyoto in irgend jemandes Namen, darunter auch Ikkyus Stadt-Zentrum der »Hütte des blinden Esels«. So machten er und seine Freunde sich auf den Weg nach Süden in ländliche Gegenden. Als der Onin-Krieg rund um sie tobte und alle großen Paläste und Klöster brannten, konnte Ikkyus Gruppe sich glücklich schätzen, kein Interesse hervorzurufen, und sie nannten ihren Tempel »Hütte des Dankes«.

Tausende starben und zeitweise waren die Straßen Kyotos verstopft von den Leichen der Tiere und Menschen, die verhungert oder an Seuchen gestorben waren. Aber immer noch erfreuten sich die Anhänger des Shogun und seine Priesterschaft ihrer wirtschaftlichen Macht. Ikkyus Antwort auf diese Zurschaustellung von Gier, Haß und Wahn war eine religiöse Allegorie, die er *Skelette* nannte. In diesen makabren Darstellungen des Todes, die kaum Schritt halten konnten mit dem tatsächlichen Elend und Sterben, verschrieb Ikkyu mit seiner Empfehlung, sich »ganz auf *zazen* zu konzentrieren«, ein Medikament gegen die höllischen Umstände. Das Alltagsleben konnte selbst unter diesen Umständen nicht von der wahren Zen-Praxis getrennt werden, und so hörte die Meditation in Ikkyus ländlicher Klause auch inmitten der Kriegswirren nicht auf. Hier war es auch, daß sein Schüler Zenchiko das No-Drama entwickelte und daß die Teezeremonie ihren Höhepunkt als meditative Form erreichte. Ikkyu setzte seine beißende Kritik an Tempel und Staat fort und tadelte »die arroganten Stärkeren, die weiterhin Musik machen und das Leben genießen, während das ganze sonstige Volk leidet«, und er veröffentlichte eine Serie von bissigen Ergüssen gegen Yoso und andere Personen des öffentlichen Lebens unter dem ironischen Titel *Selbstkritiken.*

Ein Anfall von Ruhr kostete Ikkyu beinahe das Leben, aber er erholte sich wieder; und mit weit über siebzig ging er noch eine leidenschaftliche Liebesbeziehung ein, die bis in seine Achtzigerjahre andauern sollte. 1471 schloß sich »Lady Shin«, eine blinde Sängerin, Komponistin und begabte Musikerin, dem Kreis zen-inspirierter Musiker, Maler und Dichter in der »Hütte des Dankes« an. Sie veränderte Ikkyus Leben völlig – der alte Zen-Meister war 77, seine Geliebte in den späten Dreißigern. Wir wissen über diese Romanze nur aus den ausdrucksstarken, detaillierten Gedichten Ikkyus, in denen er ihre Liebe besang. Bokusai bleibt an diesem Punkt in seiner Chronik stumm, aber mit Ikkyus Zustimmung ließ er ein erstaunliches offizielles Porträt von diesem malen, das auch die blinde Sängerin zeigt. Dieses *chinzo,* ein Zen-Porträt, das heute noch im Daitoku-ji hängt, bildet Ikkyu ab ohne den üblichen Meisterstock, gekleidet in die Kutte eines gewöhnlichen Mönches. Hintergrund des Bildes ist ein grauer, leerer Kreis, der die letztendliche Leerheit der Dinge bezeichnet, während die Sängerin darunter sitzt und, in professionellem Putz ihr *koto* spielend, die manifeste Welt der Form darstellt.

In Lady Shin, oder Mori, hatte Ikkyu endlich sein lang gesuchtes weibliches Selbst gefunden. Frei von Scham pries er ihre Schönheit und rühmte in seinen Schriften und öffentlichen Auftritten ihre Gaben. Mehr noch, Ikkyu baute gewagte Details ihrer physischen Beziehung in seine Lehren über Zen ein, er unterlegte *koan* mit einem erotischen Kontext, der die manifeste und die absolute Welt in einem Liebesknoten verband. So wird der *koan:* »Auf welche Weise gleichen meine Hände den Händen Buddhas?«, der auf Huang-lung Hui-nan (Oryo), einen Lin-chi-Meister des 11. Jahrhunderts, zurückgeht, bei ihm zu:

> *Meine Hand Moris Hand nennen*
> Meine Hand, wie gleicht sie Moris Hand.
> Ich glaube, die Lady ist Meisterin des Liebesspiels;
> wenn ich geschwächt bin, kann sie den Jadeschaft heilen,
> und dann frohlocken die Mönche bei der Versammlung.

In diesen radikalen Umformulierungen von Methoden und Praxisformen des Zen, welche die Frau sowie den Roten Faden ehren, der selbst die erleuchtetsten Zen-Meister an Leidenschaft, Geburt und Tod bindet, drückte sich Ikkyus Freude an der menschlichen Liebe aus. Indem er sich selbst als *mukei,* den »Mönch vom Traum-Boudoir«, bezeichnete, deutete er an, daß er in der Sexualität eine grundlegend geheiligte spirituelle Praxis sah.

> Wer führt die Grundtradition der Rinzai-Schule weiter?
> Die letzte Nacht des Nicht-Seins, die drei Pfeiler [des Zen]
> gibt's in der »Hütte des Blinden Esels«.
> Dieser alte Mönch vom Traum-Boudoir in seinem Pavillon
> zur Betrachtung des Mondes lebt Nacht für Nacht ein mehr
> als trunkenes Leben der Poesie.

Es war Shin, *dharma*-Gefährtin und poetische Inspiration, die dem »alten Mönch« tiefere und immer tiefere Einsicht in die »Grundtradition der Rinzai-Schule« gewinnen ließ.

Im Jahre 1474 befahl Kaiser Go-tsuchimikado, daß Ikkyu als Abt des Daitoku-ji eingesetzt werden sollte. Kyoto lag nach dem Onin-Krieg in Trümmern, und es gab buchstäblich kein Daitoku-ji mehr, das der neue Abt hätte beziehen können. Ikkyu, nun über achtzig, hatte die Aufgabe, es aus dem Nichts wieder aufzubauen. Der Thron selbst war so verarmt, daß die kaiserlichen Gefolgsleute die Hofschätze verkaufen mußten, um Reis zu bekommen. Nur Ikkyus reiche und mächtige Gönner, die Kaufleute, als wirtschaftliche Sieger aus dem Krieg hervorgegangen, waren flüssig genug, um den Heimattempel ihres Meisters wieder aufbauen zu können. Mit seinem charakteristischen Eifer für seine geliebte Traditionslinie erklärte Ikkyu sich nicht nur bereit, dieses unmögliche Unterfangen durchzuführen, sondern bot bei dessen Durchführung eine typisch surrealistische Verrückte-Wolken-Gründungszeremonie. Auf einem Hügel, der an seinen winzigen, obskuren Tempel in Sakai grenzte, rezitierte er eine Reihe von seltsamen Gedichten, begleitet von bühnenreifen Gesten, mit denen er die noch zu errichtenden Gebäude des Daitoku-ji darstellte.

»Das letzte verbliebene Licht aus Daitos Schule ist erloschen«, sang er. »Wie ist zu erklären, daß das Herz von der Unvergänglichkeit aller Dinge singt? Fünfzig Jahre hat dieser Mönch nur den Regenmantel und den Hut aus Stroh[4] getragen; heute ist er zu seiner Schande ein purpurgekleideter Abt.«

Ohne Hilfe vom Kaiserhaus oder vom Shogunat gelang Ikkyu der Wiederaufbau des Klosterkomplexes. Einer seiner Schüler, Owa Sorin, ein Kaufmann aus Sakai, tat sich dabei besonders hervor. Er ging so weit, die Masten seiner seetüchtigen Schiffe abzumontieren, um das Dach der neuen *dharma*-Halle des Daitoku-ji zu stützen. Im Jahre 1481 war der Wiederaufbau abgeschlossen – Ikkyu aber war inzwischen gestorben. Der wandernde Mönch, der sein *inka* weggeworfen hatte und damit jede Beglaubigung als legitimer Erbe von Daito und Kaso, hatte diese Traditionslinie wieder neu errichtet und sie dann für immer verlassen, mit keinem anderen Verbindungsglied als einem auf einer Rolle aufgezeichneten Credo:

> Nach meinem Tod werden unter meinen Schülern solche sein, die in die Wälder oder die Berge gehen [um zu meditieren], andere mögen Sake trinken und sich mit Frauen vergnügen, aber jene, die vor einem Auditorium Vorlesungen halten und von Zen als dem »Weg der Moral« reden, die vergewaltigen den Buddhismus und sind in Wirklichkeit Ikkyus Feinde.
>
> Sie sollen bestraft werden von Kaso[s Gedächtnis], denn sie sind die Einäugigen, welche die Blinden führen. Ich habe nie ein *inka* gegeben, und wenn sich jemand dessen brüstet, ist er nicht von Ikkyus Schule. Und wenn eine solche Person den Anspruch erhebt, den Buddhismus zu verstehen, benachrichtigt die Obrigkeit! Nochmals möchte ich euch dringend darum bitten; so könnt ihr eure Loyalität zeigen. Laßt euch diese Botschaft durch den Kopf gehen.

Wie Franz von Assisi wurde Ikkyu bei seinem Tod für seine öffentlichen Akte der Barmherzigkeit ebenso gefeiert wie für seine Lehren, dafür, daß er zwischen arm und reich nicht unterschieden hatte, nicht zwischen den Straßenmädchen und den Höflingen, den Berühmten und den Verachteten. Bokusais Chronik beschreibt einen Mönch, dem die Kinder nachliefen, um mit seinem Bart zu spielen, der so sanft war, daß die Vögel Futter nahmen aus seiner Hand; und der doch »jene Art des Zen haßte, die von den Meistern so großzügig verteilt wird, die ihre Schüler behandeln wie Schoßhunde.« Mit seinen Schülern war er »streng und anspruchsvoll«. Wenn er einen halbherzigen Bittsteller entdeckte, entschuldigte er sich dafür, nicht lehren zu können, und sagte: »Ich bin nur ein schwächlicher alter Mann.« Aber mit einem ernsthaften Zen-Schüler »konnte er alles mögliche anstellen und alle

Arten von Fähigkeiten zeigen. Er konnte sowohl die tiefen Wahrheiten als auch ihre Herleitung erläutern ... Er war ein außerordentlicher Mann mit dem grundlegenden Charakter und Verhalten eines Buddha oder Patriarchen.«

Ikkyus Liebe zu seiner Traditionslinie veranlaßte ihn, seine letzten Lebensjahre dem Wiederaufbau des Tempels zu widmen, dessen Hierarchie er während des Großteils seines Lebens zu zerschlagen und mit seinen Possen lächerlich zu machen versucht hatte. Es ist kein Zufall, daß er sich Lin-chi als Vorbild genommen hatte, denn das harte »Zen des Tuns« des chinesischen Meisters sechs Jahrhunderte früher war genauso eine Rebellion gegen die Beschränkungen durch den post-konfuzianischen Hof seiner Zeit gewesen. Indem Ikkyu Lin-chis Unverblümtheit nacheiferte, dessen wenig klerikalen Bart übernahm und sich nicht den Kopf scheren ließ, konnte er, der Kaisersohn, im Volk untertauchen und Klassenschranken aller Art verwischen. Er konnte das korrupte klerikale Establishment in seinen Gedichten zum Teufel jagen und seine tiefe religiöse Einsicht in exzentrischen Symbolen mitteilen, die einen westlichen Geist sofort an William Blake in England oder Walt Whitman in den USA denken lassen. Wie sie liebte er die Natur, pries die körperliche Liebe und nützte seine Kunst und spirituelle Vision dazu, die bereits todgeweihten Institutionen seiner Zeit mit schneidendem Humor zu kritisieren. Sein Zen sprach Herz und Sinn mehr an als das Zen der Samurai, das seine Kraft aus dem *hara* bezog, dem Kraftzentum im Bauch, und das die Übung seiner Zeit dominierte. Und Zen wurde von ihm erstmals um ein feminines Element bereichert, ein Aspekt, der dem Zen seit langem gefehlt hatte.

Ikkyus dichterische Gabe war ein nützliches Lehrwerkzeug, besonders im Zusammenhang mit der traditionellen *koan*-Praxis im Rinzai-Zen. Indem er sich mit seinen Schülern eine intimere Art des Zen-Dialogs erlaubte, schuf Ikkyu einen einzigartigen Stil des *mondo*, in dem direkte Anspielungen auf die alten Meister mit den aktuellen Erfahrungen innerhalb seines Kreises verwoben wurden. So brachte sein Schüler, der Dichter Socho, die Verwendung von *renga,* den »Kettengedichten« (oft witzigen Frage- und Antwort-Spielen) zur Perfektion. Aus einer Nacht des Trinkens und Dichtens wurde auf diese Weise:

> Männer inmitten ihrer Trunkenheit,
> was können sie tun für ihre weingetränkten Gedärme?
> Nüchtern, am Ende ihrer Kraft, trinken sie den Bodensatz.
> Die Klage dessen, der den Sand umarmte
> und sich in den Fluß Hsiang-nan stürzte,
> kostet diese Verrückte Wolke nur ein Lachen.

Angespielt wird in diesem Gedicht auf den chinesischen Beamten Ch'u-yüan, der sich trotz seiner Tugendhaftigkeit von Feinden verleumdet sah. Im Gespräch mit einem Fischer am Flußufer, wo er stand und an Selbstmord dachte, sagte er: »Alle Welt ist getrübt durch Verwirrung, ich allein bin rein! Alle Menschen sind wie betrunken, nur ich bin nüchtern!« – die Parodie eines Unerleuchteten auf die erleuchtete Feststellung des Buddha: »In allen Himmeln und unter dem Himmel bin ich allein der Ehrwürdige.« Der Fischer erwiderte: »Der wahre Weise haftet nicht an bloßen Dingen ... Wenn alle Welt ein trüber Wirbel ist, warum folgst du nicht seiner Strömung und schwimmst auf seinen Wellen? Wenn alle Menschen betrunken sind, warum trinkst du nicht den Bodensatz und schluckst den wäßrigen Wein mit ihnen?« Aber Ch'u-yüan war zu sehr in seine dualistischen Konzepte von Tugend und Laster verstrickt, um sich den Zen-Ratschlag des Fischers zu Herzen zu nehmen; er schrieb ein Gedicht über das »Umarmen des Sandes«, sprang in den Fluß und ertrank.

Ikkyus Verwendung dieser Anspielung auf die vollendete konfuzianische Tugend im Rahmen seiner eigenen »trunkenen« Zen-Lehrmethode gab nicht nur die Worte des Fischers wieder, sondern erfüllte sie mit Leben. Sein mit Zen-Anwendungen erfülltes Gedicht wurde selbst zum vielschichtigen *koan,* den die Schüler erst durchdringen müssen; eine Bühne für die Frage von Recht und Unrecht, Trunkenheit und Nüchternheit, Tugend und Laster.

Das Lachen der Verrückten Wolke war eine lakonische Antwort auf die Frage nach der Einheit von Form und Leere, Verblendung und Erleuchtung.

Ikkyus Leben mit Lady Shin veranschaulichte den Buddhismus des Mahayana in seiner tantrisch-sexuellen Form und zeigte, daß Nirvana und diese Welt menschlicher Liebe und Leid ein und dasselbe sind, daß dieser sterbliche Körper selbst der Buddha ist. Seine einfachen Formen der Zen-Praxis brachten dem Laien die Meditation in ganz alltäglichen Situationen und Tätigkeiten nahe, wie kochen, das Land bestellen, künstlerisch tätig sein oder sich um die Kinder kümmern. Sie waren auf die wachsende Gruppe der »Laienmönche« zugeschnitten, die sich um ihn sammelten; Menschen, die dem Zen ergeben waren, aber dies vor dem Hintergrund des weltlichen Lebens außerhalb der Klöster. Ikkyu lehrte und lebte seine Art von Lin-chis »Zen in Aktion« auf einer zutiefst menschlichen Ebene. Er verweltlichte dieses noch weiter, als Lin-chi es getan hatte, und verwendete eine leidenschaftliche, ja schockierende Sprache, um das Wesen seiner Lehre zu verdeutlichen.

Immer gefährdet wegen seiner Herkunft und seiner emphatischen Stellungnahmen gegen Schützlinge des Shogunats, ging er höchst kritisch mit den religiösen Autoritäten um, die der direkten Kontrolle der Regierung unterstellt waren. Aber auch wenn er die monastischen Formen und Strukturen auf den Kopf stellte, zeigen seine Gedichte sowie seine Bindung an die *Praxis* des Zen, daß er zutiefst religiös und zutiefst demokratisch war, im spirituellen und im politischen Sinn des Wortes. Nichts konnte ein Individuum begrenzen und einengen, wenn es einmal frei von Dualismus war. Mehr noch – keine irdische Macht hatte das Recht, individuelle Freiheit zu begrenzen.

Ikkyus *furyu,* oder »weit abgelegenes« Zen gleicht dem von P'u-tai (Hotei), dem Bodhisattva der Marktplätze, mit seinem Sack voll Süßigkeiten für die Kinder und seinen »segenspendenden Händen«. Radikal in ihrem Nicht-Dualismus, schließt diese Form des Zen das ganze Universum in seine Verwirklichung ein und ist nicht begrenzt auf die traditionellerweise heiligen oder geheiligten Bereiche. Wenn alle Dinge Buddha-Natur haben und vollendet sind, wie sie eben sind, dann ist Befreiung nicht eine Frage von Stil und Benehmen, sondern eine lebendige Erfahrung. Ikkyus Lehrer Keno und Kaso betrachteten das harte Training, für das nur wenige hingebungsvolle Sucher geeignet waren, als den sichersten Weg, diese tiefe Erfahrung hervorzurufen. Ikkyu hat ihre Methode nie für falsch gehalten, und sein Beispiel, diesem Weg mehr als 15 Jahre lang genau zu folgen, bis er die große Erleuchtung erfuhr, zeugt von seiner Wertschätzung für seine Meister. Aber als erleuchtetes Individuum, und auf eigenen Füßen stehend, wußte er keinen anderen Weg, als das Leid rund um ihn wahrzunehmen und zu antworten, und er ging in die Welt hinaus, um es zu lindern. Himmel und Hölle, Priester und Laie, hoch und niedrig, klug und beschränkt – all dies war für Ikkyu gleich geheiligt, um »gerade dies« zu sein. Er sah keine letzte Wahrheit hinter den Dingen, nicht einmal die Leere, und so schnitt er die Verbindung ab zu Schmerz und Leid, die Kennzeichen der Person sind, die von der Dualität besessen ist. Und doch hat Ikkyu nie seine »Gewöhnlichkeit« bestritten. Er glänzte in der Welt und feierte sie mit dem Gesang des göttlichen Narren.

---

1 Der Wu-tai-shan (Fünftafelberg) war seit dem 5. Jh. ein buddhistisches Heiligtum (nicht nur der Ch'an-Schule) und bezog sich wiederum auf die »Fünf-Berge«-Klöster des frühen Buddhismus in Indien.

2 Kanzan Egen (1277 – 1360), zweiter Abt des Daitoku-ji und erster des Myoshin-ji, nicht zu verwechseln mit den beiden berühmten Chinesen mit Namen Han-shan (jap. Kanzan) im 7. bzw. im 16. Jh.

3 Vgl. das zehnte Ochsenbild.

4 Regenmantel und Regenhut aus Stroh sind noch heute ein Zeichen der Armut in ländlichen Gegenden Japans.

Bankei: Dem Volk aufs Maul geschaut

Die Antworten des Dorfpriesters auf seine bohrenden spirituellen Fragen ließen Bankei so unbefriedigt, daß er sich im Alter von elf Jahren in einem kleinen Schrein versteckte und seinen Mund mit giftigen Spinnen vollstopfte. Dieser exzentrische, aber glücklicherweise erfolglose Selbstmordversuch stand am Beginn einer einzigartigen und furchtlosen Zen-Reise.

Geboren wurde Bankei 1622, in dem Jahr, als Iemitsu, der dritte Tokugawa-Shogun, die Macht übernahm und das repressivste und autokratischste Regime errichtete, das Japan bis dahin gekannt hatte; und er starb 1693, fünf Jahre nachdem Tsunayoshi, der fünfte Tokugawa-Shogun, die Genroku-Periode eingeleitet hatte, eine schlecht organisierte, durch Korruption geschwächte »Neuordnung« im Fahrwasser einer neu entstandenen Bourgeoisie. Wie die Zeit, in der er lebte, drückte sich Bankeis Persönlichkeit und religiöser Stil häufig in Extremen aus. Ein Beispiel: Das allmächtige *bakufu* [Regierung], das innerhalb von sechzig Jahren alle Ausländer aus Japan ausgewiesen hatte, unterdrückte einen Aufstand, indem es ein allgemeines Reiseverbot erließ. Die Macht wurde dadurch zentralisiert, daß die einzelnen Landbesitzer, Dorfhauptleute, Bauern und Städter in ein bürokratisches Netz verstrickt wurden, in dem selbst der kaiserliche Hof ein Gefangener war. Alle bedeutenden Verkehrsadern Japans wurden mit Sperren versehen, um mögliche Reisende und potentielle Verschwörer zu Hause festzuhalten. Die Regierung, die sich nun in Edo [Tokio] befand, verbot den Bau von Brücken, die es erleichtert hätten, in die Hauptstadt zu gelangen. Bankei war ein beliebter Prediger, ein Anarchist in einer feudalen Diktatur; umso erstaunlicher ist es, daß es ihm möglich war, sich nach Belieben in diesem undurchdringlichen Netzwerk von Spionen und Grenzwächtern zu bewegen. Es war ihm sogar möglich, eine große, gesellschaftlich uneinheitliche Zuhörerschaft anzuziehen und ein Zen zu predigen, das dem Establishment manchmal recht entgegengesetzt war.

Die paranoide Politik der Abschottung während des größten Teils der Tokugawa-Periode war eine Reaktion auf die intensive und erfolgreiche Missionierung hauptsächlich durch portugiesische Jesuiten und Franziskaner, die sich durchaus auch in die japanische Innenpolitik eingemischt hatten. Der christliche Einfluß hatte Asien im 17. Jahrhundert so durchdrungen, daß China, Korea und Vietnam dem japanischen Beispiel folgten und ebenfalls den kulturellen und den Handelsverkehr mit dem Westen beschränkten. Die einschneidenden physischen Beschränkungen, welche die *bakufu*-Beamtenschaft der Bevölkerung auferlegte, waren ebenso schwer zu ertragen wie die sozialen. Man wurde in eine Samurai-, eine Bauern-, Künstler- oder Kaufmannsfamilie hineingeboren, und dort blieb man auch. Die *daimyo*, die Befehlshaber der Samurai, teilten sich in zwei Klassen: erbliche *daimyo* (Nachkommen jener Krieger, die bei der großen Schlacht von Sekigahara unter dem Shogun Ieyasu auf der Siegerseite gekämpft hatten) und Außenseiter (die sich erst später auf dessen Seite geschlagen hatten). Letztere galten als unzuverlässig, wurden mit schweren Steuern belastet und waren kaum mehr als Geiseln in einem System, das sie zwang, ein Jahr lang in Edo zu bleiben, und wenn sie heimkehrten, ihre Frauen und Gefolgsleute zurückzulassen. Diese Samurai reagierten ihre Frustration an den Bürgern und Bauern ab, welche die nächst tiefere Sprosse der gesellschaftlichen Stufenleiter bildeten. Japan unter Iemitsu war eine Militärdiktatur, die jedem Mitglied der Kriegerkaste nahezu unbeschränkte Macht über seine Vasallen zugestand. So war es nicht unüblich für einen Samurai, sein Schwert am Hals des nächstbesten Unglücklichen, der ihm über den Weg lief, zu »erproben«. Bankeis Predigten sind gespickt mit Beispielen von frommen Reisenden und gewalttätigen Samurai, die einander in solchen Begegnungen gegenüberstanden.

Die Verfassung des *bakufu*, ein vom früheren Shogunat bis ins Detail ausgearbeitetes Dokument, das von jedem neuen Shogun erneut bestätigt werden mußte, definierte den Samurai-Kodex in allen Einzelheiten und hielt alle anderen unter einer strengen konfuzianischen Disziplin des »Schuster, bleib bei deinem Leisten«. Die erblichen *daimyo* waren reicher als der Kaiser selbst und besaßen fast das ganze Land, aber die Wirtschaft wandelte sich so schnell von der Landwirtschaft zum Handel, vom flachen Land zur Stadt, daß die schwer besteuerten Außenseiter-Samurai der völligen Verarmung entgegensahen. 1637 konvertierte eine solche Gruppe auf der Halbinsel Shimabara zum Christentum, da sie nichts mehr zu verlieren haben glaubte, und begann einen erfolglosen Aufstand, der 37 000 christlichen Japanern das Leben kostete. Dieses Ereignis war der Zündfunke für die Abschottung Japans dem Westen gegenüber und mündete in eine brutale Christenverfolgung, die fast fünfzig Jahre andauerte.

Die Rebellion von Shimabara bestärkte nur die Paranoia des *bakufu*. Die chaotische Verwaltung, die keinerlei legale Grundlage besaß, sondern von den willkürlichen Entscheidungen der von den Tokugawa ernannten Beamten abhängig war, wurde mit Regierungsspionen durchsetzt. Schilder auf den Straßen strotzten von Tiraden über ethisch richtiges Verhalten; Kindern wurde eingeschärft, loyal gegenüber ihren Eltern zu sein; Bürger wurden zu Bedürfnislosigkeit und harter Arbeit ermahnt; und die Angehörigen aller Klassen hatten mit ihrem Geschick zufrieden sein. Um es auf den Punkt zu bringen – alle Arten von Folter und scheußlichen öffentlichen Bestrafungen wurden angewendet, um die Vorstellung des Shogun von »Recht und Ordnung« durchzusetzen. Das hieß auch, daß ein Bauer oder Handwerker geköpft, gevierteilt oder ausgeweidet und sein Leichnam öffentlich zur Schau gestellt wurde für ein Vergehen, das einen Samurai nur ein paar Yen Strafe gekostet hätte. Männer, Frauen, Kinder, Tiere und anderes

»Rohmaterial« existierten in Japan nur zur beliebigen Verwendung durch das Militär. Aber indem der Shogun jeden Handel mit dem Westen unterbunden hatte, hatte er sich in ein unlösbares Dilemma begeben: Die Ansprüche seiner großen und müßigen Kriegerkaste konnten durch Japans begrenzte materielle Ressourcen nicht mehr befriedigt werden.

Bis zur Verabschiedung der Gesetze von 1638/39, welche die strenge Abschottung Japans vom Westen festlegten, war das Vermögen in Reis gemessen worden. Die Bauern, auch genannt die »Maschinen zur Produktion von Reis, den die Samurai schlukken«, waren völlig in der Macht ihrer Herren, die wiederum bei den Kaufleuten, welche sie mit sonstigen Gütern versorgten, dauernd verschuldet waren. Indem die Samurai ihre finanziellen Lasten auf ihre Bauern abwälzten, vernichteten sie endgültig die landwirtschaftliche Ökonomie, auf der das Land jahrhundertelang aufgebaut hatte, und traten damit unwissentlich die wirtschaftliche Macht an die *chonin* ab, die Geldverleiher und Reishändler. Diese städtische Klasse befriedigte nicht nur gegen hohe Zinsen die unersättlichen Bedürfnisse der Samurai, sondern schuf gleichzeitig die riesigen Handelsmetropolen, die später Nagasaki, Edo, Osaka und Sakai werden sollten. Der Handel nahm so rasch zu, daß mit dem Ende des 17. Jahrhunderts das Geld den Reis als Tauschmittel vollständig verdrängt hatte.

Obwohl immer noch weit unten auf der gesellschaftlichen Stufenleiter, hielten die verachteten *chonin* nun die finanzielle Macht in Händen und überließen den Samurai die Herrschaft über traditionelle Künste wie Schwertfechten, *No*-Theater, Teezeremonie, Blumenstecken und konfuzianische Philosophie. Die Kaufmannsklasse entwickelte das Kabuki-Schauspiel und die Künste des Holzblockdrucks und des Romans und hielt populäre Formen des Buddhismus hoch, die von den konfuzianischen Aristokraten an den Rand gedrängt worden waren. Diese Gruppe neureicher Kaufleute bildete die Masse von Bankeis Zuhörerschaft. Für sie lag Zen gerade noch an der Grenze des Begreifbaren, zwischen dem Intellektualismus und Hierarchiedenken der Neokonfuzianer und ihrem eigenen neuentwickelten bürgerlichen Selbstbewußtsein. Bankeis manchmal schneidende Verurteilungen des hierarchischen Zen, seine Angriffe auf altgediente Institutionen wie Klosterwesen, *koan*-Praxis, offizielle Erleuchtungsbestätigungen, das Rezitieren von Sutras und die *dharma*-Übertragung entsprachen genau dieser Zeit des sozialen Wandels und den Bedürfnissen seiner gemischten Zuhörerschaft. Selbst die Samurai, die kamen, um seinen erdverbundenen Vorträgen zu lauschen, wurden überzeugt.

Bankeis Schüler rekrutierten sich zunehmend aus den gebildeteren städtischen Kreisen, die mehr Interesse für die Welt der Kurtisanen und Teehäuser aufbrachten als für die vergängliche Welt der Existenz im Buddhismus. Er sprach sie an in ihrer eigenen Sprache und mit ihrer eigenen Stimme, betonte die alltäglichen Wirklichkeit und mahnte, alle Angelegenheiten im Hier-und-Jetzt zu erledigen.

Geboren wurde Bankei in dieser für eine Familie armer Samurai harten Zeit im kleinen Dorf Hamada, an Buddhas Geburtstag, dem 8. April 1622. Er war eines von neun Kindern und der vierte von fünf Söhnen. Mit Hilfe eines Gönners, eines besser gestellten Samurai, hatte sein Vater in einem nahen Dorf eine ärztliche Praxis eröffnet [einer der wenigen für Samurai als standesgemäß erlaubten Berufe]. Als Bankei zehn war, starb sein Vater und hinterließ die Praxis seinem ältesten Sohn Masayasu. Die Familie folgte den für die Tokugawa-Periode typischen konfuzianischen Regeln, hing aber geistig dem buddhistisch inspirierten Samurai-Kodex an. Zen war damals als autoritäre esoterische Sekte organisiert, vom Shogun unterstützt in seinen Bemühungen, das Christentum auszurotten, und es hatte wesentlich von seiner ursprünglichen Lebenskraft verloren, als Bankei im Alter von elf Jahren mit seiner religiösen Suche begann.

Er war ein intelligenter und schwieriger Knabe, der, obwohl anmaßend und in seiner Unabhängigkeit kaum zu bändigen, eine so schreckliche Angst vor dem Tod hatte, daß die Erwachsenen ihn sofort zur Räson bringen konnten, wenn sie vorgaben, sich zum Sterben niederzulegen. Er wurde in die damals übliche konfuzianische Schule geschickt, wo mechanische Fertigkeit das Hauptziel der Erziehung war. Dort beleidigte er seinen Kalligraphielehrer dadurch, daß er sich weigerte, dieselben Schriftzeichen abzuschreiben wie alle anderen, und er verärgerte seinen älteren Bruder, indem er die Schule schwänzte. Als Masayasu dem Fährmann auftrug, Bankei nicht über den Fluß zu bringen, der die Schule von seinem Elternhaus trennte, wenn dieser zu früh heim wollte, stieg Bankei einfach ins Wasser und marschierte nach Luft schnappend ans andere Ufer, obwohl seine Zehen kaum den schlammigen Grund berührten.

Der Tod seines Vaters hatte die melancholische Suche des Knaben nach einer Antwort auf die Frage von Geburt und Tod provoziert – in solchem Maß, daß auch seine gelehrten Lehrer den durchdringenden philosophischen Fragen nicht mehr gewachsen waren. Eines Tages hörte er den konfuzianischen Satz: »Der Weg der großen Gelehrsamkeit liegt in der Klärung der leuchtenden Tugend.« Er fragte seinen Lehrer: »Was ist die leuchtende Tugend?« und bekam zur Antwort: »Die eingeborene Natur des Guten in jeder Person.« Von dieser Frage unbefriedigt, fragte Bankei andere Lehrer und bekam Antworten wie: »Die ursprüngliche Natur« oder: »Die letztgültige Wahrheit des Himmels.«

Bankei brannte nun danach, diese »leuchtende Tugend« zu finden und zu erfahren, denn sie war seinem instinktiven Glauben nach der Schlüssel zu Leben und Tod. Er sah, daß die Antwort nicht in der Schule zu finden war, brach seinen Schulbesuch ab und wurde daraufhin von seinem Bruder aus dem Haus gewiesen. Im Alter von zwölf Jahren war er ein leidenschaftlicher Besucher von Vorträgen und Predigten konfuzianischer Gelehrter und buddhistischer Priester und versäumte keine Gelegenheit zu irgendeinem religiösen Treffen im Umkreis von Kilometern. Er hatte sich auf den Weg gemacht, die Bedeutung der »leuchtenden Tugend« zu klären.

Wie Ikkyu war auch Bankei früh von der Fürsorge seiner Mutter getrennt – umso mehr hing er sein ganzes Leben zärtlich an ihr.

Er gelobte, sie an seinem religiösen Trachten teilhaben zu lassen und sie zur Befreiung zu führen, sobald er die Antwort auf seine brennende Frage gefunden hätte. Später, als sie in seinen Armen starb, eine neunzigjährige Nonne, die seine Schülerin geworden war, machte er die Bemerkung, seine lebenslange Suche sei nicht umsonst gewesen, denn er habe die Erleuchtung seiner Mutter gesehen als Ergebnis seiner Lehre.

Er war zwar aus seinem Elternhaus vertrieben, konnte aber auf die Freundschaft des Gönners seines Vaters, Sukeshitsu, zählen, der ihm eine kleine Hütte im Wald hinter seinem eigenen Grundstück anbot. Der Dreizehnjährige schnitt die Worte »Klause der Übung« in eine Dachschindel, brachte sie an der Eingangstür an und bezog das Häuschen. Wenn er nicht gerade saß und über die leuchtende Tugend meditierte, verbrachte er seine Zeit mit der Rezitation des *nembutsu* in einem nahegelegenen Reinen-Land-Tempel. Mit fünfzehn war er einem Shingon-Tempel beigetreten und studierte dort den esoterischen Buddhismus in der Hoffnung auf Antwort. Eher als die Lehre des Konfuzius schien ihm der Buddhismus den Weg zur Erleuchtung zu weisen, aber selbst hier entdeckte Bankei eine Gewohnheit der leeren Rituale, eine Religion, die Form und Buchstaben über die lebendige spirituelle Erfahrung stellte.

Ein buddhistischer Priester riet dem Knaben, er könne vielleicht in einem Zen-Tempel fündig werden, ungefähr 30 Kilometer entfernt in Ako, bei einem Rinzai-Mönch namens Umpo. Es war 1638, das Jahr, in dem der Shogun die Politik der Abschottung begann, als Bankei zum Zuoi-ji kam und seinen ersten Zen-Lehrer traf. Der siebzigjährige Umpo war ein Abkömmling derselben unbestechlichen Otokan-Tradition, welcher der junge Ikkyu in Kasos schäbigem Katada-Tempel 200 Jahre zuvor begegnet war. Bankei brachte seine Frage nach der »leuchtenden Tugend« vor und wurde angewiesen, *zazen* zu sitzen und die Antwort selbst herauszufinden. In seiner typischen Impulsivität verlangte er, daß ihm auf der Stelle der Kopf geschoren und er zum Mönch ordiniert würde. Umpo willigte ein und gab ihm den Namen Yotaku [andere Lesart: Eitaku] – »lange das Juwel des Geistes polieren«. Den Name Bankei erhielt er erst mit dreißig, vier Jahre nach seinem *satori*, als er als Zen-Mönch im Myoshin-ji in Kyoto aufgenommen wurde.

Umpo verwendete die traditionelle *koan*-Praxis nur als eine seiner Lehrmethoden und zog den »direkten« Zugang des *zazen* vor. Auf diese Weise saß Bankei über seiner Frage, bis er neunzehn war und, immer noch unerleuchtet, auf eine Pilgerfahrt ging in der Hoffnung, seinen Geist auf eigene Faust zur Ruhe zu bringen. In Tempeln oder Einsiedeleien entlang des Weges, meist aber im Freien übernachtend, wanderte er bis Osaka und ahmte die großen Lehrer aus Umpos Tradition nach, indem auch er einige Jahre mit den Bettlern unter der Gojo-Brücke in Kyoto verbrachte.

Der junge Radikale, der in seinem Zweifel am Sinn des Lebens eine Mundvoll giftiger Spinnen geschluckt hatte, entwickelte sich nun zu einem fanatischen Asketen, begierig auf ein Leben der Mühsal und Entbehrung als Mittel zur Lösung seines Problems. In seinen eigenen Worten:

> Ich trieb mich gnadenlos an und erschöpfte mich psychisch und physisch; zeitweise übte ich tief in den Bergen an Orten, die von jedem menschlichen Kontakt abgeschnitten waren. Ich fertigte primitive Unterstände aus Papier an, zog sie über mich und machte *zazen* darin. Manchmal machte ich einfach ein kleines Pultdach aus zwei dicken Kartons, saß in einsamer Finsternis darunter, machte *zazen* und legte mich nie auch nur für einen Moment der Rast nieder. Sobald ich hörte, daß irgendwo ein Lehrer lebte, von dem ich glaubte, er könne mir einen Rat geben, ging ich sofort hin, um ihm einen Besuch abzustatten. So lebte ich etliche Jahre, und es gibt wenige Orte im Land, wohin ich nicht meinen Fuß setzte.

1645, vier Jahre nachdem er Zuoi-ji verlassen hatte, kehrte er mit seiner immer noch ungelösten Frage zu Umpo zurück. Er kam weinend zu seinem Meister und berichtete ihm traurig von seinem Fehlschlag. Umpo sagte: »Du verlangst danach, jemand zu finden, der dich von deinem Ziel abhält.« Bankei wandte sich um und machte sich auf der Stelle auf eine neue Wanderschaft. In einer entlegenen Einsiedelei nördlich von Ako entschloß er sich, seine Meditation bis zum Tode weiterzutreiben. Seine drei Meter große Zelle hatte nur einen Zugang, gerade so groß, daß ein Bauer seinen Arm durchstecken konnte, um ihm zweimal am Tag eine Eßschale hinzustellen. Ein zweites, kleineres Loch diente ihm als Abtritt, und Licht und Lärm schloß er aus, indem er die Türe mit Schlamm verstrich. Er saß auf dem kalten Felsboden, bis seine Schenkel und sein Gesäß bluteten und näßten, und vergaß häufig das ihm hingestellte Essen. Im Kampf mit dem »Dämon Schlaf« schüttete er sich beim kleinsten Anzeichen von Schläfrigkeit kaltes Wasser ins Gesicht, aber die Erleuchtung ließ auf sich warten. Schließlich war sein Körper durch die Kasteiungen so geschwächt, daß er an Tuberkulose erkrankte und gar nichts mehr essen konnte. Er spuckte große Blutklumpen und fand sich damit ab, hier und jetzt, wo er saß, auch zu sterben. Da hatte er plötzlich »eine seltsame Wahrnehmung« in seiner Kehle und spuckte einen großen Klumpen blutigen Schleim an die Wand ihm gegenüber. Während er ihn beim Hinuntersinken beobachtete, kam ihm plötzlich die erleuchtende Erkenntnis, daß »alle Dinge vollendet gelöst sind im Ungeborenen.« Vierzehn Jahre rastloser Suche wurden belohnt in dem Bruchteil einer Sekunde, in dem seine Frage eine tiefgehende, heftige und plötzliche Lösung fand. Und mit der kehrten auch seine Gesundheit und sein Appetit plötzlich wieder. Er schlang den Reis hinunter, den sein Betreuer ihm zubereitet hatte, und erlebte sich nach seiner Erfahrung des »Großen Todes« als von Grund auf verwandelt. Später, als er sich das Gesicht in einem nahen Fluß wusch, provozierte der Duft der Pflaumenblüten eine weitere Einsicht, die seine Begegnung mit dem, was »ungeboren« und »nicht-sterbend« war, noch tiefer bestätigte. Als er zu

Umpo zurückkehrte, bestätigte der sein *satori* als »das Mark der Knochen Bodhidharmas«. Dann empfahl Umpo dem jungen Mann, den großen Gudo Toshaku aufzusuchen, den berühmtesten Zen-Meister seiner Zeit, um eine weitere Bestätigung seiner Erleuchtungserfahrung zu erhalten.

Zur Zeit von Bankeis *satori* galt Zen als fossiles Überbleibsel der früheren beiden Jahrhunderte. Die Rinzai- und die Soto-Schule waren in einem konstanten »Dialog« – tatsächlich eher einer Rivalität – begriffen über den Weg, wie man am besten eine lebendige Übung wiederherstellen könne. Beiden Traditionen war völlig bewußt, daß das, was als *koan* bezeichnet wurde, zu einem bloßen Nachplappern von ehrwürdigen Worten in den Mündern von unerleuchteten Mönchen degeneriert war. Soto-Übende blickten zurück auf die Schriften Dogens, des Gründers ihrer Schule im 13. Jahrhundert, während die Rinzai-Schule der strikten Myoshin-ji-Linie dem strengen Reglement des *koan*-Zen folgte. Die Zen Gelehrsamkeit blühte – während die Zen-Erfahrung verblaßte. Die verschiedensten nonkonformistischen Mönche wanderten umher und suchten auf sich allein gestellt nach Erleuchtung; Exzentriker wie Suzuki Shosan, ein ehemaliger Samurai, der Zen-Priester geworden war, oder Ungo Kiyu und Daigu Sochiku, welche die Bestätigung ihrer Lehrer zurückwiesen als tote Übertragungen alter Männer, die selbst gar keine Erleuchtung erfahren hätten. Suzuki Shosan verkündete, daß die Feldarbeit oder das Führen des Schwertes in der Schlacht als Praxis hinreichend sei. Die beiden anderen wanderten umher und lehrten ihre eigene Art von Zen vor dem Hintergrund ihrer eigenen Erleuchtungserfahrung ohne jede formelle Übertragung.

Infolge der Buddhistenverfolgungen der Ming-Dynastie kamen einige chinesische Ch'an-Lehrer nach Japan und wirkten hauptsächlich in Nagasaki, der einzigen Stadt, die für Ausländer zugänglich war. Die beiden berühmtesten unter ihnen, Tao-ch'e Chao-yüan (Dosha Chogen) und Yin-yüan Lung-ch'i (Ingen Ryuki), wurden zwar beide gleichermaßen von der vom Myoshin-ji beherrschten Zen-Hierarchie abgelehnt, waren aber selbst so erbitterte Rivalen, daß Ingen versuchte, Dosha vergiften zu lassen, und ihn schließlich erfolgreich nach China zurücktrieb. Ingen blieb in Japan »als einziger legitimierte Ch'an-Meister der Lin-chi-Schule« und begründete dort die Obaku-Schule, die zeitweilig eine große Schar von Schülern anzog und die Kunst der Malerei und der Kalligraphie stark beeinflußte. »Reformer« gab es überall, aber keiner von ihnen konnte der Praxis wirkliches Leben einhauchen.

Der sechsundzwanzigjährige Bankei machte sich erneut auf die Wanderschaft. Enttäuscht über die Nachricht, daß Gudo sein Kloster in Mino verlassen hatte, suchte Bankei in der Provinz Gifu nach anderen Zen-Lehrern. Entsetzt mußte er zur Kenntnis nehmen, daß keiner von ihnen seine Erfahrung bestätigen konnte, denn keiner von ihnen hatte selbst die Erleuchtung erfahren! Ein freundlicher alter Priester war sogar so ehrlich, das zuzugeben, und drängte Bankei, seine eigene Bestätigung zu akzeptieren und sich nicht auf das niedergeschriebene Zen anderer zu verlassen.

Ein Jahr lang lebte Bankei in verschiedenen Einsiedeleien in der Provinz Gifu, bis er 1650 nach Harima zurückkehrte, in die Gegend seiner Heimatstadt. Dort überlegte er sich, wie man anderen den Weg des Buddha lehren könnte. 1651 machte er sich nochmals auf den Weg, um auf den Rat Umpos hin den chinesischen Mönch Dosha Chogen zu treffen. Seine Überfahrt über die Inlandsee erbettelte er sich, kam mit einem Handelsschiff in Nagasaki an und marschierte sofort nach der Landung zu dem Tempel Sofuku-ji, wo er von dem alten chinesischen Meister empfangen wurde.

»Du bist durchgedrungen bis zum Kern des Selbst«, sagte Dosha, »aber du hast noch die Sache dahinter zu erledigen, die ja die Substanz unserer Schule ist.« Diese Bestätigung von höchster Stelle, die Bankei drängte, sein *satori* aus der dünnen Atmosphäre der Leerheit herunterzuholen und es in der Erfahrung des täglichen Lebens anzuwenden, verärgerte den jungen Mann so sehr, daß er sich umdrehte und wegging, ohne auch nur die obligate respektvolle Verbeugung zu machen. Aber irgend etwas in der Stimme des alten Priesters muß ihn getroffen haben, denn Bankei blieb, wurde Doshas Schüler und suchte sich in der *zendo* unter den anderen Mönchen seinen Platz. Obwohl er sich mit seinem Meister nicht in klassischem Chinesisch verständigen konnte und der kein Japanisch sprach, schaffte es Bankei, mit ihm Dialoge zu führen, indem er Zettel mit *kanji* (chinesischen Schriftzeichen) beschrieb [die im Japanischen ebenfalls verwendet werden]. Immer noch rebellisch, weigerte er sich, die Rezitation in chinesischem Stil und andere fremdsprachige Rituale mitzumachen. Als Dosha ihn deswegen rügte, sagte er: »Der einzige Grund, warum ich hierher gekommen bin, ist die Klärung der Großen Sache. Wie könnte ich es mir leisten, meine Zeit zu vergeuden, indem ich zusätzliche Methoden lerne, Sutras zu rezitieren?« Dosha sah, mit welcher Art von Mönch er es zu tun hatte, ließ die Sache auf sich beruhen und machte Bankei für ein Jahr zum *tenzo* (Klosterkoch).

Am 21. April 1652 hatte Bankei beim Sitzen in der *zendo* eine neuerliche tiefe Erleuchtungserfahrung. Er platzte in Doshas *dokusan*-Raum und schrieb: »Was ist die letztendliche Sache des Zen?« »Wessen Sache?« war Doshas schriftliche Antwort. Bankei streckte die Arme aus. Dosha wollte gerade wieder schreiben, da packte Bankei den Pinsel, warf ihn zu Boden und ging aus dem Zimmer.

Bankeis Absonderung von der rituellen Praxis und sein selbstsicheres Auftreten machten ihn bei den anderen Mönchen nicht gerade beliebt. Bald drückten sie offen ihren Ärger über seinen besonderen Stellenwert bei Dosha aus. Der alte Lehrer riet ihm unter vier Augen, den Tempel für eine Weile zu verlassen, und das war dem Querkopf gerade recht. Er kehrte in die Gegend von Harima zurück und wanderte dann weiter in die Provinz Yamato, in die Nähe von Nara, einer entlegenen Gegend, bekannt durch die vielen Einsiedler, die dort in den Hügeln lebten. Hier saß er in einer roh zusammengezimmerten Hütte und schrieb religiöse Regenzauberlieder[1] für die Bauern, die ihn dafür verköstigten.

1653 kehrte er in seine kleine Einsiedelei in der Provinz Mino zurück und fuhr fort, seine Einsicht in der Einsamkeit zu vertiefen. Von klein auf hatte er Anzeichen von hellsichtiger Intuition gezeigt, und diese Intuition sagte ihm in dem harten Winter dort, daß Umpo krank sei. Einige Mönche hatten sich zusammengefunden, um mit Bankei zu sitzen. Einer, mit Namen Sen, war besonders skeptisch gegenüber Bankeis Ankündigung, er müsse abreisen, um den kranken Umpo zu sehen. »Woher willst du wissen, daß dein Lehrer krank ist? Der ist viele Kilometer entfernt«, stellte er Bankei in Frage. Der wiederholte zuversichtlich seine Überzeugung, daß Umpo krank sei. Sen beschuldigte ihn des Betrugs und bot lachend an, ihn zu begleiten, um den Schwindel aufzudecken.

Bankei nahm die Herausforderung an, und die beiden Mönche machten sich auf den Weg nach Ako. Auf halbem Weg bestand Bankei auf einem Umweg und behauptete, daß die Frau eines alten Freundes gerade in Osaka gestorben sei und daß er dort gebraucht werde. Wieder schrie Sen »Schwindel!«, als er Bankei in Richtung Osaka hinterherhastete. Als sie Osaka erreichten, wurden sie von Bankeis Freund in Trauerkleidung empfangen: »Meine Frau ist vor drei Tagen gestorben; seltsam, daß du gerade jetzt kommst – sie hat während der letzten Tage ihrer Krankheit immer deinen Namen gerufen.« Bankei nahm Sen zur Seite: »Nun, bin ich also ein Schwindler?« Dessen Antwort war, Bankei ewige Treue zu schwören.

Solche jugendlichen Zurschaustellungen seiner paranormalen Kräfte vermied Bankei jedoch in seinen mittleren Jahren, denn ein Ruf als Seher hätte nur sein Anliegen behindert, die Leute zu lehren, wie sie ihre grundlegende ungeborene Selbst-Natur für sich selbst entdecken könnten. Bei seinen Vorträgen sammelten sich ohnedies viele unwissende und abergläubische Menschen an in der Hoffnung, Zeugen eines Wunders zu werden. Bankeis übliche Antwort auf Fragen danach war, diese mit Witz auf die Fragesteller zurückzulenken.

Als er endlich Zuoi-ji erreichte, erfuhr er, daß Umpo in der Nacht zuvor gestorben war und seinem Nachfolger Bokuo Sogyo Anweisung hinterlassen hatte, Bankei zur Lehrtätigkeit zu ermutigen. Es war nun 1654, und Bankei hatte auf seinen Wanderungen fünf Schüler mitgenommen. Sie begleiteten ihn zurück nach Nagasaki zu Dosha, der inzwischen seine eigenen politischen Schwierigkeiten mit seinem chinesischen Konkurrenten Ingen hatte. Allzeit bereit für eine ordentliche Auseinandersetzung, ergriff Bankei Partei für Dosha und versuchte die Unterstützung wichtiger Gönner für seinen bedrängten Lehrer zu erreichen. Ingens Anhänger schreckten vor nichts zurück; sie verbrannten sogar Doshas offizielle Urkunde der *dharma*-Übertragung, um ihn als »inkompetent« zur Weitergabe von Zen hinzustellen. Als dies nicht den gewünschten Erfolg zeitigte, griffen sie zu noch gröberen Mitteln, einschließlich des bereits erwähnten Versuchs, ihn zu vergiften. Bankei war unterwegs auf der Suche nach Unterstützung durch den *daimyo* Matsura Shigenobu, einen mächtigen Schüler Doshas, als die Situation für Dosha gänzlich untragbar wurde und er unehrenhaft nach China zurückkehren mußte.

Shigenobu hatte Bankei als namenlosen bettelnden Mönch in Edo kennengelernt. Einer seiner Samurai hatte Bankeis Kommentar gehört, als ein in Panik geratenes reiterloses Pferd die Straßen unsicher gemacht hatte: »Das ist so, weil Meister und Pferd zwei sind und nicht eins.« Der *daimyo* war sicher, daß eine solche Bemerkung nur von einem erleuchteten Zen-Priester kommen konnte, lud Bankei zu sich ein und bestellte ihn schließlich zum Retreat-Meister des Familientempels in Hirado.

1658 wurde Bankei vom ersten Nachfolger Umpos, Bokuo, als *dharma*-Erbe seines Meisters bestätigt. Jetzt konnte er als Lehrer in der Linie des Myoshin-ji seine Botschaft vom Ungeborenen auf seine unnachahmliche, originelle Weise endlich offiziell verbreiten. Sobald sich dies herumgesprochen hatte, versammelten sich die Sucher in Scharen, um die fesselnden Vorträge des Reformators und Bilderstürmers zu hören. 36 Jahre lang lehrte Bankei in Tempeln, Klöstern, Versammlungsplätzen und auf den Ländereien begüterter Schüler. Meistens wurde er von einer kleinen Gruppe Vollzeit-Schüler begleitet, wenn er das Land durchstreifte und in seinem populären Stil das Zen des Ungeborenen verkündete. Die großen Retreats *[kessei]* dauerten üblicherweise zwei oder drei Monate, und es gab drei bedeutende Tempel, die ihm dafür zur Verfügung standen: Ryumon-ji, das von einem loyalen ehemaligen Schulkameraden erbaut wurde, der in Bankeis Heimatstadt Hamada ein reicher Schiffseigner geworden war; Nyoho-ji in Ozu auf der Insel Shikoku; und Korin-ji in Edo. Zunächst hatte Bankei noch versucht, sich mit einer kleinen Gruppe von Schülern im Nyoho-ji in seine »Klause des Eigentlichen« zurückzuziehen, um seine eigene Einsicht weiter zu vertiefen und gleichzeitig die anderen zu leiten. Aber das Verlangen nach seinem Erscheinen bei großen Versammlungen war so groß, daß er geradezu in die Öffentlichkeit gedrängt wurde. Korin-ji, Bankeis Tempel in Edo, war von dem *daimyo* Kyogoku Takatoyo für ihn erbaut worden und wurde hauptsächlich von mächtigen Regierungsbeamten, reichen und weniger reichen Samurai, deren Gefolgsleuten und vom niederen Adel aufgesucht. Seine beiden anderen Tempel befanden sich in der Provinz und dort versammelte sich eine eher bunt gemischte Gesellschaft von Mönchen, Nonnen, Laienanhängern, Fischern, Bauern, neureichen Kaufleuten, Städtern und Hausfrauen, die zum Teil draußen im Gras sitzen mußten, um seinen Worten lauschen zu können.

Bis 1679 hielt er Vorträge in über vierzig Tempeln, verteilt über ganz Japan, wobei ihm eine treue Kerngruppe von Schülern auf seinen Reisen über die Landstraße folgte. Durch Bankei erlebte die darniederliegende Zen-Schule eine wunderbare Wiederbelebung in ihrer ursprünglichen Form.

Bankeis Retreats im kleinen Kreis wurden mit der Zeit zu riesigen *kessei*, zwei- und dreimonatigen intensiven Trainingsperioden jeweils im Sommer und im Winter. Hier traten jedoch traditionelle Meditation und persönliche *koan*-Gespräche zurück zugunsten gemeinschaftlicher Übung, Versammlungen mit öffentlichen Fragen und Antworten und bis zu drei öffentlichen Vorträgen am Tag. Im Unterschied zu der damals üblichen *kessei*-Praxis in Zen-Tempeln erlaubte Bankei nicht, daß Schüler geschlagen oder gescholten wurden, es gab bei ihm kein Betteln von Mönchen und keine besondere Tageseinteilung. Von den traditionellen Formen wurden nur die Perioden des täglichen *zazen* und das Rezitieren von Sutras beibehalten – für jene, die daran teilzunehmen wünschten. Als buddhistischer Priester bot Bankei weiterhin traditionelle Zeremonien und private Gespräche an, in denen er je nach Gesprächspartner Ratschläge zu allem möglichen, von Familienproblemen bis zur *koan*-Praxis, erteilte. Und er amtierte bei Hochzeiten, Begräbnissen und *jukai* (buddhistisches Aufnahmeritual), solange die Leute dies wünschten.

Obwohl er keinen Zweck in der Abfassung schriftlicher Unterlagen für seine Vorträge sah und seinen Schülern verbot, Mitschriften anzufertigen, wurden seine mündlichen Belehrungen weitergegeben in Form von persönlichen Tagebüchern und Berichten, die von seinen engsten Schülern und Schülerinnen verfaßt wurden. Eine davon war Den Sutejo, eine bekannte Dichterin des 17. Jahrhunderts, die mit siebzehn geheiratet und sechs Kinder geboren hatte, mit vierzig Witwe und schließlich Nonne geworden war. Von 1681 bis zu ihrem Tode 1696 schrieb Teikan, wie Bankei sie nannte, ein Tagebuch, in dem sie seine Krankheiten, Begegnungen, Retreats und Reisen dokumentierte und genau die Zahl und die Art der Leute beschrieb, die jeweils daran beteiligt waren. Eine berühmte Eintragung stammt von 1690, als 1 680 Mönche und Nonnen – die Schwärme von Laienanhängern nicht mitgezählt, die von Hokkaido im Norden bis Okinawa im Süden gekommen waren – an einem Winter-Retreat im Ryumon-ji, Bankeis Heimat-Tempel, teilnahmen. So viele waren gekommen, schrieb Teikan, daß »die Scheunen, Schuppen und Lagerhallen der ganzen Stadt« als Schlafräume für die Teilnehmer dienen mußten. Im Jahr darauf berichtete sie, daß Bankei im Gyokuryu-ji in Mino ein Winter-Retreat mit über 6 000 Teilnehmern geleitet hätte.

Aber seine früheren asketischen Übungen forderten ihren Tribut an seiner Gesundheit. Seine Lehrjahre waren immer wieder von Magenkrämpfen, Hustenanfällen und allgemeinen Zusammenbrüchen beeinträchtigt, die ihn manchmal zwangen, sich für Wochen zurückzuziehen. 1693 hatte sich seine Gesundheit so verschlechtert, daß seine Schüler im Ryumon-ji mit dem Bau einer

Begräbnis-Pagode für ihn begannen. Aus ihren eigenen Mitteln und mit eigenen Händen arbeiteten Laien, Mönche, Samurai, Bauern und Städter, arm und reich, Seite an Seite, Tag und Nacht, um das Projekt fertigzustellen. Am 10. August, einem sehr heißen Tag, wurde Bankei auf einer Bahre ins Ryumon-ji getragen. Am nächsten Tag erzählte er einem Begleiter im Vertrauen, daß er innerhalb von drei Monaten tot sein werde. In der ihm verbliebenen Zeit führte er weiterhin vom Krankenbett aus Gespräche mit seinen Schülern. Unmittelbar bevor er, wie von ihm vorhergesagt, im November starb, hörte er auf, Nahrung und Medikamente zu sich zu nehmen. Als er seinen engsten Schülern letzte Anweisungen gab, tadelte er ihre Tränen und sagte: »Wie könnt ihr erwarten, mich zu sehen, wenn ihr mit den Begriffen von Geburt und Tod [im Kopf] auf mich blickt?« Einem Schüler, der ihn bat, die im Zen übliche Todes-*gatha* zu verfassen, antwortete er:

> Ich habe zweiundsiebzig Jahre gelebt und fünfundvierzig Jahre gelehrt. Was ich dir und anderen in dieser Zeit jeden Tag gesagt habe, das ist alles mein Todesgedicht. Ich mache jetzt kein anderes, bevor ich sterbe, nur weil das jeder andere tut.

Bankei starb friedlich im Ryumon-ji, und seine Asche wurde aufgeteilt zwischen diesem Tempel und seiner »Klause des Eigentlichen« im Nyoho-ji. 400 Priester und 270 Nonnen hatten bei seinem Begräbnis zu tun; 5 000 Laien aller gesellschaftlichen Schichten und Ränge kamen, um ihren Lehrer zu ehren. 47 Jahre nach seinem Tod erwies ihm die Regierung die größte Ehre, die einem Zen-Mönch widerfahren kann, und verlieh ihm den Titel *kokushi*, »Lehrer der Nation«.

Was hat Bankei gelehrt? Sein *fusho zen*, die Lehre des Ungeborenen, und *hogo*, die Anweisungen, waren selbst während der Tokugawa-Periode ungewöhnlich, als alle möglichen rastlosen Zen-Lehrer umherwanderten in der Hoffnung, eine aussterbende Art der Übung zu reformieren und wiederzubeleben. Überdies war es gefährlich in dieser Zeit der »Hexenjagd«, irgend etwas Ungewöhnliches zu predigen, das auch nur im entferntesten an das Christentum erinnerte [was Bankei einige Male vorgeworfen wurde]. Doch seine Worte durchschnitten die diktatorischen gesellschaftlichen Regeln des Konfuzianismus, die jeden individuellen Gedanken und Ausdruck erstickten. Sie erreichten die Ohren und Herzen von gewöhnlichen Leuten, von Samurai, Herren und Dienern, Männern und Frauen, Laien und Ordinierten. Seine Botschaft war so einfach, daß man nicht schriftkundig oder auch nur Buddhist sein mußte, um sie zu begreifen. Diese Lehren lassen sich alle darauf zurückführen, sämtliche Ideen loszulassen und den eigenen, »ungeborenen, ursprünglichen Geist« *hier und jetzt* zu erfassen, ohne sich irgendeiner besonderen religiösen Übung oder Überzeugung hinzugeben. Obwohl er Umpo und Dosha gegenüber loyal blieb, erkannte er klar ihre Schwächen als Zen-Meister; er ging sogar so weit, seiner Zuhörerschaft zu erklären: »Ich kann jetzt sehen, ... daß Doshas Einsicht nicht ganz vollständig war. Wenn er nur heute noch leben würde, könnte ich ihn zu einem guten Lehrer machen. Es ist sehr schade, daß er zu früh gestorben ist.« Bankei stellte sogar sich selbst als Zielscheibe des Spotts hin und drängte seine Schüler, ja nicht seinem früheren fehlgeleiteten Beispiel der Selbstkasteiung in der Zen-Praxis zu folgen. Er sagte ihnen: »Das Ungeborene ist nicht etwas, das durch Disziplin erreicht oder erlangt wird. Es ist nicht eine Beschaffenheit des Geistes oder religiöse Ekstase; es ist, dort wo du stehst, makellos so, wie es ist. Alles, was du tun mußt, um es zu erkennen, ist, du selbst zu sein, genau wie du bist; zu tun, genau was du tust, ohne Kommentar, Befangenheit oder Urteil.«

Der Geist ist ein Spiegel; Gedanken erheben sich und schlagen sich darauf nieder. Es gibt keinen Grund, diese Gedanken entweder festzuhalten oder zurückzuweisen; man braucht sie nur kommen und wieder gehen zu lassen. Was uns davon abhält, diese einfache und zentrale Wahrheit über uns selbst zu erkennen, sind das Vorurteil unseres Selbst über die Wirklichkeit und unsere angelernten Gewohnheiten. Bankeis Zen ist ein Prozeß der Deprogrammierung von Eindrücken und Konzepten, die von Geburt an angesammelt und im Gedächtnis eingefroren worden sind. Diese Eindrücke und Konzepte haben uns zu irrigen Ansichten über unsere eigene wahre Natur und die der Welt geführt. Der Geist des Ursprungs, der auch der unsere ist, wird dabei eingetauscht gegen dualistische Vorstellungen, die uns in [oder: die in uns] verschiedene/n Zustände/n und Bedingungen entstehen lassen – menschlich, göttlich, tierisch –, alles psychische Manifestationen von Gier, Zorn und Unwissenheit. Der einzige Ausweg aus dieser ewigen »Durchwanderung« ist der fortwährende Rückgriff auf das Ungeborene im Moment der Erfahrung.

Anders als andere Zen-Lehrer lehnte es Bankei ab, das Verständnis des Ungeborenen mit traditionellen Methoden herbeizuführen. Statt dessen beharrte er darauf, daß die Hörenden einen flüchtigen Eindruck davon beim bloßen Hören der Worte gewinnen könnten. Anstatt ihnen Meditation und *koan*-Praxis anzubieten, verwendete er Dialog und Ermunterung. Er lenkte die Aufmerksamkeit auf das Ereignis unmittelbar im Augenblick des Schocks und gab Anstoß und Antrieb zur Erfahrung des Ungeborenen. Bankei selbst war das Fahrzeug; das tägliche Leben, die Probleme und Situationen, in denen der Schüler sich befand, waren der Treibstoff. »Niemand kann behaupten, daß er von irgend jemand gehört hat, der das vor mir schon gemacht hätte. Ich bin der erste«, sagte er seinen Zuhörern. Er hätte hinzusetzen können, daß er auch der letzte war, denn seine wunderbare Gabe der Lehre starb mit ihm.

Wenn er mit einem einzelnen Schüler eine bestimmte konkrete Frage der Praxis behandelte, gelang es ihm häufig, diese ins Allgemeine auszudehnen. Zorn z. B. wurde so zu einem Vehikel für die Verfeinerung der spirituellen Sicht. Als ein Bauer von seiner Tendenz zu Wutausbrüchen sprach, antwortete ihm Bankei:

> Du machst dich selbst innerlich zu einem erstklassigen Tier … Du mußt darum zu einem tiefen Verständnis

> kommen, wie man den Buddha-Geist *nicht* in etwas anderes verwandelt ... Bis du ihn verwandelst, lebst du – eben so, wie du bist – im ungeborenen Buddha-Geist; du bist nicht verblendet oder unerleuchtet. In dem Augenblick, in dem du ihn zu etwas anderem machst (wie z. B. Zorn), wirst du zu einem unwissenden und verblendeten Menschen ... Indem du dich erregst und dich selbst voranstellst, verwandelst du deinen Buddha-Geist in einen kämpfenden Geist – und fällst damit in eine verblendete Existenz, die du selbst erst geschaffen hast.

So gibt es in Bankeis Zen nie einen Augenblick, in dem wir unerleuchtet wären, nur Augenblicke, in denen wir verblendet sind von wesenlosen Gedanken, die in einem Augenblick erscheinen und im nächsten wieder vergehen, wenn wir sie nicht beachten. Konsequenterweise reservierte er nie bestimmte Zeiten für die »Praxis«, sondern sagte:

> Ich empfehle niemandem zu schlafen, aber jemanden zu schlagen, weil er es doch tut, ist eine entsetzliche Verirrung. Hier in meinem Tempel erlaube ich solche Dinge nicht. Wenn ich auch die Leute nicht zum Schlafen ermutige, ich schlage und schelte sie auch nicht dafür. Ich werde weder das Schlafen noch das Nicht-Schlafen schelten oder loben. Ob die Leute jetzt gerade schlafen oder wach sind, wir lassen sie, wie sie sind. Wenn sie schlafen, schlafen sie im Buddha-Geist, in dem sie wach waren; wenn sie wach sind, sind sie im Buddha-Geist erwacht. Immer halten sie den Buddha-Geist fest, und in keinem Augenblick halten sie sich an etwas anderes. Darum ist es falsch zu denken, wenn jemand schläft, sei er deshalb etwas anderes. Wenn jemand glauben sollte, man könne den Buddha-Geist nur festhalten, wenn man wach sei, aber im Schlaf ver-

wandle man sich in etwas anderes, so ist das nicht die letzte Wahrheit, sondern eine endlose Verwirrung.

Trotzdem kam er den Wünschen seiner Schüler entgegen und erlaubte ihnen, *zazen* zu sitzen, wenn sie das wollten. Sein bevorzugter Zugang aber war, ihre Aufmerksamkeit auf die Geräusche der Vögel, Hunde, Glocken, auf das Husten des Nachbarn und das Rascheln des Windes in den Blättern zu lenken, während er redete. Er machte die völlig natürliche Funktion des Ungeborenen in der sinnlichen Erfahrung des Alltags begreiflich, indem er seinen Zuhörern nahelegte, besonders auf diese Geräusche zu achten, und sagte ihnen: »Ihr seid imstande, sie zu hören und zu unterscheiden, wenn sie da sind, ohne daß ihr euch bewußt darum bemühen müßt, weil ihr mit Hilfe des ungeborenen Buddha-Geistes hört.«

Er verurteilte gängige Techniken im Zen wie das Züchten des Großen Zweifels im Geist und das rastlose Arbeiten daran bis zum Erlangen des *satori.* »Du hattest vorher keinen Zweifel, aber jetzt hast du einen aufgepackt bekommen«, sagte er zu einem Mönch, dessen Lehrer diese Art von Meditation empfohlen hatte. »Du hast deinen ungeborenen Geist in einen Ball von Zweifel verwandelt, und das ist völlig falsch.«

Als Mensch, der sein ganzes Leben hindurch schwere Krankheit gekannt hatte, konnte er bei Fragen, in denen es um das Ertragen physischen Leidens ging, sehr persönlich helfen. Der ungeborene Geist sei jenseits von Schmerz und Freude, erklärte er den Fragenden. Nur durch das Auftreten des Gedankens an Krankheit und Leid nimmt das Ungeborene die Form von Krankheit und Leid an. Da es völlig menschlich ist, zu stöhnen, wenn Gedanken über Krankheit uns dazu bringen, dem Schmerz nachzugeben, ist es das beste zu stöhnen, statt die Maske eines Märtyrers darüberzustülpen. Der verwirklichte Mensch jedoch wird im Ungeborenen leben, ob krank oder gesund, im Bewußtsein, daß es der *Gedanke* an Krankheit ist, der das Leid verursacht.

Bankei behauptete, jeder habe die Möglichkeit, sich den ungeborenen Geist ins Bewußtsein zu rufen, ohne jede andere Übung der Achtsamkeit, ohne formale Meditation:

> Versuche, dreißig Tage im Ungeborenen zu verbleiben. Sobald du dich daran gewöhnt hast, wirst du es unmöglich finden, vom Ungeborenen getrennt zu leben. Es wird für dich dann ganz natürlich sein, und selbst wenn du es nicht mehr willst, wenn du seiner müde geworden sein solltest, dann wird es keinen Weg geben, wie du anders als im Ungeborenen leben kannst – und das auf bewundernswerte Weise.

Alles, was dazu notwendig ist, ist das Hören, Sehen, Riechen, Schmecken, Berühren, Atmen und natürlich, in der Welt zu leben und seiner Tätigkeit ohne zusätzliche Gedanken nachzugehen.

Wenn Bankei von Traditionalisten angegriffen wurde, weil er die ehrwürdige Tradition der *koan* verwarf, erwiderte er, die großen Meister der Vergangenheit hätten ihren Schülern lebendige Lehren von Angesicht zu Angesicht gegeben; diese Dialoge und spontanen Gespräche seien aber dann zu einer mechanischen Methode verknöchert, irrelevant für den, der ganz konkret hier und jetzt da sei. Wie können wir wissen, argumentierte er, ob diese ganz privaten Gespräche aus alten Zeiten für uns in unserer jetzigen Situation hilfreich sein können? Es sei besser, im Ungeborenen zu verbleiben, ohne dem Selbst zusätzliche Lasten aufzubürden.

Mönchen, die ihn kritisierten ob seiner Selbstdispensierung von Ritual und Vorschrift, antwortete Bankei, daß es keinen Unterschied gebe zwischen der Beachtung und der Nichtbeachtung dieser Gebräuche. Vorschriften seien gemacht für böswillige Leute; wer nur im Ungeborenen lebe und nicht durch schlechte Gedanken und Vorurteile über bloße Erscheinungen von ihm abgelenkt werde, der hätte für solche Dinge keine Verwendung.[2]

Fragende oder auch Herausforderer kamen häufig zur Einsicht, gerade während sie sich öffentlich mit ihm auseinandersetzten; in einer dramatischen Umkehrung von Ton und Haltung verwandelten sich Gegner oft von einem Moment zum anderen in Schüler Bankeis. Zahlreiche Fälle dieser Art zeigten seinen Zuhörern deutlich, daß schon das bloße Hören seiner Worte, die direkt auf den ungeborenen Geist hindeuteten, zum Verständnis führen konnte, ohne daß irgendein besonderer Gedanke gefaßt werden mußte oder die Transzendierung des Selbst bewußtes Ziel war. Der Akt des Hörens selbst war schon das Ungeborene, das sein Geheimnis enthüllte. Bankei drängte seine Schüler, so oft wie möglich seinen Vorträgen beizuwohnen, um ihnen die Erfahrung vertrauter zu machen und sie davon abzuhalten, in die alte geistige Gewohnheit zurückzufallen, an ablenkenden Gedanken kleben zu bleiben. Seine »Methode«, so erklärte er, sei nur, nicht vergessen zu lassen, daß man im ursprünglichen, ungeborenen Geist seine Wohnstatt habe, einem Geist, der, anders als der Körper, ungeschaffen und daher unzerstörbar sei, selbst beim Tod des Körpers. Das Ungeborene bewohne diese Anhäufung von Elementen nur zeitweise und erlaube ihr auf diese Weise zu hören, zu sehen, zu riechen und die Welt physisch zu erfahren. Wenn diese Elemente sich trennen, tut der ungeborene Geist das nicht. Darum ist niemand ohne diesen Geist, und niemand kann ihn dir geben. Ob du das Land bebaust, betest, handelst, singst oder den Haushalt führst, du bist nie ohne ihn. Trotzdem schärfte er seinen erleuchteten Schülern ein, weiter die unauslotbare Tiefe des Ungeborenen zu durchdringen, denn sie habe kein Ende. Das war auch die Begründung für seine Weigerung, ein »großes *satori*« zu bestätigen, obwohl er Dairyo Sokyo zu seinem Nachfolger erklärte. Als Dairyo zwei Jahre vor ihm starb, sagte Bankei: »Ich habe meine beiden Arme verloren.« Ohne einen formellen Nachfolger war Bankeis Linie zum Aussterben verurteilt.

Entgegen seinem Wunsch stellten Bankeis Nachfolger im 18. Jahrhundert komplizierte klassisch-chinesische Sammlungen seiner Lehren zusammen und mischten genau jenen buddhistisch-technischen Jargon dazu, den er verabscheut und nie benutzt hatte. Wie viele andere Lehrer der Verrückten Wolken fiel Bankei nach seinem Tod den wohlmeinenden Legendenschmieden zum Opfer, die in seinem Namen eine Form des Zen fortsetzten, das dem völlig widersprach, was er seine »Schule des Klaren Auges« genannt hatte.

Da die buddhistische Lehre jener Zeit behauptete, Frauen könnten die Erleuchtung nicht erlangen, kamen viele Frauen zu Bankeis Vorträgen, die sich wegen ihres schlechten Karma grämten. Zu ihnen sagte er:

> Ich will euch etwas erzählen über die Frage des Buddha-Geistes der Frau. Ich verstehe, daß Frauen enttäuscht sind, wenn gesagt wird, sie könnten die Buddhaschaft nicht erlangen. Aber das stimmt einfach nicht! Wo ist da irgendein Unterschied zwischen Männern und Frauen? Männer sind der Buddha-Leib, und Frauen sind auch der Buddha-Leib. Ihr solltet keinerlei Zweifel in diesem Punkt hegen. Wenn ihr das Ungeborene vollständig erfaßt, dann gibt es im Ungeborenen keinen Unterschied, ob ihr Männer oder Frauen seid. Der Buddha-Leib besteht aus allen zusammen.
>
> Ihr Frauen, hört mir gut zu. Während unter dem Aspekt der physischen Form Männer und Frauen offensichtlich verschieden sind, gibt es unter dem Aspekt des Buddha-Geistes überhaupt keinen Unterschied. Laßt euch nicht durch die Erscheinung täuschen! Das Ungeborene ist dasselbe; es macht keinen Unterschied zwischen Mann und Frau.
>
> Laßt euch das erklären: Hier ist eine große Menge von Leuten versammelt, aber wenn ihr den Klang einer Trommel oder eines Gongs draußen hört, erwartet ihr, daß die Frauen den Klang des Gongs für den einer Trommel halten oder umgekehrt? Glaubt ihr wirklich, daß irgendein Unterschied besteht zwischen dem Hören eines Mannes und dem Hören einer Frau? Das ist doch Unsinn. Und nun sagt mir, gilt das nur für

> Mann und Frau? In dieser Halle sitzen Junge und Alte, Mönche und Laien, Männer und Frauen in einträchtigem Durcheinander. Wenn es aber um den Klang der Trommel oder des Gongs geht, können wir sagen, die Alten hörten ihn auf diese Weise, die Jungen auf jene? Können wir das Hören des Mönchs unterscheiden von dem des Laien, das des Mannes von dem der Frau? Daß es in keiner Weise einen Unterschied gibt, das ist ja gerade der eine selbe Buddha-Geist, den jeder innerlich besitzt. Dieses Geschwätz über den »männlichen« und den »weiblichen« ist nichts anderes als Worte für die Spuren eurer Gedanken. Bevor diese Spuren auftreten, im Bereich des Ungeborenen, gibt es weder Mann noch Frau. Und weil das so ist, weil es keinen Unterschied gibt zwischen dem Buddha-Geist der Männer und dem der Frauen, solltet ihr solchen Zweifeln kein Gehör schenken …

Solche Worte waren Häresie in einer von konfuzianischer Hierarchie durchtränkten Gesellschaft, in der Frauen, ebenso wie Vasallen und Haustiere, nicht mehr waren als das stumme Eigentum ihrer Herren. Das Ungeborene war der große Gleichmacher. Selbst die Samurai konnten sich Bankeis beißenden Bemerkungen nicht entziehen. Wenn Zorn einen Bauern zu einem Tier machen konnte, dann war auch ein feiger oder unehrenhafter Krieger nicht besser als irgendein Halunke. Bankei faszinierte seine Zuhörerschaft mit Erzählungen von Dieben, die zu Mönchen, oder gewalttätigen Mönchen, die zu Dieben wurden, oder von blutdürstigen Samurai, die durch eine spontane Einsicht in das Ungeborene besänftigt wurden. Er beruhigte die Ängste der rastlosen Laien und Kleriker, indem er ihnen erzählte, daß ihre verblendeten Bemühungen, die Gedanken anzuhalten, dem Versuch glichen, »Blut mit Blut abzuwaschen«. Den Möchtegern-Asketen gegenüber, die abstritten, daß das Zuhören genüge, um Einsicht zu erlangen, verglich er sich selbst mit einem Reisenden, der bei einer

Wüstendurchquerung eine lange, harte Kletterei zu einer Bergquelle unternimmt, um für sich und seine Reisegesellschaft Wasser zu holen. Als er dann zurückkommt und seinen durstigen Reisegefährten zu trinken gibt, welchen Grund sollte es dann für diese noch geben, die gleiche erschöpfende Klettertour ebenfalls auf sich zu nehmen?

> Meine eigenen Kämpfe habe ich irrtümlich ausgefochten, weil ich zufällig keinen klarsichtigen Meister getroffen hatte. Am Ende aber entdeckte ich doch den Buddha-Geist für mich. Ich habe anderen von dem ihren erzählt, so daß sie darüber Bescheid wissen, ohne diese Feuerprobe selbst auf sich nehmen zu müssen.

Philosophen und Gelehrten gegenüber verwarf Bankei den Gedanken, daß Vernunft oder unterscheidender Intellekt zur Erleuchtung führen könne, denn die bloße Idee, nach der Buddhaschaft zu suchen, lenke einen von allem Anfang an vom Buddha-Geist ab. Es sei unmöglich, etwas zu werden, das man bereits sei. Auf ähnliche Weise kritisierte er diejenigen, die glaubten, man könne sich ins *satori* hinein-meditieren, und sagte ihnen, daß Meditation oder *zazen* nichts anderes sei als das Ungeborene selbst, das friedlich säße. Nur sitzen, nur gehen – nichts besonderes. Sein Ärger über den religiösen Hokuspokus kam zum Vorschein, als ein Anhänger der Shin-Schule behauptete, ihr Gründer Shinran habe mit einem Schreibpinsel auf ein Stück Papier gedeutet, das jemand am anderen Ufer eines Flusses hochgehalten hätte, und durch Wunderkraft seien die sechs Zeichen des Namens Amida Buddhas dort erschienen. Lachend antwortete Bankei, schon die Erwähnung einer solchen Person bedeute »Hunde und Menschen auf die gleiche Stufe zu stellen.« Es sei besser, so riet er dem *nembutsu*-Anhänger, das Anfüllen des Geistes mit solchem Unsinn zu vermeiden, indem man den Geist auf die Funktion eines Spiegels beschränke, der nur reflektiere, was vor ihm erscheine und sonst nichts.

Wie viele Zen-Lehrer stellte auch Bankei fest, daß es gebildeten Leuten besonders schwerfiel, das Ungeborene in seiner Einfachheit zu begreifen. Analphabeten waren manchmal viel schneller und gingen auf den Kern der Sache selbst ein, ohne viele Schlußfolgerungen und Fragen. Wer die Erfahrung in Büchern suche, könne sich nur selbst blind machen, sagte er. Hinterher in den Sutras und Schriften der großen Zen-Lehrer darüber zu lesen sei nur insofern interessant, als es bestätigte, was man bereits für sich selbst herausgefunden habe.[3]

In einer dramatischen Konfrontation mit einem Priester, der gekommen war, um ihn öffentlich bloßzustellen, und laut rief: »Wie kannst du mich retten, wenn ich deine Lehre nicht annehme?« hob Bankei nur seinen Fächer und bat ihn, ein paar Schritte vorzutreten. Als der Mann dies tat, bat er ihn, noch ein wenig näher zu kommen. Der Priester kam weiter nach vorn, und Bankei sagte: »Sieh nur, wie du sie annimmst!« Beschämt machte der Aufklärer, daß er fortkam.

Als Bankei gefragt wurde, wie er selbst in die Tradition der großen Zen-Lehrer passe, antwortete er: »Tokusan und Rinzai wußten Stock und Schrei zu benutzen, ich weiß die drei Zoll [meiner Zunge] zu nutzen.« Er verglich die Lehre seiner goldenen Zunge mit einer Kugel, die in Stücke gesprungen und unter seine Zuhörer verteilt worden war, für jeden ein passendes Stück, so groß, daß er oder sie es gut festhalten könne. In derselben Stimmung verurteilte er seine Zeitgenossen dafür, daß sie ihre Zenklöster zu Gefängnissen machten, in denen selbst die kleinste Übertretung mit körperlicher Züchtigung und öffentlicher Erniedrigung bestraft würde. Bankeis einfaches, am Einzelnen orientiertes Zen, sein Respekt gegenüber dem Ungeborenen in jeder Lebensform, hatte keinen Platz für das »Belauern und Einschüchtern«, das die Schüler krank oder gegen die Übung eingenommen machte oder sie in den Wahnsinn trieb.

Der Bauer, für den das »kraa kraa« der Krähe oder das »chuuchuu« des Sperlings das Lied des Ungeborenen war, stand auf derselben Stufe wie Bankei selbst, ebenso wie jener unwissende

Mönch, der sich vor den Stuhl des Meisters hinstellte und ihn albern nannte. Bankei erwiderte: »Es ist diese »Albernheit«, durch die der Tathāgata die fühlenden Wesen befreit. Weder zu kommen noch zu gehen, sondern zu bleiben, wie du von deiner Natur aus bist, ohne den Geist sich verdunkeln zu lassen – das ist es, was der Tathāgata meinte. Und das war der Weg aller Patriarchen der Vergangenheit.«

Wie er von menschlichen Herausforderern nicht beleidigt oder aus der Ruhe gebracht werden konnte, so schreckten Bankei auch keine wilden Tiere. Einmal, als ihm ein Wolf in den Weg trat, erkannte er sofort, daß dem Tier ein Knochen in der Kehle steckengeblieben war. Er ging auf es zu und entfernte den Knochen mit den Fingern. Der Wolf drückte schwanzwedelnd seine Dankbarkeit aus und verschwand im Wald. Aber von diesem Tag an hatte Bankei auf dieser Straße stets einen treuen Begleiter. Seinen Weggefährten hatte er seine eigene Lehre praktisch illustriert – »Zögere, und es ist verloren; schwanke, und es treibt weiter und weiter weg.«

Bankei weigerte sich, eine offizielle Todes-*gatha* zu schreiben, und glänzte nur im persönlichen Freundeskreis als Dichter, Maler und Kalligraph. Seine Worte sind uns in den Reden, die heimlich von seinen Schülern aufgezeichnet wurden, erhalten geblieben, und in seinen Gedichten für die Bauern, die ihn während der Jahre seiner Pilgerschaft ernährt hatten. Ein solches Gedicht zum Jahreswechsel schließt seine ganze Lehre ein, in seiner eigenen unverwechselbaren Stimme:

Was macht es aus, das Neue Jahr, das Alte?
Ich strecke meine Beine aus und schlafe ruhig allein.
Erzählt nur nicht, die Mönche fänden keine Lehrer –
Hie und da singt die Nachtigall – das höchste Zen.

1 *Hon-shin no uta*
Ungeboren und unvergänglich
ist der Geist der Quelle.
Erde, Feuer, Wasser und Wind
nur eine Absteige über Nacht.

Angekettet an dieses
vergängliche brennende Haus,
entzündest du selbst das Feuer,
nährst die Flammen,
die dich verzehren.

Kehre suchend um
zu jener Zeit,
als du zur Welt kamst:
Du hast alles vergessen!

Bewahre deinen Geist so,
wie er bei deiner Geburt war,
und sogleich wird dieses dein
Selbst
zum Lebenden Tathāgata.

Ideen und Gedanken,
was gut ist, was schlecht –
alles nur Spuren
deines eigenen Ich.

Ein brennendes Feuer im Winter
verbreitet Wohlgefühl;
wenn der Sommer kommt –
nur lästige Hitze.

Und die liebliche
Sommerbrise –
noch vor dem Herbst
wird sie zur Plage.

Bist du zu Geld gekommen,
verachtest du die Armen.

Weißt du nicht mehr, wie es war,
als du nichts zu beißen hattest?

Das Geld, dein Leben lang
gesammelt,
aufgehäuft mit besessenem Geist,
siehst du mit Abscheu und Schrecken
von Hungergeistern umdrängt.

Dein Leben nicht achtend,
hast du es dem Goldhunger geopfert.
Da du dein Leben verrinnen siehst,
ist jetzt all dein Geld nutzlos.

Eitles Streben, krampfhaftes Halten –
ich hab nichts mehr damit im Sinn.
Darum kann ich jetzt behaupten:
Die ganze Welt ist wahrhaft mein!

Deine Sehnsucht nach der Geliebten
ist nur jetzt aktuell,
sie kommt aus der Zeit,
bevor du sie kanntest.

Sich jemand ins Gedächtnis rufen
heißt nicht vergessen können.
Niemanden zu rufen heißt
niemanden vergessen haben.

Blickst du in die Vergangenheit –
sie ist nur ein Abendtraum.
Hast du das erkannt,
ist alles, was du siehst, nur Lüge.

Wer sich verbittern läßt vom Leben
dieser Welt der treibenden Sorgen,
quält sich selbst, verstört seinen Geist
und brütet dumpf über leeren
Träumen.

Da dieser treibenden Welt
letztlich keine Wirklichkeit
zukommt;
statt deinen Geist an Dinge zu
hängen,
laß los, laß los!

Wenn du an Dingen nicht hängst,
wird die treibende Welt vergehen.
Nichts bleibt übrig, leeres Nichts –
das heißt: ein lebender Buddha.

Den besessenen Geist
bringst du selbst hervor,
wenn er dich gnadenlos plagt –
schilt dich selbst und sonst
niemand!

Tust du das Böse:
Dein Geist ist der Dämon.
Keine Hölle ist zu finden
außer in dir selbst.
Die Hölle verabscheuen,
den Himmel ersehnen –
so schaffst du dir Leiden
in einer fröhlichen Welt.

Du denkst: Gut
heißt das Böse hassen.
Böse ist nur
der hassende Geist.

Du sagst: Gut
ist das Gute tun.
Böse ist nur
der redende Geist.

Gut und Böse zusammen
rolle zu einer Kugel.
Wickle sie in Papier und
fort damit und vergessen!
Geheimnisse und Wunder
hat es nie gegeben.
Nur wenn du nicht verstehst,
siehst du seltsame Dinge.

Das ist das Trugbild,
das dich narrt,
das die Trugwelt uns
als wahr unterschiebt.

Ruf, Geld, Bauch, Schlaf und Sex –
hast du die fünf Begierden erlernt,
werden sie für dich
des Lebens Wegweiser.
Regeln des richtigen Handelns
hat es nie gegeben.
Der Kampf zwischen Gut und Böse
ist nur eine Falle des Ich.

Hast du die Lehre
der Buddhas erfaßt,
wirst du erkennen:
Du hast nichts gelernt!

Erleuchtung und Verblendung
gibt es von Anbeginn nicht.
Sie sind nur gefundene Ideen,
von deinen Eltern nie vererbt.

Wenn du denkst, der Geist,
der Erleuchtung erlangt, sei dein,
kämpfen nur Gedanken
in dir miteinander.

Ich kümm're mich nicht mehr
um Erleuchtung den ganzen Tag,
und daher kommt es:
Am Morgen wach' ich ausgeschlafen
auf!

Beten um Heil in kommenden
Welten,
beten für deine egoistischen Ziele,
heißt nur häufen und türmen
Anmaßung auf Ichsucht.

Müde bin ich jetzt
des Gebets nach Erlösung,
gehe ruhig meinen Weg
und lasse den Atem gehen.
Stirb – und dann lebe
Tag und Nacht inmitten der Welt.
Hast du das vollendet,
hältst du den Globus in der Hand.

Die Buddhas tun mir leid:
mit all ihrem Schmuck,
wie müssen sie geblendet sein
von diesem Glanz!

Zu früh für dich,
Buddha im Schrein zu sein,
lieber ein Wächterdämon
draußen vor dem Tor!

Suchst du im Reinen Land
nur deinen Lohn,
schämst du dich nicht
vor dem Buddha dann?

Niemand hat Feinde,
nicht bei der Geburt.
Du schaffst sie dir selbst
im Streit um Gut und Böse.

Ursache und Wirkung sind klar
erkennbar.
Verblendet wirst du und weißt doch
nicht:
Du allein hast dir das angetan –
Das nennt man Ichbezogenheit.

Großgeworden in der Welt der
Bedingtheit,
großgeworden in der Welt der
Vergänglichkeit;
mit solcher Verblendung
bist du nur der Verlierer!

Der nicht-bedingte Geist
ist ursprünglich ungeboren.
Das Bedingte hat kein Sein,
darum gibt es keine Verblendung.

Mögen die Jahre vergehen,
der Geist wird nicht älter:
der Geist, der sich
selbst immer gleich bleibt.

Beispiellos, wunderbar!
Du hast gesucht und gefunden
den, der nie alt wird:
Ich allein!

Das Reine Land,
wo man friedlich zu Rate geht,
ist hier und jetzt, nicht entfernt
Millionen von Meilen.

Wer dir eine Teeschale zuwirft –
fang sie!
Fang sie flink mit weichem Tuch,
dem Stoff deines wachen Geistes!

2 Vgl. Lao-tzu, *Tao Te Ching* (38):
Geht das Tao verloren, folgt die Tugend.
Geht die Tugend verloren, folgt die Menschlichkeit.
Geht die Menschlichkeit verloren, folgt Gerechtigkeit.
Geht Gerechtigkeit verloren, folgen Zeremonien.
Zeremonien sind die Außenseite von Treu und Glauben
und der Beginn der Verwirrung.

3 Einmal fragte ich den Meister [Bankei]: »Ist es eine Hilfe für das Beschreiten des Weges, wenn man die buddhistischen Sutras und die Berichte der alten Meister liest?«

Er antwortete: »Das kommt ganz darauf an. Wenn du den Grundsätzen vertraust, die in den Sutras und Schriften enthalten sind, spielst du nur Blindekuh, wenn du sie liest. Auf der anderen Seite – wenn es für dich Zeit ist und du imstande bist, die Grundsätze loszulassen, dann wirst du, wenn du sie liest, den Beweis deiner eigenen Verwirklichung darin finden.«

Hakuin: Der alte Ketzer unter dem Sala-Baum

Das Kind Iwajiro Nagasawa, aus dem später unter dem Namen Hakuin Ekaku der große Reformer der japanischen Rinzai-Schule werden sollte, wurde am Weihnachtstag 1685 in der kleinen Stadt Hara in der Präfektur Shizuoka geboren. Es war acht Jahre vor dem Tod Bankeis, eine Zeit, in der Zen von populäreren Formen des Buddhismus wie Nichiren oder Shin in den Hintergrund gedrängt wurde. Der Buddhismus selbst hatte seine leitende Stelle unter den japanischen Religionen an den Neo-Konfuzianismus von Gelehrten wie Hayashi Razan, Kaibara Ekiken und Tani Jichu abtreten müssen. Vehement kritisierten diese die buddhistischen Lehren über das Zölibat und den Rückzug von der Welt und sahen in ihnen gesellschaftsfeindliche, die kosmische Ordnung störende Bestrebungen.

Von Glanz und Glorie der ersten vier Tokugawa-Shogune Ieyasu, Hidetada, Iemitsu und Ietsuna war nicht viel übriggeblieben. Die Zeit, in der diese Gesetzgeber, umgeben von traditionsbewußten und gut geschulten Ministern und Beratern, mit Klugheit und Geschick ihre Macht ausübten, war vorbei und wurde von einer kurzen Periode der unbekümmerten flüchtigen Vergnügungen abgelöst. Um die Hauptstadt des *bakufu*, Edo, herum siedelten sich Theater und Restaurants, Ringkampfbuden und Freudenhäuser an, und Wohnungen für zahllose Schauspieler, Tänzer, Geschichtenerzähler, Spaßmacher, Kurtisanen, Bademädchen und leichtlebige Samurai wurden notwendig. Der neue Shogun Tsunayoshi, der diese kurze Zeit der bourgeoisen Frivolität und Extravaganz eingeläutet hatte, die als Genroku-Ära (1688–1711) bekannt wurde, war ein abergläubischer und verschwenderischer Pedant. Er widersetzte sich seinen konfuzianischen Beratern und mißachtete deren gesunde und nüchterne Politik. Er engagierte sich für die Erneuerung der Künste und Wissenschaften und begann in der Hauptstadt ein umfassendes Neubauprogramm. Die gewaltigen Kosten dieser sozialen und kulturellen Reformen trugen mit zum völligen Ruin der Staatsfinanzen bei. Ungeschickt versuchte der Shogun die Situation dadurch zu retten, daß er den Umlauf von geprägten Münzen förderte statt die traditionelle »Reiswährung«. Gleichzeitig kürzte er die Gehälter für die Gefolgschaft der *daimyo* ebenso wie die Apanage für den kaiserlichen Hof, und all dies führte bald zu einer für die Bevölkerung kaum noch tragbaren Lebensmittelverteuerung.

Umgeben von kurzsichtigen Beratern und ohne Rücksicht auf die öffentliche Meinung brachte Tsunayoshi seine persönlichen Ansichten und Skrupel auch in der Gesetzgebung zum Ausdruck und erklärte das Töten von Tieren zum Kapitalverbrechen. Das machte eine enorme Aufblähung der Bürokratie notwendig. Polizei und Inspektoren mußten über jedes neugeborene Ferkel Buch führen und genaue Listen über deren Geschlecht und besondere Kennzeichen anlegen. Samurai, die dieses Dekret mißachteten, wurden auf persönlichen Befehl des Shogun ausnahmslos mit dem Tode bestraft. Die Bewohner von Edo waren nicht sonderlich traurig, als er, den sie Inu-kobo (Hunde-Shogun) nannten, 1709 von seiner Gattin ermordet wurde.

Die von ihm begründete kulturelle Blüte war inzwischen mit all ihren korrupten Begleiterscheinungen zum Stillstand gekommen. Nach sechs Jahren Regierungszeit durch zwei schwache Nachfolger übernahm ein neuer starker Mann, Tokugawa Yoshimune (1716–1745), die Macht und stärkte wieder die traditionellen Samurai-Werte der Bedürfnislosigkeit, Ehre und Loyalität. Yoshimune kultivierte die früheren Grundsätze und Werte unter den Tokugawa und erweckte sie zu neuem Leben – besonders das *bushido*, den »Weg der Krieger«. Diese durchdrangen auch jeden

Aspekt von Meister Hakuins Leben und Lehre. *Bushido* symbolisierte die Ressentiments der Samurai gegen die neureichen *chonin* und verwies auf den idealistischen Kriegergeist des späten 16. Jahrhunderts, der die »Gute alte Zeit« repräsentierte, als Macht, Loyalität und Tapferkeit der kämpfenden Krieger noch nicht einer Apathie gewichen waren und Helden noch nicht vom Meistbietenden gekauft werden konnten. Die beste Darstellung des *bushido*-Geistes findet sich in dem Buch *Hagakure*, das um 1720 erschien und die Lehren zweier älterer Angehöriger der Samurai-Klasse enthält, Yamamoto Tsunetomo und Tashiro Tsunamoto. Diese Männer versuchten den eigentlichen Geist der traditionellen Samurai wiederzugeben, indem sie die Wichtigkeit der »Kunst des Sterbens« betonten. Absolute Ergebenheit und Loyalität fand ihren Ausdruck in *oibara*, d. h. durch *seppuku [harakiri]* dem Lehnsherrn in den Tod folgen. Für die Krieger Yoshimunes war das ein romantisches Äquivalent zum gemeinsamen Tod auf den Schlachtfeldern der Vergangenheit.

Bushido wurde auch durch eine fehlgeleitete Interpretation des Zen-Buddhismus genährt, welche die Tapferkeit und Disziplin des Kriegers in der Schlacht mit der zielbewußten [»einspitzigen«] Konzentration des Zen-Mönchs gleichsetzte. Beide »Übungen« konzentrierten sich auf das Ausmerzen »weltlicher« Gedanken und das Erlangen perfekter Gelassenheit durch das Erkennen der Leere aller Erscheinungen. Yamamoto Tsunetomo selbst legte im Alter die Mönchsgelübde ab und predigte die seltsame Auffassung, daß Menschen »wie wunderbar konstruierte Marionetten sind, die ohne Fäden herumstolzieren, hüpfen und Worte hervorbringen können auf einer Bühne leerer Träume.«

Genau zu diesem Kriegerkodex passend, begann Yoshimune energisch gegen den vergnügungssüchtigen Geist der Genroku-Ära vorzugehen, der den Geist der Samurai untergraben und in der Folge auch die Regierung des *bakufu* geschwächt hatte. Mit der spartanischen Lebensführung der Samurai als Vorbild kürzte er alle Staatsausgaben, zuerst und vor allem die seines eigenen Amtes als Shogun, und machte es zu einem zentralen Punkt seiner

Amtsführung, schlichte Baumwollkleidung zu tragen und einfache Nahrung zu sich zu nehmen. Seine Politik richtete sich ganz gezielt darauf, die *chonin* zu treffen, besonders in der Hauptstadt Edo, wo die Lieferanten der Luxusgüter konzentriert waren. Yoshimune erließ Gesetze, die es Kaufleuten verboten, Samurai wegen deren Schulden zu verklagen, und es gab ein Verbot, sich vor den Häusern von Samurai zusammenzurotten, um Schulden einzutreiben. Aber selbst diese strengen Maßnahmen konnten nicht die Verarmung der Krieger-Elite und die langsame Auflösung der alten Klassenstruktur verhindern. Als Yoshimune starb, hatten sich die sozialen Trennlinien so verwischt, daß Kaufleute sich in den Rang der Samurai einkaufen konnten. Selbst der Geist des *bushido* wurde von den *chonin* vereinnahmt; sie verbanden die traditionellen Werte der Kriegerklasse mit dem bürgerlichen Begriff der Überheblichkeit.

Aber paradoxerweise öffnete Yoshimune auch wieder das Tor zum westlichen Wissen. Seit den Edikten von 1638, mit denen sich Japan vom Rest der Welt abschottete, war die einzige Verbindung mit dem Westen die kleine holländische Niederlassung bei Nagasaki gewesen, und die Japaner erfuhren von der Außenwelt nur durch Händler und Seeleute. Yoshimune hob das Importverbot für ausländische Bücher mit Ausnahme christlich-religiöser Literatur auf, und westliche Wissenschaften wie Medizin und Astronomie nahmen sofort Einfluß auf das japanische Leben. Obwohl der Shogun offenbar ein Mann von großer Begabung und originellem Geist war, ist es schwer zu verstehen, warum er seine eigenen Bemühungen um das Wiederaufleben der traditionellen Werte der Samurai mit Gesetzen torpedierte, die indirekt der Kaufmannsklasse zugute kamen. Möglicherweise war er als orthodoxer Konfuzianer nicht gewillt, selbst auf die Kenntnis fremder kultureller Quellen zu verzichten. Durch den Schutz, den er den Konfuzianern angedeihen ließ, schwächte er den Einfluß des Buddhismus noch weiter, indem er den Unterhalt der Klöster und Priesterschaft den lokalen *daimyo* selbst überließ.

In der Zeit zwischen Yoshimunes Tod 1745 und Hakuins Tod

1768 wurde das Land häufig von Seuchen und Hungersnöten heimgesucht, ein Ergebnis der unerträglichen steuerlichen Belastungen, die hauptsächlich von der bäuerlichen Bevölkerung getragen werden mußten. Das Leben der Landbevölkerung war durch ständige Schwankungen der Reispreise und eine immer größer werdende Kluft im Lebensstandard gekennzeichnet. Viele Bauern waren gezwungen, gegen astronomische Zinsen Geld von *chonin* auszuleihen. Dann aber mußten sie zu Abtreibung und Kindesmord greifen, um ihre Familien klein genug zu halten, damit sie von dem existieren konnten, was ihnen nach Abzug von Steuern und Schulden noch blieb. Diese unerträgliche Situation trieb viele Bauern zu verzweifelten Maßnahmen, und bald brachen im ganzen Land organisierte Volksaufstände aus. Diese Unruhen wurden von den Truppen der Regierung brutal erstickt, wobei Tausende Haushaltsvorstände getötet und ihre Familien dem Hungertod überlassen wurden.

Alle Anstrengungen des *bakufu,* den Reispreis zu regulieren, die Kreditzinsen zu fixieren und ausstehende Schuldenzahlungen von Samurai zu streichen, blieben erfolglos. Zu allem Überfluß schwächte eine Folge von unfähigen Shogunen die Kontrolle der Regierung noch weiter. Die ehemals lebenslange Feudalbeziehung zwischen Lehnsherr und Lehnsmann, die sich mehr auf Loyalität als auf Geld gestützt hatte, war schon weitgehend zerstört. Die neureiche Kaufmannsklasse und die Geldverleiher kontrollierten jetzt die Wirtschaft Japans. Langsam aber sicher änderten sie die soziale Struktur so grundlegend, daß innerhalb von hundert Jahren das Tokugawa-Shogunat verschwand und der Kommerzialisierung der Macht und der Restauration des Kaiserhauses der Meiji Platz machte. Diese Zeitenwende bildete den Hintergrund für Hakuins Leben.

Iwajiro Nagasawa war der jüngste Sohn einer Familie mit fünf Kindern. Sein Vater und Großvater arbeiteten, obwohl hochrangige Samurai von Geburt, als Postmeister in der Kleinstadt Hara, die, unmittelbar am Berg Fuji gelegen, als Zwischenstation für müde Reisende zwischen der kaiserlichen Hauptstadt Kyoto und der *bakufu*-Hauptstadt Edo diente. Seine Mutter kam aus einer Familie von gläubigen Anhängern der Nichiren-Schule, einer Form des Buddhismus, die Iwajiro später in seinem Leben zu reformieren versuchen sollte.

Unter dem Einfluß seiner frommen Mutter begann er bereits früh eine außerordentliche Begabung für das religiöse Leben zu zeigen. Schon in früher Jugend konnte er aus dem Gedächtnis lange Passagen aus den Sutras zitieren, und er meditierte über die Vergänglichkeit aller Dinge, während er die vorbeiziehenden Wolken beobachtete. Iwajiro, was soviel heißt wie »Knabe aus Fels«, entwickelte rasch einen starken Körper und einen eisernen Willen. Biographen beschrieben ihn als jungen Mann mit entschlossenem Gesicht und großen, runden, leuchtenden Augen. Hakuin selbst erinnerte sich später, daß er ein furchtloser, impulsiver Bursche gewesen war und sich daran gefreut hatte, Insekten und kleine Vögel zu fangen und zu töten.

Eines Tages nahm ihn seine Mutter mit zu einem Vortrag der Nichiren-Schule, in dem die Qual der acht brennenden Höllen detailliert beschrieben wurde. Iwajiro war einem körperlichen Zusammenbruch nahe, rannte aus dem Tempel, und er zitterte am ganzen Körper vor Angst und Schrecken wegen seiner Sünden. Von diesem Tag an genügte der bloße Anblick von Feuer, um in ihm lange, pausenlose Grübeleien über die Hölle hervorzurufen und darüber, wie man dieses Schicksal vermeiden könne. Um ihn zu beruhigen, lehrte ihn seine Mutter, bestimmte Passagen aus verschiedenen buddhistischen Sutras zu rezitieren und den Namen des Shinto-Gottes Temman Tenjin anzurufen. Beeindruckt von der Rezitation begann Iwajiro bald ihre Wirksamkeit empirisch zu testen. Einige Tage lang rezitierte er ein Sutra, das den eifrigen Anhänger vor den schädlichen Folgen von Feuer und Wasser schützen sollte, und versuchte dann, mit bloßer Hand ein Eisenstück von der heißen Herdplatte zu nehmen. Er machte die schmerzhafte Erfahrung, daß sein Fortschritt auf dem Pfade der Reinigung noch zu wünschen übrigließ, und kam zu der Überzeugung, ihm bliebe jetzt nur noch, Mönch zu werden. Er bat seine Eltern um die Erlaubnis, in ein Zen-Kloster eintreten zu dürfen, und nach vielen Bitten von seiner Seite und Ablehnung von der ihren bekam er seinen Willen und wurde mit fünfzehn formell zum Mönch ordiniert. Der Abt Tanrei Soden des Shoin-ji in seiner Heimatstadt Hara gab ihm den Namen Ekaku, »Kranich der Weisheit«. Bald nach der Ordinationszeremonie erkrankte Tanrei, und Ekaku wurde fortgeschickt, um sein Zen-Training unter dem Abt Sokudo des Daisho-ji in der nahen Stadt Numazu fortzusetzen.

Enttäuscht von der formellen Methode des Sutrastudiums im Tempel verlor Ekaku bald das Interesse an seiner neuen Umgebung und machte sich auf den Weg, einen »wahren Lehrer des Zen« zu finden, der ihn zu *satori* führen würde. Inzwischen neunzehn und körperlich sehr kräftig, besuchte er verschiedene Tempel, fand aber keinen, der ihn zufriedenstellte. Während seiner Wanderungen fiel ihm eine Biographie des chinesischen Meisters Yen-t'ou (Ganto) aus der T'ang-Periode in die Hände, der dadurch berühmt wurde, daß er bei seiner Ermordung durch Räuber einen so lauten Schrei ausstieß, daß er meilenweit im Umkreis zu hören war. Bestürzt darüber, daß ein so hervorragender Zen-Adept immer noch in solcher Weise von Todesangst beeinflußt sein konnte, nachdem er sein Leben der Entwicklung eines reinen und befreiten Geistes gewidmet hatte, verfiel Ekaku in Zweifel über den Wert seiner eigenen Suche. In diesem Zustand kam er zu einem kleinen Tempel in der Provinz Mino, wo der arme Dichter und Mönch Bao eine Handvoll Schüler versammelt hatte, die er die Kunst der chinesischen Zen-Kettenverse lehrte. Eine Zeitlang obsiegte die natürliche künstlerische Begabung Ekakus, und er beschloß bei Bao zu bleiben. Aber schon nach kurzem kehrte seine alte Höllenangst zurück und trieb ihn wieder zurück zum Zen.

Eines Tages schloß er die Augen, rief die Hilfe aller Buddhas und Lehrer der Vergangenheit an, um seine Hand zu leiten, und zog blindlings ein Buch aus Baos Bibliothek. Zu seinem Entzücken sah er, daß er *Ch'an-kuan tse-chin*[1] [*Das Durchdringen der Barrieren des Zen*] ausgewählt hatte, eine Sammlung von Vorträgen und Geschichten, in der die rigorosen Praktiken der alten Ch'an-Meister beschrieben wurden. Er öffnete es auf gut Glück und las über den berühmten Lin-chi-Meister Shih-shuang Ch'u-yuan (Sekiso Soen, 986–1039), daß dieser, Tag und Nacht ohne Unterlaß meditierend, schon beim leisesten Anzeichen von Schläfrigkeit seine Oberschenkel mit einem Handbohrer bearbeitet habe. Von diesem Beispiel wurde sein Eifer so angestachelt, daß er, als er vom Tod seiner Mutter hörte, beschloß, sich völlig der Verwirklichung seiner Buddha-Natur zu widmen, ungeachtet aller Konsequenzen. Er ließ sich sogar für die obligate Teilnahme am Begräbnis seiner Mutter entschuldigen, verließ Baos Tempel und setzte seine spirituelle Suche fort. Im Joko-ji in der Provinz Wakasa rührte ihn ein Vortrag über die Freuden der Erleuchtung so sehr, daß er mit Tränen in den Augen beschloß, alle seine Kunstwerke zu verbrennen – Gedichte, Kalligraphien und Bilder – in einem letzten Versuch, sein Leben ausschließlich der Vergegenwärtigung des Ungeborenen zu weihen.

Während seiner Reisen hatte Ekaku begonnen, mit Joshus »Mu« zu sitzen, dem berühmten ersten *koan* in der klassischen chinesischen *koan*-Sammlung aus dem 13. Jh. *Wu-men-kuan* (jap. *Mumonkan*):

> Ein Mönch fragte Chao-chou (Joshu): »Hat ein Hund Buddha-Natur oder nicht?« Der antwortete: »Wu!« (jap. »Mu«).

Mu heißt wörtlich »ohne« oder »Nichts«, aber Joshus Antwort ist keine Verneinung der Frage des Mönchs, sie offenbart statt dessen die Qualität der Buddha-Natur in der Spontaneität des Austauschs. Zusammen mit der Achtsamkeit auf den Atem ist *mu* das Vehikel der Meditation, das den Schüler zum *kensho* leitet, zum Einblick in seine/ihre eigene Buddha-Natur.

Um dieses Ziel zu erreichen, arbeitete Ekaku mit der ganzen ihm eigenen Entschlossenheit. Wenn er sich in der Gesellschaft anderer umherwandernder Mönche befand und die eine Rast einlegten, um die schöne Landschaft zu bewundern, blieb er in *zazen* sitzen und murmelte: »Wozu soll es gut sein, in sinnlichen Freuden zu schwelgen, wenn die Letzte Frage noch ungeklärt ist?« Einmal blieb er wie festgenagelt auf seinem Kissen sitzen, als der Tempel durch den Ausbruch des Fuji 1707 von einem Erdbeben erschüttert wurde und die anderen Mönche in Panik aus der *zendo* flohen. Ein Jahr später, im Eigen-ji in der Provinz Echigo, meditierte der nun 24jährige beharrlich Tag und Nacht und schlief nur für Minuten. Da wurde er plötzlich von einer enormen Spannung überwältigt, die sich als Großer Zweifel manifestierte. Darauf folgte sein erster spiritueller Durchbruch, den er später in einem Brief an eine alte Zen-Nonne so beschrieb:

> Plötzlich stand vor mir der große Zweifel. Ich war wie erfroren in einem viele tausend Meilen weiten Eisfeld. Eine Lauterkeit erfüllte meine Brust. Ich konnte weder voranschreiten noch zurückweichen, war wie von Sinnen, da war nur das *Mu.* Obgleich ich beim Lehrvortrag saß und die Erklärung des Meisters hörte, war es, als ob ich aus der Entfernung von draußen eine Erörterung in der Zen-Halle vernähme. Oder ich fühlte mich wie durch die Luft fliegend.
>
> Dieser Zustand dauerte mehrere Tage. Eines Nachts hörte ich den Ton der Tempelglocke und war wie verwandelt. Es war gleich dem Zerschlagen einer Eisdecke oder dem Einstürzen eines Kristallturmes. Als ich plötzlich erwachte und zu mir kam, war ich selbst sogleich Meister Yen-t'ou [Ganto], dem während der drei Zeiten (der Vergangenheit, Gegenwart und Zukunft) nicht das geringste Leid zustieß [obwohl er von Räubern getötet wurde]. Alle früheren Zweifel waren völlig verschwunden, wie Eis dahinschmilzt. Mit lauter Stimme rief ich: »Wie wunderbar! Wie wunderbar! Es bedarf keines Entrinnens aus dem Kreislauf von Geburt und Tod, es bedarf keines Strebens nach Erleuchtung. Die über-

> lieferten 1700 verwickelten *koan*-Aufgaben sind gar nichts wert.« Mein Stolz ragte empor wie ein Berg, mein Hochgefühl wallte auf wie die Flut. Im geheimen dachte ich: »Seit zwei- oder dreihundert Jahren hat keiner einen so prachtvollen Durchbruch vollbracht wie ich.«

Die drei zentralen Punkte der mystischen Erfahrung sind in diesem bemerkenswerten Bericht von Ekakus erstem *satori* klar zu unterscheiden: 1) *daigi*, der Große Zweifel, die erhöhte Anspannung, verbunden mit dem angestrengten Bemühen, ununterbrochen in dem Zustand der einspitzigen Konzentration auf den *koan* zu verweilen; 2) *daishi*, der Große Tod, eine plötzliche Bewußtseinserweiterung, die den ganzen Kosmos einschließt in der Erfahrung des »Abfallens von Körper und Geist« [Dogen]; und 3) *daikangi*, die Große Freude, die Rückkehr in die Welt der Dinge mit einem fundamentalen Verständnis der Ungeschiedenheit, begleitet von Gefühlen überwältigender Liebe und Freude.

Ekaku hatte endlich sein Ziel erreicht. Begierig, sein »riesiges« *satori* bestätigt zu bekommen, beschloß er, daß es für ihn nun notwendig sei, eine formelle Bestätigung von den Meistern des Zen zu bekommen. Zu seiner großen Enttäuschung verweigerten ihm die Lehrer ihr Siegel der Bestätigung und erklärten, seine Erfahrung sei nicht mehr als ein »kleines« *kensho*. Etwas gedämpft, aber immer noch überzeugt von seiner Erleuchtung, tauchte Ekaku in der kleinen Einsiedelei von Dokyo Etan auf, dem »Alten Mann von Shoju«, einem mehr als sechzigjährigen Zenmeister, der für die Tiefe seiner Zen-Erfahrung ebenso bekannt war wie für seine Exzentrizität.

Als Samurai geboren, hatte Dokyo bereits früh das Verlangen gehabt, Mönch zu werden. Nach einem Jahr harten Trainings unter dem berühmten Shido Bu'nan Zenji in dessen Bergklause erfuhr er ein tiefes *satori* und erhielt das Siegel der Bestätigung von seinem Lehrer. Noch vor seinem dreißigsten Lebensjahr entschloß er sich, dem Beispiel des exzentrischen Mönchs Bokushu[2] aus der

T'ang-Zeit zu folgen und sich gänzlich von der Welt abzusondern. Er saß auf verfallenen Friedhöfen, wo die Wölfe hinter seinem Rücken heulten, und zog sich schließlich in die Einsiedelei Shoju-an zurück, wo er zum »Alten Mann von Shoju« wurde.

In seinem ersten Gespräch mit dem alten Eremiten rühmte sich Ekaku der »Tiefe und Klarheit« seiner Zen-Einsicht mit einem eleganten Vers, den er auf ein Blatt Papier niedergeschrieben hatte. Dokyo zerknüllte das Papier mit der linken Hand, streckte die rechte aus und fragte: »Wenn du die Gelehrsamkeit beiseite läßt, was hast du gesehen?« »Wenn ich etwas gesehen hätte, das ich präsentieren könnte, würde ich es ausspeien«, antwortete Ekaku und machte ein würgendes Geräusch, wie wenn er sich auf Dokyos Hand erbrechen würde. Der alte Mann kam näher. »Wie verstehst du Joshus *mu*?« prüfte er den jungen Mönch. »In Joshus *mu* ist kein Platz für Hand und Fuß«, erwiderte Ekaku und spottete damit unterschwellig über die ausgestreckte Hand. Spontan ergriff Dokyo Ekakus Nase, drehte sie kräftig und lachte: »Ich habe einen Platz gefunden, wo ich Hand und Fuß unterbringen kann!« Verdutzt gab Ekaku seine Niederlage zu und bat den Eremiten ihm zu sagen, was denn an seiner Einsicht noch fehle.

Dokyo gab ihm einen neuen *koan*. Wann immer Ekakus Arroganz erneut auszubrechen drohte, wies der Ältere seine Darlegung zurück und nannte ihn ein »armseliges Teufelskind in einer finsteren Höhle« , um ihn auf diese Weise aus seiner »Sucht nach Leere« herauszulocken.

Ekaku lebte mit Dokyo in dessen Einsiedelei und stürzte sich gnadenlos in lange, ununterbrochene Meditationen, nur um immer wieder von ihm zurückgewiesen und verspottet zu werden. Schmerzvolle Wochen vergingen und nichts geschah. Der junge Mönch wollte aber eher sterben, als den Ort ohne Dokyos Bestätigung verlassen. Seine körperliche Kraft versiegte, und in einem letzten verzweifelten Kampf, der selbst seine kraftvolle Ausdauer zu übersteigen drohte, stellte er auch noch Essen und Schlafen ein. Eines Tages, während seines Bettelgangs in das nahegelegene Dorf, begegnete Ekaku einem Mann, der offenbar für bettelnde Mönche nichts übrig hatte. Der jagte ihn nicht nur weg und nannte ihn ein öffentliches Ärgernis, sondern schlug ihn noch mehrmals mit einem Besen auf den Kopf, so daß Ekaku das Bewußtsein verlor. In dem Augenblick, als er das Bewußtsein wiedererlangte, durchdrang er seinen *koan* plötzlich bis in die Tiefe. Laut lachend und in die Hände klatschend, tanzte er vor Freude die staubige Dorfstraße entlang und zog dabei die Aufmerksamkeit der Menschen auf sich. Überzeugt, daß der arme Mönch durch die Schläge den Verstand verloren habe, bildeten sie einen weiten Kreis um ihn und schrien: »Ein Verrückter, ein Verrückter! Geht ihm aus dem Weg!«

Als Ekaku zu Dokyo zurückkehrte, erkannte der sofort den Wandel seines Schülers. Nach einigen Testfragen gab er ihm seine Bestätigung und einen herzhaften Schlag auf den Rücken. Dann ermahnte er ihn, seine überstrengen Praktiken aufzugeben und seine Gesundheit wiederherzustellen und empfahl ihm, den berühmten taoistischen Heiler Hakuyu in dessen Berghöhle am Stadtrand von Kyoto aufzusuchen.

Teils Weiser, teils Verrückter war Hakuyu Objekt der unglaublichsten Gerüchte und Dorfgeschichten über einen »200 Jahre alten Berggott« mit übernatürlichen Kräften. Ekaku, ebenfalls der ländlichen Folklore nicht gerade abgeneigt, machte sich sofort auf, den Wundertäter zu finden. In seinem bekanntesten Buch *Yasen kanna (Abendgespräch auf einem Boot)* gab Hakuin später eine detaillierte Beschreibung seiner Begegnung mit dem Eremiten, der ihn schließlich von seiner »Zen-Krankheit« heilte.

Hakuyu diagnostizierte, daß der beklagenswerte Zustand dieses Mönches das Ergebnis allzu mühsamer Meditationspraxis sei, und führte ihn in die Methode des *naikan*[3] ein, eine Technik der Visualisierung, die zum Zweck der Heilung entwickelt worden war. Zuerst mußte Ekaku seine Atem-Energie auf den *hara* konzentrieren, einen Punkt fünf Zentimeter unter seinem Nabel. Schon bald bemerkte er ein Wärmegefühl, das seinen ganzen Körper einhüllte und ihn der beißenden Januarkälte gegenüber unempfindlich machte. Er befolgte peinlich genau Hakuyus heilsame Diät und seine Anweisungen zu physischen und geistigen Übungen, darunter die berühmt gewordene »Buttermeditation«: Er mußte einen Klumpen duftender, goldgelber Butter auf seinem Scheitel visualisieren, die langsam schmolz und durch seinen ganzen Körper nach unten sickerte. Der köstliche Duft, zusammen mit dem Gefühl leisen Prickelns und der Wärme, sollte nach Hakuyus Lehre Anhaftungen und Sperren beseitigen, die Organe beruhigen und zu einem Grad an Gesundheit zurückführen, der »den am Gipfel der Jugend weit hinter sich lasse«.

Ekaku praktizierte drei Jahre lang täglich *naikan*, und in dieser Zeit verschwanden seine körperlichen und geistigen Beschwerden gänzlich. *Naikan* veränderte auch seine Zen-Praxis, Ekaku verlor seinen Extremismus und gewann an Ausgeglichenheit. Er arbeitete allein an verschiedenen *koan*, besonders an den schwierigen »Fünf Ständen des Tozan Ryokai« [Tung-shan liang-chieh, 807–869; der erste Patriarch der nach ihm benannten Ts'ao-tung (jap. Soto)-Schule] und erfuhr innerhalb weniger Monate mehrere *kensho*, wobei er manchmal in lautes, freudiges Gelächter ausbrach und sich in seiner Begeisterung am Boden wälzte. Wieder hielten Vorübergehende ihn für verrückt, und bald verbreiteten sich Gerüchte über den »verrückten Wandermönch«. Ekaku genoß es, mit dem Odium der Verrücktheit im Lande umherzuwandern; das hinderte ihn aber nicht daran, seine Wanderungen manchmal für mehrere Monate zu unterbrechen, um seine Praxis zu vertiefen und sein Verständnis mit dem verschiedener Zen-Meister zu messen, deren Tempel er unterwegs besuchte. Schließlich baute er sich im Winter 1715 eine kleine Eremitage nahe dem Dorf Yamanoue, wo Kanzan Zenji, der Begründer des berühmten Myoshin-ji in Kyoto, einige Jahre in der Einsamkeit verbracht hatte.

Zwei Jahre später war Ekakus Einsiedleridylle jäh beendet, als ein Bediensteter aus seiner Heimatstadt Hara auftauchte und ihm berichtete, daß sein Vater schwer erkrankt sei. Um dessen letzten Wunsch zu erfüllen, ihn noch einmal zu sehen, kehrte er nach Hara zurück, nur um festzustellen, daß sein Vater bereits gestorben war. Der Besuch des Tempels seiner Ordination war ebenfalls eine große Enttäuschung für ihn. Er fand das Shoin-ji ohne Abt und in einem völlig verwahrlosten Zustand vor. Was früher ein hübscher kleiner Tempel gewesen war, zeigte sich jetzt als Ruine ohne Dach und Fußboden. Wo früher die Haupthalle gewesen war, mußte Ekaku jetzt einen Regenhut und hohe Holzsandalen tragen, um nicht vom Regen und den riesigen Pfützen ganz durchweicht zu werden. Das Tempeleigentum war im Besitz von Gläubigern, und die Kultgegenstände waren an Kaufleute verpfändet worden. Unerschrocken beschloß er, sofort einzuziehen und Meister von Shoin-ji zu werden. Voller Optimismus vollzog er in der leeren Ruine allein die »Zeremonie des Einzugs ins Kloster« und ernannte sich selbst auf der Stelle zum Abt. Hier sollte er den Rest seines Lebens verbringen. Bei dieser Zeremonie gab Ekaku sich selbst einen neuen *dharma*-Namen, Hakuin, [chin. *pai-yin* – »weiß-verborgen«, vgl. *pai-i* – »weiß gekleidet« als klassische Bezeichnung für einen buddhistischen Laien]. Im Buddhismus symbolisiert die weiße Farbe die eigentliche Natur, den Ort zwischen Leben und Tod, wo alles Leiden aufhört. Es wird erzählt, daß beim Tod von Shakyamuni Buddha zwei blühende Sala-Bäume so tief trauerten, daß sie verdorrten und weiß wurden. In Anspielung auf diesen »weißen« Ort der ursprünglichen Unschuld und Reinheit unterzeichnete der neue Abt von Shoin-ji alle Briefe und Dokumente mit »Hakuin, der alte Ketzer, der unter dem Sala-Baum sitzt«.

Bald nach seiner Ankunft im Shoin-ji widerfuhr ihm die große Ehre, als *shuso,* aufsichtführender Mönch, bei einem *kessei* im Myoshin-ji in Kyoto eingeladen zu werden. Die meisten japanischen Mönche hätten diese erstklassige Gelegenheit genützt, sich im Myoshin-ji, dem berühmtesten Rinzai-Kloster des Landes, zu etablieren – ein beinahe sicherer Weg, ein *roshi,* ein »alter Lehrer«, zu werden. Nicht so Hakuin; er nahm die zeitlich befristete Stelle nur zögernd an und kehrte sofort nach dem Ende der dreimonatigen Übungsperiode ins Shoin-ji zurück, obwohl er ein Angebot erhalten hatte, zu bleiben und Ausbildungsleiter zu werden.

Bald darauf bekam Hakuin Gesellschaft – einen unzufriedenen

jungen Novizen aus dem Myoshin-ji. Andere folgten, und in kurzer Zeit hatte sich zum Ärger des Establishments eine bunte Gesellschaft von Schülern und Schülerinnen um ihn versammelt, Mönche, Nonnen und Laien beiderlei Geschlechts. Ein spirituell hochbegabtes sechzehnjähriges Mädchen mit Namen Satsu war eine der ersten, die zu Hakuins »Dornbuschdickicht-Gemeinschaft« stießen. Er hatte seine Gemeinschaft so genannt als ironische Erwiderung auf die Anschuldigung, er würde »die Leute in Verblendung verstricken«. Hakuin war ein hingebungsvoller Lehrer, fast zwanzig Jahre lang war er für seine kleine Gemeinschaft täglich ansprechbar; im Shoin-ji lebten nur acht Mönche und zeitweilig ein paar Laien. Während seiner Amtsdauer hatte er weiterhin große Einsichts-Erfahrungen. Wie eines seiner großen Vorbilder, der Ch'an-Meister Ta-hui Tsung-kao (Daie Soko) in der Sung-Dynastie, beanspruchte er, im Laufe der Zeit, achtzehn große *satori* und unzählige kleinere *kensho* erfahren zu haben.

Um 1740 war Hakuin im mittleren Alter, und sein Ruf hatte sich über Hara hinaus verbreitet; die Gemeinschaft wuchs, und neue Gebäude für die Übung und Unterkünfte für die Übenden wurden errichtet. Immer noch war es ihm wichtig, auch Laienschüler zu haben, aber nun durften nur noch Mönche im Kloster wohnen. Seine lebhaften Angriffe gegen die Reine-Land-Schule und das *mokusho*-»Zen der Schweigenden Erleuchtung« verschiedener Soto- und Rinzai-Lehrer zogen eifrige junge Mönche an. Diese unerfahrenen Novizen waren von Hakuins beharrlicher Forderung, sie müßten auf dem Weg zur Erleuchtung »heroische Entschlußkraft« beweisen, tief bewegt. Sein Beispiel vor Augen, waren sie gewillt, auch harte Prüfungen über sich ergehen zu lassen und aus sich heraus zu einer neue Generation von japanischen Rinzai-Mönchen zu werden.

Der Erfolg von Hakuins Tätigkeit sprach sich herum, und er wurde in zahlreiche andere Zen-Tempel und sogar in Schlösser des Adels eingeladen, um dort *dharma*-Belehrungen abzuhalten. Das ließ sein angeborenes Selbstbewußtsein noch weiter anwachsen. In zeitgenössischen Berichten wird er beschrieben als »außerordentliche Gestalt«, die »die Leute wie ein Tiger anstarrt« und »sich bewegt wie ein Stier«. Während dieser Zeit entdeckte er die künstlerische Ader seiner Jugend neu und begann wieder zu malen und zu schreiben, und er hinterließ einige wichtige literarische Werke, die seine Schüler nach seinem Tod herausgeben sollten. Das *Orategama (Der getriebene Teekessel)* ist eine Sammlung von Briefen an verschiedene Zen-Übende; das *Yabukoji (Der immergrüne Busch)* ein Brief an den Herrn des Schlosses von Okayama über die Übung des Zen; und das *Hebi-ichigo (Die Schlangen-Erdbeere)* der Brief an einen *daimyo* über die Regeln eines tugendhaften Gesetzgebers; es enthält auch Vorsichtsmaßnahmen gegen tyrannische Beamte. Hakuin genoß es, seine Lieblings-Zen-Meister zu malen, exzentrische Wanderer wie Ikkyu und Daito; und seine Selbstporträts und Zeichnungen von Tieren und Volksgottheiten zeugen von unbändigem Witz und zeigen die heitere Seite des »wilden Stiers«. Oft fügte er seinen verschiedenen Selbstporträts Verse bei, die seine Freude an aggressiven Sprachspielen zeigen.

> Im Bereich der zehntausend Buddhas
> wird er von zehntausend Buddhas gehaßt.
> Unter den Heerscharen des Bösen
> wird er von diesen verachtet.
> Er zerschmettert die *mokusho*-Ketzer von heute
> und mordet die blinden Ketzermönche dieser Zeit.
> Dieser schmutzige, blinde, alte, glatzköpfige Ketzer
> häuft auf Schmutz immer noch mehr Schmutz.

Mit sechzig erreichte seine Kreativität ihren Höhepunkt in seiner Erfindung des *koan* vom Klatschen der einen Hand. Dies allein hat ihm einen Platz unter den großen Meistern des Zen gesichert. In einem Brief an einen *daimyo* beschreibt er die Wirkung dieses *koan*:

> Ich habe mich entschlossen, jeden dadurch zu belehren,
> daß ich ihm sage: »Lausche auf das Klatschen der einen

> Hand.« Ich habe erkannt, daß dieser *koan* unendlich viel wirksamer ist für die Belehrung der Menschen als jede andere Methode, die ich bisher verwendet habe. Sie scheint die Kugel des Zweifels in ihrem Geist viel leichter hervorzubringen, und die Schnelligkeit des Fortschritts ist so verschieden wie die Wolken von der Erde. So bin ich dazu gekommen, ausschließlich die Methode der »Einen Hand« zu verwenden.

Die Gerüchte vom Erfolg dieses neuen *koan* verbreiteten sich rasch, und vom Ruhm des Meisters angelockt, sammelten sich Hunderte von Mönchen in Hakuins Tempel. Die dreimonatigen Retreats im Shoin-ji erinnerten an die berühmten Massen-Vorträge Bankeis. Das Verlangen nach der Präsenz des Lehrers wuchs, und Hakuin war monatelang unterwegs, um seinen Lehrverpflichtungen nachzukommen. Mehr und mehr begann er die Wichtigkeit der »Weitergabe des *dharma*« an einen fähigen Nachfolger zu betonen, der seine Lehre beibehalten und viele Schüler anziehen sollte.

1749 fand er einen solchen in Torei Enji [1721–1792], einem 28jährigen Mönch mit außerordentlicher Befähigung zum Lehrer. Er machte ihn 1759 zu seinem ersten Dharma-Nachfolger und setzte ihn als Abt des frisch renovierten Ryutaku-ji in der Nähe der kleinen Stadt Mishima ein. Zweihundert Jahre später sollte dieser Tempel unter seinem berühmten Abt Nakagawa Soen Roshi zum Ausbildungsort für zeitgenössische westliche Zen-Lehrer wie Robert Aitken und Philip Kapleau werden. Obwohl sich Hakuins Einfluß weit über Japan hinaus ausbreitete, traf er den Schüler, der seine Traditionslinie direkt weitergeben sollte, erst drei Jahre vor seinem Tod. Gasan Jito [1727–1797], ein brillanter junger Mönch, der schon die Übertragung von dem Rinzai-Zen-Meister Gessen Zen'e erhalten hatte, beschloß Hakuins Lehre zu prüfen. Wie Hakuin selbst in seiner Jugend war Gasan vollkommen davon überzeugt, daß der »alte Mönch« ihn nichts lehren könne, was er nicht bereits besaß. Dreimal kam er in Hakuins Zimmer, um seine Verwirklichung zu zeigen, und dreimal wurde er von dem alten Meister davongejagt. Später sagte Gasan darüber: »Dieser große Lehrer der Nation hat mich dreimal mit seinen harten Händen und Füßen geschlagen und mich in Verlegenheit gebracht.« Nachdem er die formelle Übertragung von Hakuin erhalten hatte, ging Gasan nach dessen Tod ins Rinsho-in, einen Tempel in Kyoto, wo er mehr als 500 Schüler hatte. Er hinterließ wiederum zwei kreative Nachfolger, Inzan Ien und Takuju Kosen, die gemeinsam das rohe *koan*-System, das sie von Hakuin und Gasan übernommen hatten, in seine heute noch gültige Form brachten. Damit schufen sie ein geniales Werkzeug, die Einsicht im Zen nach der ersten Erfahrung noch weiter zu vertiefen.

Hakuin, der seine bemerkenswerte Gesundheit bis hoch in die Siebzig hatte erhalten können, verbrachte seine drei letzten Jahre häufig krank und unfähig zu lehren. Aber sein eiserner Wille hielt ihn aufrecht und half ihm auch bei seiner Kalligraphie und Malerei, deren einfache, flache und freie Pinselstriche zum Höhepunkt der Zen-Kunst werden sollten. Im Bewußtsein, daß seine Zeit ablief, versuchte er soviel Zeit wie möglich mit seinen Schülern zu verbringen und weiterhin den leidenschaftlichen Lehrstil beizubehalten, der für seine ganze Laufbahn charakteristisch gewesen war. Drei Tage vor seinem Tod setzte er einen seiner elf *dharma*-Erben als verantwortlich für alle klösterlichen Angelegenheiten ein und starb am 10. Dezember 1768 im Alter von 83 Jahren friedlich im Schlaf. Er hinterließ keine traditionelle Todes-*gatha*, doch er hinterließ das Zen der Rinzai-Schule gekräftigt, reformiert und bereit, sich den Herausforderungen der kommenden Generationen zu stellen.

Hakuins Lehre kann in zwei große Teile aufgespalten werden, die bis zum heutigen Tag den Kern des japanischen Rinzai-Zen bilden:

1) Zen-Schüler müssen den Großen Zweifel durch ununterbrochene Meditationspraxis zu einer Letzten Frage (*koan*) entwickeln. Nach einer gewissen Zeit wird dieser Große Zweifel aufgerissen

durch die Erfahrung des Großen Todes, in dem die eigentliche Natur aller Dinge erfahren wird. Das darauffolgende Gefühl der Großen Freude öffnet eine Quelle der Liebe und des Mitgefühls und liefert den nötigen Antrieb, die Zen-Übung immer weiter zu vertiefen.

2) Sobald der Zen-Schüler einen flüchtigen Blick auf die ungeteilte, grundlegende Wirklichkeit erhascht hat, wird es sein Ziel, diese Erfahrung in der differenzierten Welt der zehntausend Dinge anzuwenden; Moral und Übung verschmelzen so, daß die direkte Anwendung der Erfahrung die Aktivität der Liebe und des Mitgefühls allen Wesen gegenüber *ist.* »Ich« und »die anderen« werden als im Tiefsten ein und dasselbe verstanden, obwohl sie sich auf der phänomenalen Ebene klar unterscheiden. Ohne Moralität kann es keine wahre Praxis geben. So wird der Mythos vom »erleuchteten« Zen-Meister zerstört, dessen Handlungen die Ebenen von Gut und Böse transzendieren. Da der Körper das Vehikel der Erleuchtung ist, ist es wichtig, ihn sorgsam zu behandeln. Hakuin war sich schmerzhaft bewußt, daß ein mitleidloser Umgang mit dem Körper, eines mystischen Durchbruchs wegen, auch mit einem frühen Tod enden und so zu gar nichts führen kann.

Es ist wichtig, diese zwei Säulen von Hakuins Lehre im Detail zu untersuchen und festzustellen, wie sie sich zum täglichen Leben verhalten.

Hakuin erkannte, daß das Muster von Großem Zweifel, Großem Tod und Großer Freude der grundlegende Prozeß jeder gültigen religiösen Erfahrung ist. Um diesen Prozeß in Gang zu bringen, erschien es ihm notwendig, zuerst den Großen Zweifel heraufzubeschwören. Seiner Meinung nach war es die Aufgabe eines echten Lehrers, das mit Hilfe eines Anfänger-*koan*, vorzugsweise mit Joshus »Mu« oder dem »Klatschen der einen Hand« zu tun. Diese *koan* dienen als geistiges Werkzeug, konstruiert zu dem Zweck, den gewohnten endlosen Kreislauf des Denkens in Begriffen von Ursache und Wirkung, mit seinen Konzepten und geistigen Bildern, zu durchbrechen. Indem er Teile von Hakuyus *naikan*-Praxis anwandte, riet Hakuin seinen Schülern, ihr auf den *koan* konzentriertes Bewußtsein auf den *hara* unterhalb ihres Nabels zu lenken. »Wenn die volle Kraft dieser Konzentration einige Stunden aufrechterhalten werden kann«, sagte er, »wird der Schüler merklich voranschreiten und der Große Zweifel wird auftauchen.« Wichtig war dabei, alle Emotionen, Konzepte und Gedanken aufzugeben und die einspitzige Konzentration auf den einen *koan*-Gedanken aufrechtzuerhalten. Für Hakuin war es nicht unbedingt notwendig, an einem ruhigen Platz in Meditation zu sitzen, aber unabdingbar, den *koan* in allen Situationen mit sich zu tragen – aktiv oder ruhend, laut oder still. Dieser Zustand der konzeptlosen Bewußtheit, die oft mit einem »Eisfeld« oder einer »trockenen Wüste, in der nichts wächst«, verglichen wird, ist genau das, worauf er sich bezog, wenn er vom Großen Zweifel sprach. Und er verwendete alle nur denkbaren Mittel, um seine Schüler in diesen vielversprechenden Zustand zu bringen. Manchmal begeisterte er sie mit phantastischen Geschichten über Zen-Schüler früherer Zeiten, die völlig regungslos inmitten eines Sumpfes gesessen hatten, umgeben von Millionen blutdürstiger Moskitos; oder er wiederholte die Geschichte seines Lehrers Dokyo über das nächtelange Sitzen auf einem verfallenen Friedhof, ungeachtet eines Rudels hungrig kreisender Wölfe. Obwohl für die Befreiung des verborgenen *joriki*, der Konzentrationskraft der Schüler, bestimmt, waren seine Geschichten doch nie frei von Übertreibung, geboren aus seiner eigenen Faszination für den »entschlossenen Krieger«. Aufgestachelt durch diese Geschichten und oftmals zu Tränen gerührt, nahmen einige seiner Schüler seine Ratschläge zu wörtlich. Die Grabstätten dieser jungen Zen-Mönche auf dem Friedhof von Shoin-ji geben Zeugnis von dieser großen Schwäche in Hakuins Persönlichkeit.

Der Übergang vom Großen Zweifel zum Großen Tod entzieht sich der Beschreibung und ist nach Hakuin die Sache einer »plötzlichen Verwandlung ohne Beteiligung des Willens«. Häufig genügt eine ganz nebensächliche Wahrnehmung wie der Klang einer Glocke, der Duft eines Räucherstäbchens oder eine körperliche Schmerzempfindung, um diese Erfahrung der Einsicht in die eigene Natur auszulösen. In diesem Zusammenhang beschreibt er »die absolute Sicherheit der Erkenntnis der Wahrheit«, die in diesem Augenblick entsteht. Späteres Nachdenken oder rationale Erklärungen dieser Erfahrung können nur in die Irre führen oder zum schalen Gefühl des »darüber Redens«. Aber aus der Gegenwärtigkeit des Bestätigtseins durch die Tempelglocke oder den Duft des Räucherstäbchens erwächst eine Welle der Großen Freude, das Wissen, daß alles von Anbeginn völlig richtig ist oder, um es in Hakuins Worten auszudrücken: »Es gibt keine Erleuchtung, die man suchen müßte.«

Für Hakuin war *koan*-Praxis der zentrale Punkt der ganzen Zen-Übung. Er sah in ihr die einzige Methode, mit der ein Schüler zur wahren Einsicht gebracht werden konnte, und er wurde nicht müde, über die Praxis der »schweigenden Erleuchtung« herzuziehen, die von anderen Zen-Meistern verwendet wurde, besonders aber von der Soto-Schule. Zen ohne strenge *koan*-Praxis sei eine Perversion der »Wahren Lehre der Alten«, ärger noch, eine Verschwendung des menschlichen Lebens, einer »Wiedergeburt, die so schwierig zu erlangen ist«.[4] Er zog alle rhetorischen Register, wenn er seine Schüler davor warnte, über solche Praktiken auch nur nachzudenken:

> Da gibt es diese blinden, glatzköpfigen Idioten, die sich an einen ruhigen, ungestörten Ort zurückgezogen haben, wo sie von nichts gestört werden können. Dann meinen sie, daß der Geisteszustand, der in einer solchen Atmosphäre entsteht, die Einsicht in ihre eigene Natur umfaßt. Sie glauben, daß es ausreicht, die Reinheit zu polieren und zu perfektionieren, haben aber selbst im Traum noch nie die Erleuchtung erfahren. Menschen dieser Art verbringen den ganzen Tag in der Übung des Nicht-Tuns und waren dann doch die ganze Zeit geschäftig; sie vertun den ganzen Tag mit Nicht-Hervorbringen und haben dann doch die ganze Zeit etwas hervorgebracht. Warum ist das so? Weil ihre Einsicht in

den Weg nicht klar ist, und sie so die Wahrheit der *dharma*-Natur nicht erreichen können.

Ähnlich harte Worte fand er für die Anhänger der Reinen-Land-Schule des Buddhismus, die an eine paradiesische Welt glauben, die von der jetzigen getrennt ist, sowie an einen mythischen Mittler Amida Buddha, ohne dessen Hilfe keine Erlösung möglich ist. »Außerhalb eures Geistes gibt es kein Reines Land, und außerhalb eures eigenen Körpers gibt es keinen Buddha«, predigte Hakuin und setzte hinzu, daß alle »wahren Patriarchen« der Zen-Tradition »niemals, nicht einmal versehentlich, von einer Wiedergeburt im Reinen Land gesprochen hätten.« Er lehrte, daß einzig und allein die Erfahrung der Einsicht in die eigene Natur, hervorgerufen durch die richtige *koan*-Praxis, jemanden befähige zu erkennen, daß »dieser Körper selbst der Buddha ist von Anbeginn.« Er beklagte, daß Zen-Meister versuchten, Reine-Land-Elemente in die Praxis des *zazen* zu integrieren, und warnte:

> Ungefähr zweihundert Jahre ist es her, daß schlechte und gleichgültige Zen-Anhänger die Zahl der Klöster verkleinert und den wahren Weg des Zen korrumpiert haben, indem sie die primitive, verdorbene und häretische Meinung der Reinen-Land-Schule verbreiteten … Wenn Zen mit Reinem Land zusammen gelehrt wird, kann es nicht mehr lange bestehen und wird mit Sicherheit untergehen.

Den anwesenden Anhängern des Reinen Landes schlug er vor, ihre Übung dahingehend zu ändern, daß die Anrufung des Buddha-Namens oder die Rezitation der ersten Zeile des *Lotos-Sutra* der Konzentration auf einen *koan* ähnlich würde, ohne jede Erwartung einer »Erlösung von außen«. In Erinnerung an die Hingabe seiner Mutter in der Nichiren-Schule erarbeitete Hakuin einen detaillierten Meditationskurs für Nichiren-Anhänger, der natürlich nichts anderes war als eine Variation des Themas *koan*-Praxis:

> Die Praxis des *Lotos-Sutra* besteht von heute an darin, entschlossen, ohne Rücksicht auf Freude und Schmerz, Trauer und Freude, ob im Schlaf oder wachend, stehend oder liegend, ohne Unterbrechung allein den Titel des Sutra zu intonieren: *Namu Myoho renge kyo*. Ob du diesen Titel als Stütze oder als Quelle der Kraft verwendest, du mußt ihn rezitieren mit der brennenden Sehnsucht, unfehlbar das wahre Gesicht des Lotos zu sehen. Mache jedes Einatmen und jedes Ausatmen zum Titel des Sutra … Dann wirst du zur großen Sache der wahren Meditation erwachen … Du wirst unmittelbar vor dir, dort, wo du stehst, das wahre Gesicht des Lotos erblicken, und in diesem Augenblick werden Körper und Geist abfallen.[5]

Bei der Bekehrung von Reinem-Land- und Nichiren-Buddhisten zum Zen war Hakuin erfolglos, aber das hinderte ihn nicht daran, seine Ansicht überall kräftig zu vertreten. Bis zu seinem Tod hat er seine Ansicht in diesem Punkt nicht geändert.

Obwohl er selbst bei seinem Lehrer Dokyo Etan nur wenige *koan* löste und sich auch nie bemühte, seine *koan*-Praxis abzuschließen, schuf Hakuin ein ganzes *koan*-Curriculum, das endlich alle früheren Methoden der Zen-Belehrung ersetzen sollte. Was als »Hakuins Zen« bekannt wurde, ist das Endprodukt dieser Arbeit, die dann durch Gasan Jito, Inzan Ien und Takuju Kosen den letzten Schliff erhielt. Dieses *koan*-System verlangt, daß der Schüler nach einem *kensho* mit dem *koan* »Mu« oder dem »Klatschen der Einen Hand« eine vorgegebene Reihe von *koan* abarbeiten muß, wie sie in den alten chinesischen Sammlungen *Pi-yen-lu [Hekiganroku]*, *Wu-men-kuan [Mumonkan]* und *Lin-chi-lu [Rinzai-roku]* zusammengestellt sind. Sie variieren in der Reihenfolge und in der Art der Darstellung, und der Schüler läßt sich bei dem langen und intensiven Prozeß der Klärung der wesentlichen Fragen auf bis zu 500 davon ein. Mit einem fünfstufigen Klassifikationssystem systematisierten und kategorisierten Hakuin und seine *dharma*-Erben die wichtigsten *koan*.[6]

Hosshin koan bezwecken die Vertiefung der anfänglichen Einsicht in den undifferenzierten Bereich von *sunyata* (Leerheit, oder auch Soheit). Einer der berühmtesten davon ist der Vers des Ch'an-Meisters Shan Hui (Fu Daishi) aus dem 6. Jh.:

> Mit leeren Händen halte ich den Pflug,
> und zu Fuß gehend reite ich den Büffel.

Kikan koan führen den Zen-Schüler zu einem besseren Verständnis der differenzierten, phänomenalen Welt, wie sie mit dem »Auge der Erleuchtung« gesehen wird.

Sie sind besonders wichtig zur Vermeidung der »Zen-Krankheit«, dem Steckenbleiben im Bereich der Leerheit und dem Verlust der Fähigkeit, mit der augenscheinlich differenzierten Ebene der Wirklichkeit umzugehen. Fall 37 aus dem Wu-men-kuan fällt in diese Kategorie:

> Ein Mönch fragte Joshu: »Was ist die Bedeutung von
> Bodhidharmas Kommen aus dem Westen?«
> Joshu erwiderte: »Der Eichbaum im Garten.«

Ein anderes Beispiel sind die »drei Sperren« des Ch'an-Meisters Tou-shuai Ts'ung-yüeh (Tosotsu Juetsu) aus der Sung-Zeit, die er als Probe des Zen-Verständnisses seiner Schüler entwickelte:

> Auf abgelegenen, grasbedeckten Plätzen macht man
> *zazen* auf der Suche nach seiner Selbst-Natur.
> Wo ist in diesem Augenblick deine Selbst-Natur?
> Wenn du deine Selbst-Natur erlangt hast, kannst du
> dich selbst von Geburt und Tod befreien. Wie würdest
> du dich befreien, wenn du gerade im Sterben lägest?
> Wenn du dich selbst von Geburt und Tod befreit hast,

> kennst du deinen Weg. Wohin gehst du nach deinem Tod?

Natürlich entsprechen diese drei Sperren den ewigen Fragen der Menschheit: »Wer bin ich? Woher komme ich? Wohin gehe ich?« Üblicherweise werden diese drei Fragen als unbeantwortbar betrachtet, aber für einen Zen-Schüler, der eine echte Erfahrung der Einsicht hatte, sind sie im Hier und Jetzt [und nur da] lösbar.

Gonsen koan helfen dem Schüler, die schwierigen Termini der alten Meister zu klären. Diese Dialoge eröffnen eine verborgene Welt der Schönheit und Weisheit, die, einmal erkannt, so klar ist wie der Gesang der Lerche.

> Ein Mönch fragte den Priester Feng-hsüeh Yen-chao (Fuketsu): »Reden und Schweigen beziehen sich auf Subjekt und Objekt. Wie kann ich beide transzendieren?
>
> Feng-hsüeh sagte: »Ich muß immer an Honan im März denken. Dort rufen die Rebhühner unter den duftenden Blüten.«

Ein anderes bekanntes Beispiel für einen *gonsen koan* sind die »drei Wendewörter« aus der frühen Sung-Zeit von Pa-ling (Hayo Kokan):

> Ein Mönch fragte Pa-ling: »Was ist die Deva-Sekte?«
> Pa-ling sagte; »Schnee in einer Silberschale.«
> »Was ist das Tao?«
> »Der offenbar Erleuchtete fällt in einen Brunnen.«
> »Was ist das schärfste Schwert?«
> »Jeder Tautropfen an der Spitze eines Korallenastes spiegelt das Licht des Mondes wider.«

Nanto koan sind schwierig zu durchdringen, da sie auf einen subtilen Ort jenseits von richtig und falsch hinweisen, wo der Zen-Schüler inmitten seiner täglichen Obliegenheiten Sammlung und Geistesfrieden entwickeln kann. Hakuin riet seinen Schülern, »diese *nanto koan* schnell ein für allemal hinter sich zu bringen«, da die Ruhe des Geistes, die ihnen folgt, für ihn das sichere Zeichen eines selbstsicheren Zen-Menschen war. Er hielt den Fall 38 des *Wu-men-kuan* für ein ausgezeichnetes Beispiel eines besonders schwierigen *nanto koan*:

> Der Priester Wu-tsu Fa-yen (Goso Hoen) sagte: »Es ist wie ein Wasserbüffel, der an einem Fenster vorbeigeht. Sein Kopf, seine Hörner, seine vier Beine gehen alle vorbei. Warum geht sein Schwanz nicht vorbei?«

Die letzte Gruppe, die von ihm hoch bewerteten *go-i koan*, enthielt nach Hakuin »spirituelle Juwelen«, denn sie hatten verschiedene Erleuchtungserfahrungen bei den großen Meistern selbst angestoßen. Sie stehen in Zusammenhang mit den »Fünf Rängen des Meisters Tozan Ryokai«, des Ch'an-Meisters der T'ang-Periode, der Verse über die »fünf Verhältnisse des Scheins und der Wirklichkeit« geschrieben hatte. Hakuin schrieb dazu einen langen Kommentar und lobte das Werk als »das Schiff, das den Zen-Schüler über ein giftiges Meer trägt.«

Trotzdem hielt er es für notwendig, nach der Vollendung der *go-i koan* noch eine weitere Stufe als formelles Ende seines Programms einzufügen. Da er den moralischen Lebenswandel im Alltag als Eckstein seiner Lehre verstand, ließ Hakuin seine Schüler noch die zehn buddhistischen Vorschriften durcharbeiten. Er drängte sie, sich von ihrer Ethik anleiten zu lassen, wie Zen im Leben anzuwenden sei, denn diese Regeln seien tatsächlich das letztgültige Ziel der Zen-Übung. Er bestand darauf, daß die Praxis tatsächlich nie an ein Ende gelange, sondern fortschreite und sich vertiefe während des ganzen Lebens. Die zehn buddhistischen Vorschriften (nicht töten, nicht stehlen, mit der Sexualität nicht mißbräuchlich umgehen, nicht lügen, keine Drogen weitergeben oder nehmen, nicht die Schwächen anderer weitererzählen, sich selbst nicht auf Kosten anderer erhöhen, die Schätze des *dharma* nicht zurückhalten, nicht in Zorn verweilen und Buddha, *dharma* und Sangha nicht beschmutzen) sind eher allgemeine Richtlinien als ewiggültige Gebote. Sie folgen dem Ideal des Bodhisattva und weisen den ethisch motivierten Buddhisten die Richtung auf das letzte Ziel der Rettung aller Wesen.

Obwohl berühmt für seine rauhen Umgangsformen und seine grobe Sprache, war Hakuin doch sein Leben lang von einem ausgeprägten Sinn für Ethik motiviert. Er fühlte sich den einfachen Leuten verpflichtet und intervenierte häufig in ihrem Sinne bei ihrer Samurai-Herrschaft mit der Bitte um Mitgefühl und soziale Gerechtigkeit. Offen verlangte er von Feudalherren, ihr spirituelles Format zu zeigen, indem sie als »erleuchtete Gesetzgeber« in Wort und Tat den Beweis erbrachten, daß ihnen die Wohlfahrt ihrer Untertanen am Herzen lag. Bei seinen verschiedenen Vortragsreisen machte er oft in kleinen Dörfern Halt und hielt allgemein zugängliche Vorträge, wobei er immer die nötigen einfachen Worte fand, um seine Lehre zu verbreiten. Hakuin hatte die bemerkenswerte Gabe, seinen Stil und seine Sprache dem Publikum anzupassen. Er sprach immer aus dem Stegreif und nutzte die Macht und Spontaneität des Augenblicks, um seine Auffassung wirkungsvoll darzustellen.

Aber Hakuin konnte nie sein Samurai-Erbteil loswerden; die Faszination des Bildes vom »starken Krieger« führte ihn dazu, die Samurai-Klasse zu bevorzugen. Er pries sogar die »Stärke und Weisheit« des grausamen Shogun Ieyasu, des Stammvaters des Tokugawa-Clans. Hakuin nutzte die Vernarrtheit der Samurai in den Tod als Werkzeug der Lehre und legte den *daimyo* und höher gestellten Lehnsleuten nahe, das Wort *shi,* »Tod«, auf die gleiche Weise zu benutzen, wie er seinen Mönchen den *koan* »Mu« aufgab. Sobald der Krieger dem Bereich von Leben und Tod in der Erfahrung des *satori* entkommen war, konnte er wieder als tapferer und moralischer Kämpfer hervortreten, loyal seinem Herrn und mitfühlend den normalen Sterblichen gegenüber. Solche Überlegungen brachten Hakuin dazu, den Kodex des *bushido* zu verherrlichen:

> Anfang und Ende eines Kriegers ist die körperliche Stärke. In der Beobachtung seiner Pflichten und in seiner Beziehung zu anderen ist größte Pünktlichkeit und Korrektheit vonnöten. Sein Haar und seine Kleidung müssen in strengster Ordnung sein, und das Schwert muß an seiner Seite sein. Mit dieser genauen und sauberen Haltung geht seine wahre Meditation weiter in überwältigendem Glanz. Auf seinem kräftigen Roß sitzend, kann der Krieger voranreiten und einer unzählbaren Horde von Feinden die Stirn bieten, ganz als ob er einen völlig menschenleeren Ort betreten würde. Sein tapferer und unerschrockener Gesichtsausdruck spiegelt die Praxis der einzigartigen, wahren und ununterbrochenen Sitzmeditation wider. Auf diese Weise meditierend, kann der Krieger in einem Monat mehr erreichen als ein Mönch in einem Jahr; in drei Tagen kann er Segnungen für sich erhalten, die einen Mönch drei Monate kosten würden.

Bei einer anderen Gelegenheit konnte er hitzig einen hohen Herrn ermahnen und ihn auffordern, seine Reichtümer aufzugeben und fortan, »den Garten zu reinigen, das Wasser in den Becken zu wechseln und mit lachendem Gesicht die Hufe des Pferdes eines Lehnsmannes zu säubern.« Er konnte auch öffentlich seiner Verachtung für die machthungrigen »idiotischen« Generäle Ausdruck verleihen, die sich um das Wohlergehen der gewöhnlichen Leute nicht kümmerten. Den »tyrannischen Beamten«, die die Bürgerschaft ausplünderten und bluten ließen, schrieb er ins Stammbuch: »Wenn die normalen Leute zugrunde gehen, ist das mit Sicherheit das Ende der Nation.« Nur der wohlwollende Fürst,

»dessen Herz von Mitgefühl tief bewegt ist«, hatte ein natürliches Recht zu regieren.

In einer Gesellschaft, in der der Status einer Frau oftmals niedriger war als der eines Pferdes oder einer Kuh, setzte sich Hakuin den *daimyo* gegenüber dafür ein, diese Situation zu ändern, und merkte an, daß »Frauen schließlich menschliche Wesen sind, die höchsten Respekt und höchste Würde« verdienten. In seinem persönlichen Umgang mit Frauen war er seiner Zeit weit voraus. Unter seinen Laienschülern waren einige Frauen, mit denen er lebhafte, von ihm sehr geschätzte Zen-Dialoge führte, die gekennzeichnet waren durch einen Standard vollkommener Gleichberechtigung. Eine berühmte Anekdote erzählt von einer alten Frau, die Hakuin in einem Vortrag sagen hörte: »Der Geist ist das Reine Land, und dein Körper selbst ist Amida Buddha.« Nachdem ihr das einige Tage im Kopf herumgegangen war, hatte sie eines Morgens beim Spülen eines Topfes eine *kensho*-Erfahrung. Auf der Stelle lief sie hinüber zum Shoin-ji, erschien bei Hakuin und rief laut: »Amida Buddha hat in meinen Körper eingeschlagen. Berge und Flüsse leuchten wunderbar. Wie herrlich!« »Was soll das?« rief Hakuin. »Nichts leuchtet in deinem Arschloch!« Ihn zur Seite stoßend, hüpfte die alte Frau vor Freude und rief aus: »Hakuin selbst ist noch nicht erleuchtet!« Als er das hörte, gab ihr Hakuin einen anerkennenden Schlag auf den Rücken und brüllte vor Lachen.

Die sechzehnjährige Satsu, die Hakuin häufig in *dokusan* [Einzelgespräch] sah, liebte es, den alten Meister aufzuziehen. Einmal erklärte er ihr eine schwierige Passage eines Sutra und fragte: »Hast du verstanden?« Sie antwortete: »Könntet Ihr das bitte nochmals erklären?« Gerade als er den Mund aufmachte, stand sie auf und ging hinaus, wobei sie einen lachenden Hakuin zurückließ. »Ich bin von diesem Mädchen zum Narren gehalten worden!« rief er ihr nach.

Besonders deutlich wird Hakuins Humor in den vielen Bildern, die er hinterließ. Immer die heitere Seite der Leute ansprechend, schwelgte er in Karikaturen und kommentierte diese oft mit witzigen Versen. Er machte sich auch gern über sich selbst lustig und verglich sein heruntergekommenes Shoin-ji oft mit den reichen Tempeln in Kyoto wie dem Daitoku-ji und dem Myoshin-ji. Wie sein großes Vorbild aus der Muromachi-Zeit, Meister Ikkyu, schimpfte er über die »Priester des Establishment«, die die Grundlage des wahren Weges der *unsui*, der »treibenden Wolken«, verloren hatten.

> Oft leben Zen-Meister und ebenso ihre Schüler im Überfluß eines luxuriösen Lebens, und der Stil ihrer Lehren ist im Wohlstand ihres Tempels begründet. Sie glauben, daß Beredsamkeit und eine schlaue Zunge schon Weisheit sind, setzen gutes Essen und schöne Kleidung gleich mit dem Weg des Buddha, machen Arroganz und Schönheit zu moralischen Qualitäten und nehmen den Glauben der anderen als Beweis, daß sie selbst das *dharma* erlangt hätten ... Sie schmücken sich selbst verschwenderisch mit seidenen Roben und predigen unbekümmert drauflos ... In ihrer Gewandtheit beim Empfangen von Geldspenden, die für die Bevölkerung eine unerträgliche Belastung darstellen, scheinen sie tatsächlich wunderbare Kräfte zu entwickeln ... Aber wenn die Zeit zu sterben kommt und die einsame Lampe flackert, während sie zwischen Leben und Tod daliegen, dann schreien und stöhnen sie. In den Wahnsinn getrieben, ohne einen Ort, wohin sie Hände und Füße legen könnten, sterben sie einen so qualvollen Tod, daß ihre Schüler und Anhänger es nicht ertragen, sie anzusehen.

Hakuin liebte heitere Volkserzählungen und verwendete sie häufig, um den gewöhnlichen Leuten die Wichtigkeit einer grundlegenden Ethik nahezubringen. Seine abergläubische Überzeugung von der übernatürlichen Wirksamkeit mancher buddhistischer Sutras stand in starkem Kontrast zu seinem strengen Betonen der *koan*-Praxis und zu seinen Tiraden gegen den Dualismus der Reinen-Land-Anhänger. Aber das Zwischenspiel mit dem Taoisten Hakuyu und der Erfolg von dessen *naikan*-Therapie hatten ihn überzeugt, daß es gewisse »unerklärliche Kräfte« gab, die – solange sie nicht mit seiner Zen-Praxis in Widerspruch standen – ernstgenommen werden sollten.

Hakuin war ein begnadeter Künstler; seine Bilder und Kalligraphien ebenso wie seine umfangreichen Schriften zeigen eine in alle Richtungen gleich talentierte Persönlichkeit. Er folgte der Tradition der japanischen Tuschmalerei, die *suiboku-ga* genannt wird, entwickelte aber seinen eigenen dynamischen Zen-Stil, der die Grenzen der Tradition weit hinter sich ließ. In seiner unnachahmlichen und exzentrischen Art zeichnete er menschliche und erdhafte Sujets mit stark gewässerter Tusche und ersetzte formale ästhetische Werte durch eine Wertschätzung des Rohen und Häßlichen. Zur Belustigung der unteren Klasse, die seinen deftigen Humor zu schätzen wußte, drückte Hakuin seine Ansichten in derben Bildern aus. Indem er Tiere als Träger menschlicher Charakteristika zeichnete, machte er sich über die konventionell gewordene Moralität der Tokugawa-Zeit lustig.

Alle heutigen japanischen Meister des Rinzai-Zen führen ihre Traditionslinie auf Hakuin Ekaku Zenji zurück. Es war sein Verdienst, den rohen Entwurf des berühmten Ch'an-Meisters Ta-hui Tsung-kao (Daie Soko, 1089–1163) weiterzuentwickeln, der die Wichtigkeit kontinuierlicher Praxis nach der anfänglichen Erfahrung des Erwachens betont hatte. Hakuin schuf ein *koan*-System, das Generationen von Zen-Übenden geholfen hat, ihre eigene Natur zu erkennen. Er war es auch, der die Notwendigkeit von *dharma*-Nachfolgern so stark betonte, die »die wahre Zen-Praxis« künftigen Generationen weiterreichten. Nach Hakuin muß ein Zen-Meister der Weitergabe des Zen alles andere unterordnen, aber er darf nie glauben, daß er seine eigene Übung »vollendet« hätte, denn die moralische Vervollkommnung, zusammen mit immer tieferen Erfahrungen der Einsicht, kommt nie an ein Ende.

Die letzten Zeilen seines *zazen wasan (Preislied des zazen)*, eines religiösen Gedichts, das bis heute täglich in jedem japanischen Rinzai-Kloster rezitiert wird, drückt die Essenz des »Hakuin-Zen« aus:

Grenzenlos und frei ist der Himmel des *samadhi*,
hell strahlt der volle Mond der Erleuchtung!
Wahrlich, gibt es irgend etwas, das jetzt fehlt?
Nirvana ist hier und jetzt, vor deinen Augen;
dieser Ort selbst ist das Lotos-Land,
dieser Körper selbst der Buddha.

---

1 Das *Ch'an-kuan tse-chin* wurde 1600 von Chu-hung herausgegeben. Auf Veranlassung von Hakuins Nachfolger Torei Enji wurde es 1762 erstmals in Japan unter dem Titel *Zenkan Sakushin* gedruckt. D.T. Suzuki hat den Titel frei wiedergegeben mit: *Whips to Drive You Through the Zen Barrier* (gemeint sind *koan*).

2 Mu-chou Ch'en-tsun-su, ca. 780–877, ein Nachfolger des Huang-po und Lehrer des Yün-men.

3 Nicht zu verwechseln mit dem Mitte des 20. Jh. von Ishin Yoshimoto aus der Jodo-Shinshu-Schule entwickelten und auch im Westen bekannten Naikan.

4 »Auf dem weiten Weltmeer schwimmt ein hölzernes Joch. Daß jemand als Mensch wiedergeboren wird, ist ebenso wahrscheinlich, wie daß eine umherschwimmende Schildkröte aus dem Meer auftaucht und ihren Kopf genau in dieses Joch steckt.« Diese Metapher benutzte der Buddha, um auf die Kostbarkeit menschlicher Geburt hinzuweisen.

5 *Shinjin datsuraku*, »Körper und Geist sind abgefallen«, war die Erleuchtungsformel von Dogen Zenji (1200–1253), dem Begründer der japanischen Soto-Schule.

6 Wir schulden Isshu Miura und Ruth Fuller Sasaki Dank für ihre Erklärung von Hakuins System in *Zen Dust* (New York: Harcourt, Brace & World, 1966). (Anm. d. Verf.)

Nyogen Senzaki: Der heimatlose Pilz

Nyogen Senzaki wurde 1876 geboren, ein Jahr vor dem Ende der Samurai-Ära in Japan. Dieser plötzliche Bruch mit der Vergangenheit spiegelte sich auch im Leben dieses heimatlosen, wandernden Mönches wider, der im Alleingang ein modernes, demokratisiertes Zen in den Westen brachte. Sein Weg war schwierig und voller Hindernisse, entsprechend den dramatischen Ereignissen in der Meiji-Ära [*meiji*: »Erleuchtete Regierung«, posthumer Name für Kaiser Mutsuhito (1852 – 1912)], während der sich seine radikalen Grundsätze entwickelten. Es ist wichtig, die Gesellschaft näher zu betrachten, die ihn geformt hat.

Die Meiji-Verwaltung verbot allen Samurai, Schwerter zu tragen, das Symbol ihres höheren Status. Darüber hinaus verloren sie ihre Pensionen. Diese wurden per Gesetz in Staatsobligationen umgewandelt und büßten dabei ungefähr die Hälfte ihres Wertes ein. In einem verzweifelten letzten Versuch, die Uhr zurückzudrehen, organisierte Saigo Takamori, ein Samurai mit allen Tugenden seines Standes – Mut, Großzügigkeit und Verachtung von Geld und Gepränge – einen Aufstand, um die acht Jahre alte Regierung des Kaisers Meiji zu stürzen. Dieser »Bürgerkrieg von Seinan« endete 1877 mit der vernichtenden Niederlage der Streitkräfte Takamoris, und der stolze Führer der Samurai sah sich gezwungen, *seppuku* zu vollziehen. Übrig blieb ein siegreiches neues Regime, das eine 260 Jahre alte Ordnung ersetzen sollte, die ihren Zweck nicht mehr erfüllte.

Die Anfänge der Meiji-Restauration können bis zum Sommer

1853 zurückverfolgt werden, als die vier amerikanischen »Schwarzen Schiffe« von Admiral Perry vor der japanischen Stadt Uraga auftauchten. Perry drohte mit einem Angriff und zwang so das Tokugawa-Regime, zwei japanische Häfen für amerikanische Handelsschiffe zu öffnen. Damit waren über zweihundert Jahre selbstauferlegter Isolation beendet. Bald folgten auch die anderen Mächte wie England, Rußland, Frankreich und Deutschland, und innerhalb von fünf Jahren wurden weitere Verträge zur Öffnung Japans gegenüber dem internationalen Handel wirksam. Diese Ereignisse sowie der inkompetente Umgang der Tokugawa-Regierung damit überzeugten die Japaner, daß die schwache *bakufu*-Regierung ihre Zeit überlebt hatte. 1860 ermordete eine Gruppe nationalistischer Samurai den mächtigen Regenten Ii Naosuke, der für den erst vierzehnjährigen Shogun Iemochi Tokugawa die Regierungsgeschäfte führte. Dies bildete den Auftakt zu einer Reihe von ernsten Herausforderungen für die Tokugawa-Legislative, welche im Lauf der darauffolgenden Jahre immer massiver werden sollten.

Zwischen 1860 und 1867 versuchte das *bakufu* verzweifelt, seine alte Stärke wieder zu erlangen, indem es die alleinige Kontrolle über allen Handel zu behalten suchte. Im Mai 1860 wurde ein Gesetz verabschiedet, das bestimmten Großhändlern in Edo eine Monopolstellung für den Export von Getreide, Rohseide und Wachs gab. Die Fracht durfte ausschließlich von Yokohama aus versandt werden, dem Hafen von Edo, damit die Kontrolle des *bakufu* über die grundlegenden Exportgüter gesichert war. Aber die Regierung hatte nicht mehr die Macht, das Gesetz in den Gebieten der immer mächtigeren *daimyo* und Feudalherren durchzusetzen, und schließlich wurde 1864 das Monopol abgeschafft, und die Entwicklung des Handels dem freien Markt überlassen.

Zu dieser Zeit ermordeten rangniedrige chauvinistische Samurai einige englische und amerikanische Handelsbeauftragte und provozierten so westliche Vergeltungsschläge. 1863 beschlossen die Fürsten der zwei südlichen Provinzen Choshu und Satsuma, auf eigene Faust einen Privatkrieg gegen die verhaßten *gaijin* zu beginnen. Küstenbatterien griffen in der Straße von Shimonoseki amerikanische, französische und holländische Schiffe an, und solche aus Choshu attackierten eine englische Flottenabteilung in der Nähe von Kagoshima, wobei deren Schiffe z.T. schwer beschädigt wurden. England, Frankreich und die USA schlugen zurück, bombardierten Shimonoseki und Kagoshima[1] und zwangen Choshu und Satsuma zu einem Waffenstillstand und zu Entschädigungszahlungen, die aber vom *bakufu* geleistet wurden. Die irrationalen fremdenfeindlichen Gefühle der herrschenden Elite in Japan wurden durch diese kriegerischen Vorfälle etwas abgekühlt, und zähneknirschend machten sie ihren Frieden mit dem ausländischen Einfluß auf das Land.

Ihre Niederlage hatte aber die Führer der Provinzen Satsuma, Choshu, Nagato und Hizen auch noch eine andere Lektion gelehrt: Wenn das *bakufu* zu schwach war, aufrührerische Provinzen zu strafen, die selbständig Krieg gegen die Westmächte führten, dann war es vermutlich auch zu schwach, einer konzertierten Aktion zu widerstehen, die ein neues Regime unter der Flagge des jungen Kaisers Mutsuhito installieren sollte. Am 3. Januar 1868 fand eine Staatsversammlung statt, die dem letzten Shogun Yoshinobu Tokugawa, der schon im November zurückgetreten war, seine Titel und Ländereien aberkannte und den Kaiser formell als politischen Führer wieder einsetzte. Fast drei Jahrhunderte der Tokugawa-Herrschaft endeten auf diese Weise, und die neue Zeit der Meiji-Restauration begann.

25 Jahre später hatte das neue Regime die japanische Gesellschaft vollständig umgekrempelt und das Kaiserreich zu einer Weltmacht nach europäischem Muster werden lassen. Die Architekten der Meiji-Regierung waren eine kleine Elite von relativ jungen Männern, teils Samurai der niedrigeren Ränge, teils Hofadel. Im sogenannten Charta-Eid erklärte die neue Regierung im Namen des jungen Kaisers die neuen Prinzipien zu Richtlinien für die ganze Nation. Die alten Tokugawa-Gesetze, welche die Tätigkeiten von Männern und Frauen bis ins letzte Detail vorgeschrieben hatten, wurden abgeschafft, und die gesellschaftlichen Klassen

wurden zur Einheit angehalten, um einen modernen Nationalstaat bilden zu können. Das schloß auch die Öffnung Japans gegenüber der westlichen Technologie und Kultur ein. Die neue Regierung setzte gegen den heftigen Widerstand der Samurai die allgemeine Wehrpflicht durch; ein am Westen orientiertes Erziehungs- und Postsystem; ließ ein Telegraphen- und Eisenbahnnetz bauen; erließ schließlich 1889 eine Verfassung und berief eine Nationalversammlung ein. Die Regierungsbeamten der Meiji studierten die Gesellschaften Europas und Amerikas und entnahmen ihnen, was ihrer Meinung nach am besten zu Japan paßte. Sie begründeten das japanische Rechtssystem auf dem Code Napoleon, das Erziehungswesen auf dem amerikanischen Pragmatismus und die Verfassung auf ihrem autoritären deutschen Gegenstück. Vor allem aber wurde das alte Feudalsystem abgeschafft, und die Teilung des Landes in Präfekturen machte die mächtigen *daimyo* zu lokalen Gouverneuren, die verantwortlich waren für die Aufrechterhaltung von Recht und Ordnung im Namen des Kaisers.

Die Stadt Edo wurde in Tokio umbenannt und zur kaiserlichen Hauptstadt erklärt. Der neue Geist der »Modernität« beschleunigte die Automation der Landwirtschaft und die Entwicklung der Industrie. Um so schnell wie möglich den Traum von der Umwandlung Japans in einen erstrangigen modernen Nationalstaat zu erfüllen, unterstützte die Regierung einen »Gruppenkapitalismus« und legte die wirtschaftliche Macht in die Hände der *zaibatsu*, einer exklusiven Clique privater Unternehmer, die, eng mit dem Militär und dem kaiserlichen Hof verbunden, ein wahres Monopol über Handel, Industrie und Finanzmarkt innehatte. Der neue japanische Kapitalismus entwickelte sich als staatlich gelenktes Unternehmertum, was durch eine kleine Gruppe von mächtigen Finanziers unterstützt wurde. Die Bevölkerung, und hier besonders wieder die ländlichen Gemeinschaften, wurde schwer besteuert.

Dem altehrwürdigen japanischen Ideal von *sasei-itchi* folgend, der Einheit von Religion und Regierung, schuf das Meiji-Regime den Staats-Shintoismus, eine Mixtur aus Kaiserverehrung, Gehorsam gegenüber der Obrigkeit und der Verehrung der *kami*, verschiedener Naturgottheiten des Shinto, welche die Überlegenheit der japanischen Gesellschaft untermauern sollten. Anstatt religiöse Angelegenheiten den Tempelautoritäten zu überlassen, kontrollierte die Regierung selbst die Aktivitäten des Staats-Shintoismus und lenkte ihn sorgsam in die Richtung eines eher rassistischen Nationalbewußtseins. In diesem Zusammenhang war die Vergöttlichung des Kaisers als »lebender *kami*« ein kluger Schachzug der mächtigen Bürokraten und nationalistischen Militärs, die eine solche Erhöhung des Thrones benutzten, um nationalistische Leidenschaften im Volk zu entfachen. Der Kaiser, der keinerlei praktische Regierungskompetenzen besaß, war kaum mehr als eine bequeme Galionsfigur für eine kleine despotische Oligarchie. Mit dem Versuch, den Staats-Shintoismus zu verbreiten, versuchte die Regierung auch den Buddhismus zu schwächen, indem sie ihn durch eine Propagandakampagne mit dem verhaßten Tokugawa-Regime in Zusammenhang brachte. Das Ergebnis war, daß viele buddhistische Tempel zerstört oder beschädigt wurden, daß eine große Zahl von buddhistischen Mönchen und Nonnen gezwungen wurde, ein weltliches Leben aufzunehmen, und daß die buddhistischen Priester ermutigt wurden zu heiraten. Der buddhistische Klerus wurde gezwungen, Shinto-Zeremonien durchzuführen, und sah sich veranlaßt, selbst die chauvinistische Gesinnung des Meiji-Regimes anzunehmen. So attackierten sowohl Shintoismus als auch Buddhismus die neuerdings wieder erlaubte christliche Religion mit der Begründung, eine Lehre, die Liebe und Vergebung propagiere, sei »von Natur aus antinational und unjapanisch«.

Anfang der 90er Jahre sah sich die Meiji-Regierung stark genug, mit den Westmächten um die Ausbeutung des chinesischen Reiches zu konkurrieren. Indem sie Streitigkeiten über den chinesischen Einfluß in Korea als Vorwand benutzte, erklärte sie im Sommer 1894 China den Krieg, und bald darauf kontrollierte es Korea und die südliche Mandschurei. Im Februar 1895 nahm die japanische Armee die Liao-tung-Halbinsel mit Port Arthur ein und zwang China zu einem Friedensschluß unter harten Bedingungen. China verlor Taiwan an Japan, aber nach einer Intervention von seiten Deutschlands, Frankreichs und Rußlands, das seine Interessen im Fernen Osten gefährdet sah, mußte die Liao-tung-Halbinsel wieder an China zurückgegeben werden, das dafür dessen Südspitze mit Port Arthur an Rußland verpachtete. Aber schon fünf Jahre später half Japan den Westmächten bei der Niederschlagung des Boxeraufstandes und wurde von der britischen Regierung mit einem Allianz-Vertrag belohnt. Jetzt, den Rücken von England gestärkt, fühlte sich Japan stark genug, der russischen Expansion in Korea entgegenzutreten. Innerhalb eines Jahres fügten die Japaner der russischen Armee und Flotte bei Port Arthur und Tsushima schwere Verluste zu. Das mit innenpolitischen Problemen belastete Russische Reich war gezwungen, 1905 einen Friedensvertrag zu unterzeichnen, in dem es Japan die besetzten Gebiete in der Südmandschurei mit der Liao-tung-Halbinsel und die südliche Hälfte von Sachalin abtrat.

Japans militärischer Erfolg erhob das Land in den Rang einer Weltmacht. Dies führte zu einer chauvinistischen Hysterie, die den pazifistischen und von der Abstammung halb russischen, halb japanischen Mönch Nyogen Senzaki dazu zwang, seine Heimat zu verlassen und in den USA ein neues Leben zu beginnen. In seinem Geist nahm er den unauslöschbaren Eindruck der verderblichen Auswirkungen des Nationalismus und des Opportunismus mit, den das buddhistische Establishment gegenüber der staatlichen Gewalt gezeigt hatte.

Die Umstände von Nyogens Geburt und früher Kindheit sind nicht genau bekannt und haben mit der Zeit legendenhaften Charakter angenommen. Geboren wurde er von einer Japanerin im Oktober 1876 auf der sibirischen Halbinsel Kamtschatka, und er wurde entweder von ihr nach der Geburt weggegegeben oder zurückgelassen, als sie bei der Geburt starb. Sein Vater bleibt unbekannt, es wird aber angenommen, daß er entweder Russe oder Chinese war. Ein reisender buddhistischer Priester der japanischen

Kegon-Schule entschloß sich, das Baby zu adoptieren und nach Japan mitzunehmen.

Nyogen erhielt eine erstklassige Ausbildung. Bereits im Alter von fünf Jahren studierte er die chinesischen Klassiker, und noch vor seinem achtzehnten Lebensjahr hatte er das vielbändige chinesische *Tripitaka,* die »Buddhistische Bibel«, zur Gänze gelesen. Er fühlte sich zur Medizin hingezogen und freute sich schon auf das Medizinstudium, als sein Adoptivvater plötzlich starb. Der Tod seines einzigen »Angehörigen« hinterließ in der Psyche des Achtzehnjährigen tiefe Spuren. Er entschloß sich auf der Stelle, dem weltlichen Leben zu entsagen und sich wie sein Adoptivvater der religiösen und ethischen Lehrtätigkeit zu widmen. Nyogen wurde von einem Shingon-Priester ordiniert, aber er war bald vom ritualisierten Formalismus des esoterischen Buddhismus enttäuscht und wechselte vom Shingon zum Zen. Ein Soto-Lehrer nahm sich des jungen Novizen an, aber auch hier blieb Nyogen nicht; er zog wieder weiter, bis er eines Tages am Tor des Engaku-ji in Kamakura auftauchte. Unter dem Eindruck seines früheren Briefwechsels mit dem dortigen jungen Abt Shaku Soen entschloß sich der zwanzigjährige Nyogen beim Rinzai-Zen zu bleiben, in der Hoffnung, einen Blick auf seine ursprüngliche Natur zu erhaschen.

Der Abt Shaku Soen war das Zen-Wunderkind dieser Jahre. Nachdem er im unglaublich frühen Alter von 25 Jahren die *dharma*-Übertragung von Kosen Roshi erhalten hatte, dem bedeutendsten Zen-Meister seiner Zeit, wurde er für ein Jahr nach Tokio auf die Keio-Universität geschickt, um Buddhismus zu studieren. Angeregt durch diese neue intellektuelle Beschäftigung, entschloß er sich, einige Zeit in Südostasien zu verbringen, um sich mit dem Theravada-Buddhismus auseinanderzusetzen. Zwei Jahre nach seiner Rückkehr nach Japan wurde Shaku Soen nach dem Tod seines Lehrers Kosen Roshi mit 33, unerhört jung, als Hauptabt des Engaku-ji eingesetzt. 1893 nahm er als Repräsentant des japanischen Zen-Buddhismus am Weltparlament der Religionen in Chicago teil, wo er die Bekanntschaft amerikanischer Buddhisten machte, die ihn zehn Jahre später erneut einladen sollten.

Soen erkannte sofort die Begabung dieses »seltsamen Mönchs« und trieb Nyogen scharf an, häufig unter Verwendung der traditionell harten Methoden des Rinzai von »Stock und Schrei«, um seinen Schüler zur Selbstverwirklichung zu treiben. Nyogen erkrankte an Tuberkulose und verbrachte ein Jahr der Isolation in einer kleinen Holzhütte auf dem Gelände des Klosters. Als er seinen Tod nahen fühlte, fragte Nyogen Soen um seinen letzten Ratschlag. »Wenn du stirbst, dann stirb einfach«, war die Antwort des strengen Abtes. Aber seltsamerweise begann sich Nyogens Gesundheitszustand zu bessern, und bald darauf konnte er wieder am harten Tagesplan des Klosters teilnehmen. Während dieser Zeit schloß er Bekanntschaft mit einem jungen Laienschüler und Schützling von Shaku Soen, D. T. Suzuki. Der Abt konnte nicht ahnen, daß er unter seinem Dach die beiden künftigen Pioniere des Zen-Buddhismus im Amerika des 20. Jahrhunderts beherbergte.

Nyogen schritt in seiner Praxis weiter fort, und obwohl er nie über seine eigene *kensho*-Erfahrung gesprochen hat, löste er seine ersten *koan* während der fünf Jahre, die er im Engaku-ji verbrachte. Aber auch hier war er inmitten all des klösterlichen Zeremoniells und Rituals unzufrieden, fühlte sich durch das traditionelle Leben des buddhistischen Priesters oder Mönchs entfremdet. Als er in Büchern nach einem intellektuellen Stimulans suchte, stieß Nyogen auf die Schriften des deutschen Reformpädagogen und Gründers der Kindergartenbewegung, Friedrich Fröbel (1782–1852). Die Ideen Fröbels beeindruckten den jungen Mönch so stark, daß er sich entschloß, das Kloster zu verlassen und einen Kindergarten zu gründen, den er den »Mentorgarten« nannte. Im Glauben an die natürliche Kraft der Kinder hatte er die Vision, er könne sie anleiten und beobachten und ihnen helfen, von der Natur zu lernen ohne religiöse Belehrung oder Zeremonien. Später dehnte er dieses Konzept des Mentorgartens aus auf seine kleinen Zen-Zentren in San Francisco und Los Angeles.

> Ich prägte den Ausdruck »Mentorgarten«, da ich mir vorstellte, die ganze Welt sei ein herrlicher Garten, in dem alle Freunde in Frieden zusammenkommen und einander Mentoren sein könnten. Dabei wählte ich bewußt die deutsche Form »Garten« statt der englischen Form »garden«, da ich Fröbels Theorien über den Kindergarten sehr schätzte und mir vorstellte, daß wir alle Kinder Buddhas seien ... Genau wie in einem Kindergarten hatten wir keinen Lehrer, sondern unterstützten einander und taten unser Bestes, um uns auf natürliche Weise zu entfalten. Und ähnlich einer Kindergärtnerin spielte ich manchmal den Gärtner und übernahm die verschiedensten Arbeiten, vergaß dabei aber nie, daß ich selbst auch eine Blume in diesem Garten war, und mischte mich unter alte und neue Freunde ... Im Mentorgarten war ich immer glücklich, warum sollte ich es also nicht auch in Zukunft sein? Dies ist der Geist der *sangha* im Urbuddhismus, nein, nicht nur im Urbuddhismus, sondern auch im modernen Buddhismus, vorausgesetzt, er ist echt.

Nach fünf Jahren im Engaku-ji fragte Nyogen 1901 Shaku Soen um Erlaubnis, das Kloster verlassen zu dürfen, um sich der Gründung eines Kindergartens widmen zu können. Soen entschloß sich, den »verrückten Mönch« gehen zu lassen, und gab ihm einen Brief mit an jeden, den es betreffen mochte:

> Mönch Nyogen versucht es, das Leben eines *bhikkhu* zu leben nach der Lehre Buddhas, nicht sektiererisch, ohne eine Beziehung zu einem Tempel oder einer Hauptniederlassung; deshalb ist er ohne persönlichen Besitz, will in der Priesterschaft keinen Rang einnehmen und verbirgt sich vor jedem geräuschvollen Ansehen und Ruhm. Aber er hält die vier Gelübde – und sie sind größer als der weltliche Ehrgeiz, die Schätze des

dharma erhabener als jeder Rang und die liebende Güte wertvoller als Tempelschätze. Er geht aus meinem Kloster fort, und jetzt durchwandert er die Welt, da trifft er sich mit jungen Menschen, ist verbunden mit ihren Familien und macht die Religion, die Erziehung, die Ethik und die Kultur zu Stufen, um die höchste Stufe zu erklimmen. Er ist in seinem Wesen noch weit entfernt von dem »Bodhisattva, der es niemals verschmähte«, aber ich betrachte ihn als einen Soldaten im Kreuzzuge, der das friedvolle Buddha-Land für die ganze Menschheit und alle fühlenden Wesen wieder herstellen will. Jeder Schritt auf dem Wege der Nachfolge ist ein Erfolg für ihn in diesem endlosen Werke. Jetzt und hier wünsche ich ihm Glück.

Und genau das war es, was Nyogen sich vorgenommen hatte. Entschlossen, den Kindern die Liebe und Fürsorge zu vermitteln, die er von seinem Pflegevater empfangen hatte, begann er mit einer Kindergartengruppe von 20 bis 30 Kindern. Jeden Morgen vor dem Öffnen saß er *zazen*; dann verbrachte er den Rest des Tages mit den Kindern und lenkte ihre Aufmerksamkeit auf den Sonnenaufgang oder -untergang, auf verschieden gefärbte Blätter oder auf den Gesang der Vögel.

Aber 1905 ließ ihm die immer schriller werdende Stimme des japanischen Nationalismus keine andere Möglichkeit, als das Land zu verlassen. Geboren in Rußland, möglicherweise selbst mit einem Anteil russischen Bluts, ergriff Nyogen mit Erleichterung die Gelegenheit, Shaku Soen nach San Francisco zu begleiten, wohin der berühmte Abt eingeladen worden war, um Freunde zu besuchen und Vorträge über Buddhismus und Zen zu halten. Die USA schienen dem nun fast dreißigjährigen Nyogen Senzaki ein vielversprechendes Pflaster zu sein. Seine Abneigung gegen den wuchernden Nationalismus und die institutionalisierte Religion, die er »Kirchen-Zen« nannte, nährten in ihm die Idee, nicht mehr nach Japan zurückzukehren. Shaku Soen muß seine Gedanken gespürt haben. Er nahm ihn mit auf einem Weg durch den Golden Gate Park, stellte Nyogens Koffer auf den Boden[2] und sagte zu ihm: »Blicke dieser großen Stadt ins Antlitz und sieh zu, ob sie dich erobert oder ob du sie eroberst. Fühle dich nicht länger verpflichtet, mir zur Seite zu stehen.« Mit einem Abschiedswort auf den Lippen verschwand Soen im Abenddunst und ließ seinen Schüler zurück, den er nie wiedersehen sollte. Der Meister gab Nyogen nie eine formale Übertragung, und es ist nicht sicher, ob er ihm eine Lehrerlaubnis erteilte. Es scheint, daß er Nyogen eine Reifezeit von mindestens zwanzig Jahren vorschrieb; erst dann sollte dieser als Zen-Lehrer im Westen wirken können. Nyogen hatte sein Ziel erreicht; er würde für den Rest seines Lebens in den Vereinigten Staaten bleiben und nur noch einmal kurz in sein Heimatland zurückkehren, um 1955 seinen Freund Nakagawa Soen Roshi zu besuchen.

Nyogen ließ sich durch die neuen Lebensumstände nicht entmutigen, er nahm alle Arten von Beschäftigungen an, um seinen Lebensunterhalt zu sichern. Er war Hausdiener, Koch, Liftboy, Verkäufer und Hotelmanager und konnte 1916 sogar ein eigenes Lokal erwerben, gab es aber nach kurzer Zeit wieder auf, weil er sich »in der Rolle des Chefs« unwohl fühlte. Als Nyogen 1919 die Botschaft erhielt, daß Shaku Soen im Alter von 60 Jahren gestorben war, zündete er Räucherwerk an und gelobte, den Todestag seines Lehrers als jährlichen Gedenktag an ihn zu begehen. Seit seiner Ankunft in den Vereinigten Staaten hatte er Englisch gelernt und war ein häufiger Besucher der Öffentlichen Bibliothek in San Francisco, wo er stundenlang saß und die Bücher von Autoren wie Ralph Waldo Emerson und William James verschlang. Besonders angetan war er von der deutschen Kultur, und er bezog sich häufig auf die großen deutschen Philosophen wie z. B. Immanuel Kant, den er als »wahren Riesen« bezeichnete, der, wie alle Menschen, »hie und da einen kräftigen Tritt in den Hintern« brauche.

Im Alter von 46, siebzehn Jahre nach seiner Ankunft in den Vereinigten Staaten, legte er 1922 seine Ersparnisse zusammen und mietete eine Halle, wo er einen Vortrag hielt über »Die ersten Schritte in der Meditation«. Das machte er einige Male, und nach fünf Jahren hatte er eine »Freischwebende Zendo«[3] begründet, das in den buddhistischen Kreisen San Franciscos bald einen guten Ruf genoß. Nyogen hatte ein 600 Jahre altes Bild des Manjusri Bodhisattva, der »alle Verblendungen durchschneidet«, aus Japan mitgebracht, und er machte seine *zendo* auf, wo und wann immer er sich die Miete für einen Raum leisten konnte. In dieser Atmosphäre der Unbeständigkeit blühte er auf und betonte immer wieder die Bedeutung der »wahren Hauslosigkeit« für den unkonventionellen Zen-Übenden im Alltag. Schon sein Name Nyogen, der »wie ein Traum« bedeutet, war ein treffendes Synonym für das Zen eines hauslosen Wanderers. Mit Hilfe seiner neuen Schüler und Freunde konnte er ein Apartment in der Bush Street mieten, jener Straße, in der sich später auch das erste Zen-Zentrum in San Francisco befinden sollte.[4] Obwohl er einmal den japanischen Meister Gyodo Fujikawa Roshi für einen kurzen Aufenthalt in San Francisco einlud, erkannte Nyogen bald, daß die kulturelle Kluft zwischen dem formalen japanischen »Kirchen-Zen« und seinem eigenen anti-hierarchischen und informellen »Mentorgarten-Zen« zu groß geworden war, um jemals wieder überbrückt werden zu können.

In den frühen 30er Jahren wechselte Nyogen nach Los Angeles und lebte auch dort das einfache Leben eines Wanderers »ohne überschüssiges Essen oder Geld, ruhig schlafend, ohne Sorgen und ohne Besitztümer«. Bald konnte er ein Apartment mieten (im lautesten, schmutzigsten und billigsten Viertel der Stadt) und machte sich langsam mit der japanischen Gemeinde bekannt. Er hielt weiter Vorlesungen und Meditationskurse und lebte von den Dollarnoten, die seine Schüler bei ihm zurückließen. 1932 schloß er Bekanntschaft mit Frau Kin Tanahashi, einer kleinen Geschäftsfrau, die ihm Kost und Logis anbot im Austausch für die Sorge um ihren geistig zurückgebliebenen Sohn Jimmy. Nyogen, der »Mentorgärtner«, freundete sich mit dem Zwölfjährigen an, der seine Freundschaft dadurch vergalt, daß er die erste Zeile der vier

Bodhisattva-Gelübde auswendig lernte: »*Shu jo mu hen sei gan do*« (»Die Zahl der Wesen ist unermeßlich; ich gelobe sie alle zu retten«). Das waren einige der wenigen Worte, die Jimmy Tanahashi in seinem Leben zu sprechen lernen sollte.

Frau Tanahashi lenkte Nyogens Aufmerksamkeit auf die Gedichte eines jungen japanischen Zen-Mönchs namens Nakagawa Soen, die in einem japanischen Literaturmagazin erschienen waren. Die beiden Männer begannen einen Briefwechsel und beschlossen, einander eines Tages zu treffen. Im nächsten Kapitel dieses Buches folgt eine Beschreibung des Treffens von Nyogen Senzaki und Nakagawa Soen Roshi.

Nyogen verbrachte den größten Teil der 30er Jahre mit dem Aufbau seiner Mentorgarten-Meditationshalle. Er verwendete einfache Stühle statt traditioneller japanischer *zafu* und paßte das Niveau seiner Belehrungen den Fähigkeiten seiner Schüler an. Jeden Institutionalismus vermeidend, vermittelte der Mentorgarten den Besuchern die Möglichkeit, die Grundlagen von *zazen*, Mahayana-Buddhismus und japanischer Kunst und Kultur kennenzulernen. Allwöchentlich hielt er Vorlesungen und lud die Schüler ein, ihn privat für informelle Gespräche aufzusuchen. Nyogens *sangha* wuchs stetig, und mit der großzügigen Hilfe von Frau Tanahashi kaufte er passendes Mobiliar und richtete eine kleine Bibliothek ein.

1942 kam es zu einem Bruch in Nyogen Senzakis Bemühungen. Der Ausbruch des Zweiten Weltkriegs und die darauffolgende antijapanische Hysterie führten zu Präsident Roosevelts »Verwaltungsanweisung Nr. 9066«, in der die Internierung sowohl der japanischen Staatsbürger als auch der naturalisierten Japaner bestimmt wurde. Senzaki und seine japanische Gemeinschaft wurden ins Heart Mountain Relocation Camp in Wyoming gebracht. Nun erwies sich ihr Zen-Training im »Mentorgarten« als hilfreich. Sie machten das Beste aus ihrer Situation, saßen *zazen* zusammen, rezitierten Sutras und verbrachten viele Stunden damit, Nyogen bei der Auslegung des Buddha-*dharma* zuzuhören. Ruth Strout McCandlesss, eine vertraute Freundin in Los Angeles, kümmerte sich um Nyogens Bibliothek, blieb mit dem mittlerweile beinahe Siebzigjährigen in Verbindung und sandte ihm auf seine Bitte hin Bücher zu. Die drei Jahre der Internierung gaben Nyogen Zeit und Gelegenheit, weiterhin an Vorträgen zu arbeiten. Jeden Monat schickte er einen davon nach Los Angeles, wo er einen Freund damit beauftragt hatte, die wöchentlichen Treffen zu organisieren.

Als er 1945 zurückkehrte, zog er in ein kleines Apartment im Dachgeschoß des Miyako-Hotels. Der Eigentümer, ein ehemaliger Mitinternierter, war von Nyogen so beeindruckt, daß er ihm die Wohnung kostenlos überließ, damit dieser seiner *dharma*-Tätigkeit weiter nachgehen könnte. Die folgenden dreizehn Jahre bis zu seinem Tod im Alter von 82 Jahren waren die produktivsten in seinem Leben. Viele amerikanische Studenten drängten sich in seinem Raum, um *zazen* zu machen und zweimal wöchentlich einen Vortrag zu hören. Unter ihnen war Robert Aitken, der im Dezember 1947 auftauchte und bald einer der hingebungsvollsten Schüler wurde. Drei Jahre später verabschiedete sich Aitken für seinen ersten Aufenthalt als Zen-Schüler in Japan, um später als einer der ersten Amerikaner wieder zurückzukehren, der die *dharma*-Übertragung und den Titel *roshi* empfangen hatte.

In diesen letzten Jahren seines Lebens berührte und bereicherte Nyogen das Leben vieler Menschen, die später das *dharma* in den USA verbreiteten. 1949 traf er endlich seinen langjährigen Briefpartner Nakagawa Soen, der gerade Abt des Ryutaku-ji in Mishima werden sollte. Nyogen war von Soen tief beeindruckt und sah in ihm einen möglichen Nachfolger im Westen. »Eines Tages wird der Mentorgarten verschwinden«, sagte er zu Robert Aitken, »aber Soen-san wird einen großen Tempel in den Vereinigten Staaten errichten, und das *dharma* wird blühen.« Sein Traum sollte sich nicht erfüllen, denn Soens Pflichten als Abt eines japanischen Klosters erlaubten ihm zwar häufige Besuche in den USA, aber keinen dauerhaften Aufenthalt.

1955, im Alter von 79 Jahren, nahm Nyogen eine Einladung Soens nach Japan an. Obwohl er die meiste Zeit im Ryutaku-ji verbrachte, reiste er auch nach Kamakura, um das Grab seines geliebten Lehrers Shaku Soen zu besuchen, von dem er sich genau 50 Jahre vorher in San Francisco verabschiedet hatte. Es war ein bewegender Augenblick für den alten Mönch, der getreu seinem Gelöbnis jedes Jahr den Todestag seines Lehrers feierlich begangen hatte. Während seines Aufenthalts in Japan wurde er häufig von Gefühlen überwältigt, die ihn nach einem halben Jahrhundert in Amerika immer noch mit seinem Heimatland verbanden. Für die Mönche im Ryutaku-ji war der silberhaarige alte Mann mit dem mächtigen Brustkorb eine seltsame Erscheinung, aber sie alle waren gerührt von seinem Abschiedsvortrag.

Nachdem er in die USA zurückgekehrt war, verbrachte Nyogen seine drei letzten Jahre in der Wohnung, die Frau Tanahashi für ihn im östlichen Los Angeles gemietet hatte. Er fuhr bis zum Ende fort, Schüler zu empfangen, und verlor dabei nie seine optimistische, sachbezogene Art. Anstatt ein traditionelles japanisches Todesgedicht zu schreiben, erwies sich Nyogen als wahres Kind des 20. Jahrhunderts – er sprach seine letzten Worte auf Band:

> Freunde im *dharma*, begnügt euch mit eurem eigenen Kopf. Stülpt euch nicht fremde Köpfe über eure eigenen. Und dann, wacht genau über eure Schritte, Minute für Minute. Haltet euren Kopf kühl und eure Füße warm. Dies sind meine letzten Worte an euch … Das Begräbnis muß auf die einfachste Art und Weise vollzogen werden. Ein paar Freunde, die in der Nähe wohnen, mögen ihm still beiwohnen. Diejenigen, die wissen, wie man ein Sutra rezitiert, mögen leise das kürzeste sprechen. Das ist genug. Fragt keinen Priester oder sonst jemand, der eine lange Feier und Ansprache hält und die anderen zum Gähnen bringt … Erinnert euch meiner als eines Mönches und nichts sonst. Ich gehöre zu keiner Sekte oder Kirche. Keine von denen soll mir einen höheren geistlichen Rang oder sonst etwas dieser Art verleihen. Ich möchte frei sein von solchem Plunder und glücklich sterben.

Der Mönch Nyogen Senzaki starb am 7. Mai 1958. Das Begräbnis fand so statt, wie er es sich gewünscht hatte. Nur die »paar Freunde, die in der Nähe wohnen« füllten die Halle des Krematoriums und die Seitenräume bis zum letzten Zentimeter. Seine Asche wurde aufgeteilt und in Hawaii, Japan, Kalifornien und New York beigesetzt.

Es ist nicht leicht, Nyogen Senzakis Lehre einzuordnen. Er lehrte vor allem durch sein eigenes Beispiel und war sich selbst völlig bewußt, daß er in einem selbstgewählten fremden Land der erste Zen-Lehrer war. Er verwendete die drei Elemente aller Rinzai-Lehrer – Vorträge, *zazen*, und Einzelgespräche –, um »das Zen von Shaku Soen« weiterzugeben.

Sowohl extrem praktisch als auch äußerst bescheiden, vermochte es Nyogen, die schwierigsten und theoretischsten buddhistischen Konzepte dem Vorstellungsvermögen seines Publikums anzupassen. Er hatte immer irgendeine Zen-Geschichte oder ein konkretes Beispiel bei der Hand, um sich verständlich zu machen. Umfassend belesen und wohlvertraut auch mit dem kulturellen Hintergrund seiner westlichen Hörer, konnte er die Aufmerksamkeit seiner Schüler immer wieder auf gemeinsame Bezugspunkte lenken. Die Themen seiner Vorträge waren weit gespannt, behandelten aber meist grundlegende zen-buddhistische Begriffe wie *zazen*, *satori*, *karma*, *sangha*, *dharma* u. ä. Nyogen betonte häufig, daß Zen weder eine auf Glauben basierende Religion sei noch eine Art spekulativer Philosophie. »Es ist nicht genug«, sagte er, »den Leuten zu erzählen, daß es möglich ist, zum Buddha zu werden. Was Zen tatsächlich tut, ist Buddhas zu produzieren … Zen ist etwas, das erfahren werden muß und nicht erklärt. Wissenschaftliche Erkenntnis wird erlangt und entwickelt durch logische Schlüsse; aber Zen basiert einzig auf Intuition und hat eine so umständliche Methode nicht nötig. Zen ist die Verwirklichung des selbstlosen Lebens.«

Es gab für ihn nichts Wunderbares rund um Zen und Erleuchtung, niemand sollte erwarten als Person mit übernatürlichen Gaben daraus aufzutauchen. Er zog her über die »indischen Fakire«, wie er sie nannte, die in den Westen gekommen waren und alle Arten von Wundern vollbrachten.

> Einige Amerikaner zahlen kräftig, um verschiedene Methoden der Meditation von sogenannten indischen Lehrern zu lernen. Manche von ihnen geben ihrem eigenen Körper irgendeinen imaginären Namen und glauben, daß jeder Teil ihres Körpers sich mit jeder Meditation entwickelt, bis *Kundalini*, die höchste Stufe, erreicht ist. Das ist wie das Legen einer guten Patience. Du kannst das allein spielen, solange du willst. Deine Körperorgane, der Magen etc., werden trotz ihrer neuen Namen normal weiterarbeiten. Auch dein Ehegatte wird von der Arbeit ganz normal heimkommen. Wenn du nicht das Essen für euch vorbereitest, Meditation hin oder her, wird dir ein »Kick« der einen oder anderen Art nicht erspart bleiben.

Nach Nyogen Senzaki gab es keine Möglichkeit, *karma*, das Gesetz von Ursache und Wirkung, zu umgehen. Selbst das Lösen von tausend *koan* würde »nicht eine Blondine in eine Brünette verwandeln«. Die wahre Lehre des Zen sah er darin, daß jeder Bestandteil der phänomenalen Welt den Glanz des Noumenalen, der *sunyata*, manifestiere; jeder auf seine eigene naturgegebene Art und Weise. Wer übernatürliche Kräfte zu erlangen wünsche, solle besser mit der Übung des Zen aufhören, denn sie sei dann nur eine Verschwendung von Zeit und Mühe. »Seht mich an«, pflegte er zu sagen, »ich studiere und praktiziere Zen seit über vierzig Jahren, und doch kann ich nicht mit dem kleinsten Wunder aufwarten!«

Nyogen war der Meinung, daß religiöse Institutionen und Sekten daran interessiert seien, diesen »Mythos der Besonderheit« zu verewigen, um Macht auszuüben und das Verhalten der einfachen Leute zu kontrollieren. In Japan, besonders in den Jahren unmittelbar vor dem russisch-japanischen Krieg, hatte er mitansehen müssen, wie Staatsshintoismus und Buddhismus mißbraucht worden waren, die religiösen Leidenschaften der Menschen für das Geschäft mit Tod und Zerstörung zu entfachen. Er hatte sich entschlossen, nie einer Sekte »anzugehören« oder sich abhängig zu machen von irgendeiner religiösen Institution. Keine Religion konnte jemals für sich beanspruchen, die Wahrheit zu *besitzen*; alle waren wie Blumen in einem Garten und manifestierten einen besonderen Aspekt der menschlichen Erfahrung. Im Kommentar zu einem *koan*, dessen zentrales Bild der Ozean war, sagte er: »Wenn irgend jemand sich närrischerweise vom Rest der Welt abgrenzt und glaubt, daß er allein die rechte Ansicht von ›Wasser‹ hat, wer würde ihn nicht bedauern wegen seiner Ignoranz? Es gibt viele Schulen, Klöster und Sekten, und jede betrachtet ihre eigene Lehre eher als einen See statt als Bucht, und sie vergessen dabei den Zugang zum Ozean des *dharma*, der universellen Wahrheit.«

Sektiererische Aktivitäten waren diesem unkonventionellen Mönch ein Greuel, besonders wenn sie zu »heiligen Lehren« erhoben wurden, überliefert zur »Erlösung der Menschheit«. »Zen-Lehrer leben in dieser Welt, um Lasten von den Schultern ihrer Schüler zu nehmen«, beharrte er, »und nicht um interessante Berichte und romantische Anekdoten zu hinterlassen!« Nach seinen Vorträgen drängte er seine Zuhörer immer, »alles zu vergessen, was ich gesagt habe«, und ihren eigenen inneren »Führer« zu finden. Es gehe darum, einfach und mitfühlend und immer auf das Wohl der anderen bedacht zu sein.

> Als mein Meister noch lebte, bat ich ihn, mich von jedem offiziellen Rang und Titel unserer Kirche zu verschonen und mir zu gestatten, frei zu sein und in die Welt hinaus zu ziehen. Ich will nicht »Hochwürden« oder »Bischof« genannt werden und auch sonst keinen Titel unserer Kirche tragen. Ein Mitglied der großen amerikanischen Nation zu sein und jeden Lebensabschnitt so zu leben, wie es mir gefällt, finde ich ehren-

voll genug. Ich will ein amerikanischer *Hotei* sein, ein fröhlich herumwandernder Japs.

Nyogens Kleidung war immer schäbig und zerknittert; für rituelle Anlässe trug er einfach eine Robe über seinem Straßenanzug. Sobald ihm jemand Geld zusteckte, verwendete er es entweder zur Begleichung der Miete eines seiner verschiedenen »Floating Zendos« oder er legte es auf die Seite, um Frau Tanahashi »ihre Freundlichkeit zu vergelten«. Im Geiste eines echten Mahayana-Buddhisten, eines Bodhisattva, der das Wohlergehen der anderen im Sinn hat, wurde er nie müde seine Schüler zu erinnern, daß sein »Mentorgarten«-Zen nichts anderes lehre, als »sich selbst zu besänftigen und seinen Atem zu beruhigen, bis du zu den anderen wirst und die anderen zu dir«. Im Gegensatz zum Gedanken des Gradualismus im Soto-Zen ging Senzaki von der Möglichkeit der Selbst-Verwirklichung im Hier und Jetzt aus, ohne jedes Denken an ein Ziel oder einen Endzustand. »Es gibt keine Abstufung im Zen *[mu-i]*. Jeder von uns legt das Gelöbnis ab, alle fühlenden Wesen zu erleuchten, und weil diese zahllos sind, ist unser Gelöbnis endlos. Von Ewigkeit zu Ewigkeit arbeiten Buddhisten daran, andere zu erleuchten, alle für einen und einer für alle.«

Als Übungsmethode betonte Nyogen die Wichtigkeit der Meditation unter der Anleitung eines guten Lehrers. Er ließ die Leute nur Sitzrunden zu einer Viertelstunde auf einem Stuhl sitzen, aber er lehrte seine Schüler »den Atem zu beruhigen und an ihrem *koan* zu arbeiten«. Wieder einmal paßte er die Methode den Bedürfnissen und Fähigkeiten seiner Schüler an und unternahm es sogar manchmal, traditionelle *koan* zu verändern oder neue zu kreieren, die seiner Meinung nach der amerikanischen *sangha* angemessener waren. Er schätzte die Tradition der christlichen Mystik sehr hoch, besonders ihrer deutschen Vertreter wie Johannes Tauler oder Richard v. St. Victor. Auf einen berühmten Ausspruch Meister Eckharts hinweisend, schuf er den *koan:* »Das Auge, mit dem ich Gott sehe, ist genau das Auge, mit dem Gott mich sieht. Zeig mir dieses Auge!« Andere seiner *koan* lauteten: »Nachdem du dein

Haus betreten hast, laß dein Haus dich betreten!« oder: »Du und ich, wir haben einander schon vor vielen Millionen Jahren getroffen. Jetzt sage mir, wo wir uns getroffen haben!«

Das wahre Objekt des *zazen* war nach Senzaki nicht, irgendein »Objekt« zu haben. In dieser Praxis des Nondualismus galt es, sich nur der gerade anstehenden Aufgabe zu widmen, ob das jetzt das Zählen der Atemzüge war oder die Arbeit an einem *koan. Satori* war nicht eine bloße Verneinung, sondern ein Loslassen aller Anhaftungen, selbst der Anhaftung an die »Verneinung« oder an die Erfahrung der *sunyata.* »Zeichne kein Bild des ewigen Buddha auf die Tafel deines dualistischen Geistes«, warnte er, »schau auf die Welt, und du wirst ein Meer von Buddhas rund um dich entdecken.« Er sprach seine Zuhörer und Schüler immer als »Mitschüler« oder »Bodhisattvas« an und wies so mit großem Nachdruck darauf hin, daß jeder bereits ein Bodhisattva war, bereit, diese Tatsache zu erkennen und loszuziehen, um anderen zu helfen. In seinem kompromißlosen Nondualismus weigerte er sich einfach, zwischen »Zen-Tätigkeiten« und »gewöhnlichen Alltagshandlungen« einen Trennstrich zu ziehen.

> Ich gehe keiner so komischen Tätigkeit nach wie dem Predigen von Zen. Was immer ich sage, es ist vorbei, bevor ihr es aufgenommen habt. Ihr habt nur mein Gähnen und Husten wahrgenommen ... Wenn ich euch eine Schale Tee anbiete und sage: »Das ist ein Symbol des Zen«, würde keiner von euch Zen-Schülern des Mentorgartens ein so lauwarmes Getränk genießen wollen.

Nyogens Zen betont, ebenso wie Bankeis Lehre vom Ungeborenen im Hier und Jetzt, das Zutagetreten des Zen-Geistes im Alltag, ungehindert von Gedanken wie »Besonderheit« oder »religiöses Handeln«. Es ist der Geist des gegenwärtigen Augenblicks, der sich in den zahllosen Dingen des Universums manifestiert.

> Was ist das für ein Geist, der den Mond erkennt? Zen hat eine einfache Antwort auf diese Frage. In dem Augenblick, in dem du diese Frage formulierst, kommst du schon um eine Sekunde zu spät. Wenn du die Frage denkst, ist es zu spät, eine Antwort zu finden. Wenn du andererseits nichts denkst und sagst, bist du zu früh dran. Was also kannst du tun?

Er liebte seine Unabhängigkeit, das Leben eines »wahren Menschen ohne Rang«, und wurde nicht müde, die Wichtigkeit dessen zu lehren, was er »freier Geist« nannte. Es war unumgänglich, eine selbstbewußte Person zu werden, die lernt, »auf eigenen Füßen zu stehen«. Er ermutigte seine Zuhörer immer wieder zu Fragen und wies auf die Stärke hin, die in jeder Person liegt, unabhängig von Begabung, äußerer Erscheinung oder Geistesschärfe.

> Buddhismus unterstützt die Unabhängigkeit des Denkens. Buddha begründete eine Religion, die das freie Denken ermutigt, anstatt den Geist dazu zu zwingen, sich innerhalb eines eng begrenzten Glaubensbekenntnisses zu tummeln. Das vom Buddha formulierte System erklärte die Kausalkette der Dinge und gab neue und überraschende Antwort auf das Rätsel von Leben und Tod. Das Leben ist nicht länger ein verblüffendes Geheimnis, sondern wird zu einem wunderbaren Geschenk, dem jeder Mensch für sich selbst nach seinem Willen Gestalt verleihen kann. Er kann sein Leben durch falsches Handeln verpfuschen oder es zu einem gelungenen Werk machen. Der Mensch ist Meister seiner selbst und seines Schicksals. Er hält den Schlüssel zum Mysterium des Lebens selbst in der Hand.[5]

In Verbindung mit Güte ist dieses Selbstbewußtsein das Wahrzeichen einer reifen Zen-Persönlichkeit. Nyogen vergaß nie, die Wichtigkeit der »ganzen Person jenseits der Geschlechtszugehörigkeit« zu betonen, einer Person, die gelernt hat, ihre männlichen Qualitäten ebenso zu verwirklichen wie ihre weiblichen. Da Nyogen nie die Zärtlichkeit der Mutterliebe erfahren hatte, entwickelte er diese erfolgreich in sich selbst. Ebenso wie Ikkyu liebte er Kinder. Er verwarf die Idee, daß Disziplin, Bestrafung und harte Worte der richtige Weg zur Jugenderziehung seien; an deren Stelle schenkte er Liebe und lehrte mit jener respektvollen Nachsicht, die auf eine Förderung des anderen abzielt, und zwar durch Interaktion, statt der üblichen Erwachsenen-Kind-Einbahnstraße. Nyogen hatte immer neue Geschichten auf Lager aus jener Zeit, in der er als junger Mönch einen Kindergarten leitete und sich selbst in den Begeisterungsschreien und wilden Spielen der Kinder völlig vergessen konnte. Diese Zeit sah er als die glücklichste in seinem Leben an.

> Als ich in Japan ein junger Mönch war und einem Kindergarten vorstand, pflegte ich mit den Kindern zu spielen und mich bei »Kämpfen« mit ihnen absichtlich besiegen zu lassen. Ich hatte nicht den Wunsch, sie zu betrügen, ich genoß es einfach, besiegt zu werden, um die Kinder zu ermutigen.

Nyogen Senzaki hegte die größten Hoffnungen für die Entwicklung der Zen-Praxis in Amerika. Er hatte die Schriften der wichtigsten amerikanischen Philosophen und Erzieher gelesen und sich gründlich mit der amerikanischen Kultur bekanntgemacht. Deren Säkularismus fand er seinem eigenen Antiklerikalismus sehr verwandt, und er bewunderte amerikanische Freigeister wie Thomas Paine, Ralph Waldo Emerson und William James[6]. Letzterer war ein ganz spezieller Favorit des alten Mönchs; er nannte James' pragmatische Philosophie »das Evangelium der Kraft«. Seiner Meinung nach hatten Zen und der amerikanische Pragmatismus vieles gemeinsam, denn nur das alltägliche, praktische Leben konnte das Wunder offenbaren, das darin liegt, am Morgen Cornflakes zu essen und den Bus zum Arbeitsplatz zu erreichen. Amerikaner waren für ihn aufgrund der Ideale von Freiheit und Gleichheit geradezu »natürliche Zen-Übende«. Darüber hinaus sah Nyogen acht Aspekte des amerikanischen Lebens und Charakters, die das Land zu einem fruchtbaren Boden für Zen machen sollten:

1) Amerikanische Philosophie ist praktisch.
2) Das Leben in Amerika hängt nicht an Formalitäten.
3) Die Mehrheit der Amerikaner sind Optimisten.
4) Amerikaner lieben die Natur.
5) Durch ihre praktische Veranlagung sind sie für ein einfaches Leben geeignet.
6) Amerikaner sind der Meinung, daß wahres Glück in der Brüderlichkeit aller liegt.
7) Der amerikanische Ethikbegriff wurzelt in der Moralität des Einzelnen.
8) Amerikaner denken rational.

Diese Beschreibung des amerikanischen Nationalcharakters mag heute so nicht mehr zutreffen, aber Nyogens Betonung des amerikanischen Pragmatismus ist sicherlich auch gegenwärtig noch gültig. »Amerikanischer Pragmatismus« – darauf versteifte er sich – »ist nur ein anderer Name für eine Manifestation des zündenden Funkens von Zen in der wirklichen Welt des Alltags.«

Mit dem gleichen Nachdruck, mit dem er die amerikanische Kultur als »ideal« für die Entwicklung des Zen verteidigte, pflegte er das formalisierte japanische »Kirchen-Zen« »als hohl, tot und bedeutungslos« zu verurteilen. Er war Zeuge der »Shintoisierung« des Buddhismus[7] und des Anhaftens des buddhistischen Klerus an ihrem sozialen Status statt an den Lehren des Buddha. Diese Phänomene waren Anlaß für ihn zu harscher und unerbittlicher Kritik. Nyogen sagte: »Es ist eine Schande, daß Zen in Japan Verbindungen zu Kirchen und Kathedralen hat. Genau genommen stehen die in jeder Beziehung im Gegensatz zu Zen. Im Zen sollte es keine Bischöfe und Erzbischöfe[8] geben. Die tragen alle unhandliche alte Stöcke mit sich herum, die nie dazu gebraucht worden sind, einen Berg zu besteigen ... Diese Priester ... imitieren damit alte Zen-Symbole, aber sie haben kein Zen.«

In seiner Trauer um das »Ende des Zen« in Japan und zum Lob seines verstorbenen Lehrers Shaku Soen schrieb Nyogen an einem Neujahrstag ein chinesisches Gedicht:

> Hunderttausend Bonzen sind mit Sake getränkt an
> diesem Neujahrstag in Japan.
> Nur Bruder Soen ist nüchtern, nichts kann ihn in
> Versuchung führen.
> Ich stelle eine Lampe auf mein Fensterbrett und sehne
> mich nach ihm von diesem Meeresufer aus.
> Er muß sehr glücklich sein, wenn die Pflaumenblüten
> den nahenden Frühling künden!

Nyogens Zen war der stille Strom, der das Leben vieler Übender in den USA ebenso wie in Japan anrührte und ihnen half, die authentische Praxis in neuem Boden wurzeln zu lassen. Wie Robert Aitken aufgezeigt hat, gibt es von Senzakis »Mentorgarten-Zen« viele Ableger. Nach dem Tode Nyogens hat Nakagawa Soen Roshi viele Schüler des »Mentorgartens« selbst angenommen oder ihnen nahegelegt, ihr Training mit ähnlich pro-westlich eingestellten Lehrern fortzusetzen wie Hakuun Yasutani Roshi oder Yamada Koun Roshi. Die Diamond Sangha in Hawaii, das Zen Center von Los Angeles und die Zen Studies Society in New York können ihre Tradition auf die unermüdlichen Bemühungen von Nyogen Senzaki zurückführen. Er hat nie beansprucht, ein »Gründer«, »Patriarch« oder ein »Ehrwürdiger Lehrer« zu sein. Alles, was er wollte, war, jedem Interessenten an Zen eine Gelegenheit zur Praxis zu bieten. Wenn seine Gäste meditieren wollten, zeigte er ihnen wie. Wenn sie die Schriften studieren wollten, war er ihnen behilflich. Wenn sie Zuflucht nehmen oder Gelöbnisse ablegen wollten, machte er mit ihnen eine *jukai*-Zeremonie. Wie ein Speicher voller alter, ehrwürdiger Schätze, der sich von selbst öffnet, war Nyogen einfach »immer da«. Fasziniert von der Einfachheit und funktionellen Schönheit der Pflanzen, liebte er es, sich selbst mit einem »heimatlosen Pilz« zu vergleichen. In einem Absatz hat er seine ganze Lehre zusammengefaßt:

> Das Ideal meines Lebens wäre, ein zweckloser Pilz zu werden, ohne schöne Blüten oder lästige Stengel und Blätter. Wenn ihr anfangt, mich zu sehr zu mögen, werde ich verschwinden. Ich bin nicht so wie manche anderen, die sich religiös beschäftigen, Berichte an vorgesetzte Dienststellen und Mitarbeiter verfassen und sich zugute halten, wie hervorragend sie ihre Arbeit machen. Tatsächlich habe ich keine Kirche, zu der ich gehöre, und ich habe niemand, der mit mir arbeitet, denn die Arbeit des Zen ist Nicht-Arbeit.

---

1 Bei dieser Gelegenheit trat der spätere Sieger der Seeschlacht von Tsushima, Togo Heihatiro, als junger Freiwilliger erstmals in Erscheinung.

2 Vgl. die Szene im Plattform-Sutra, wo der 5. Patriarch Hung-jen seinen Nachfolger Hui-neng über den Fluß rudert.

3 Eine »Floating Zendo« existierte noch bis Anfang der 90er Jahre in San Francisco in der 44th Avenue; dort wurde die Zeitschrift »The Zen Freethinker« herausgegeben, die sich auf die Tradition von D.T. Suzuki, Alan Watts und Nyogen Senzaki berief.

4 1962 das »Zen Center« von Shunryu Suzuki Roshi in den Räumen von Sokoji.

5 Vgl. die Rede Krishnamurtis anläßlich der Auflösung des »Sternenordens« (03.08.1929):

»Die Wirklichkeit, grenzenlos, nicht-bedingt, unerreichbar durch welchen Weg auch immer, kann nicht organisiert werden, noch sollte irgendeine Organisation gebildet werden, um Menschen auf einem bestimmten Weg zu leiten und zu führen. Wenn du das einmal verstanden hast, wirst du sehen, wie unmöglich es ist, eine religiöse Überzeugung zu organisieren. Eine religiöse Überzeugung ist eine ausschließlich persönliche Angelegenheit, und man kann und darf sie nicht organisieren. Tut man es doch, so stirbt sie, versteinert und wird zu einer Konfession, einer Sekte, einer Religion, die anderen aufgedrängt wird ... Ihr glaubt, nur bestimmte Menschen hielten die Schlüssel des Himmelreiches in Händen. Aber die gehören niemand. Keiner hat die Macht diese Schlüssel zu halten. Dieser Schlüssel ist euer eigenes Selbst und in der Reinheit und Redlichkeit dieses Selbst allein liegt das Reich der Ewigkeit.« (aus: GraswurZEN 1(1994), 3)

6 William James (1842 – 1910), amerikanischer Philosoph und Psychologe, Begründer des Pragmatismus und Vertreter des metaphysischen Pluralismus. Bekannt wurde er durch sein Buch »Die Vielfalt religiöser Erfahrung«.

7 Vgl. Victoria, Brian: *Zen, Nationalismus und Krieg, Teil I.*, Berlin: Theseus, 1999.

8 »Kirchen« und »Kathedralen«, »Priester«, »Bischöfe« und »Erzbischöfe« beziehen sich natürlich nicht auf das Christentum – Nyogen Senzaki hat diese Worte aufgegriffen, weil er solche Rangordnungen ablehnte und darum nicht buddhistische Titel neu in die USA einführen wollte.

Nakagawa Soen: Der Meister des Spiels

Nakagawa Soen Roshi war eine von vielen Rätseln und Geheimnissen umgebene Persönlichkeit. Die Einzelheiten seines Lebens variieren, wie in dem Film *Rashomon*, je nach Betrachter: Er wurde in Taiwan geboren – sein Geburtsort liegt in der Nähe von Hiroshima. Er war Abstinenzler – er war Alkoholiker. Er war manisch-depressiv – er hatte einen Unfall, bei dem er sich eine Gehirnverletzung zuzog. Er arbeitete mit westlichen Schülern an *koan* – er akzeptierte nie einen westlichen Schüler für *koan*-Praxis. Er war winzig, schien aber riesengroß. Er hatte eine donnernde Stimme, aber den leichten Schritt eines Ballettänzers. Er war in seinem Geschmack völlig westlich orientiert, doch er war ein so vollkommen asiatischer Zen-Meister, daß er direkt aus einer alten *koan*-Sammlung zu kommen schien. Perle Besserman hat Soen Roshi 1982, bei seinem letzten Besuch in den USA zwei Jahre vor seinem Tod, getroffen:

> Wir tranken gemeinsam Tee; er rührte das bittere grüne Pulver, und ich schüttete das heiße Wasser darauf und reichte ihm die Platte mit Schokoladenkeksen. Er erzählte Geschichten, endlos ... über Wanderungen in China, und er erklärte, daß wir aus nichts Geringerem tranken als aus der unschätzbaren Teeschale von Meister Lin-chi selbst! Meine Zen-Freunde hatten mich gewarnt – Soen steckte voller Possen. Mitten im Teetrinken wies er seine *dharma*-Nachfolger an, ihn zu

massieren, ein *roshi* an seinem Kopf und Nacken und der andere an seinen Füßen. Während der ganzen Zeit hörte er nicht auf zu reden, bezauberte seine Zuhörer mit seinen Geschichten, wie Scheherezade genötigt zum Geschichtenerzählen. Auch gegen Ende seines Lebens war Soen Roshi sowohl der Erzähler als auch der Held einer phantastischen Geschichte, die er ein halbes Jahrhundert lang extemporiert hatte.

1905, zwei Jahre bevor Nakagawa Soen als Sohn eines Armeearztes in einer kleinen Stadt nahe Hiroshima geboren wurde, hatten die Japaner Rußland geschlagen und ihr Reich bis nach Korea und zur Liao-tung-Halbinsel ausgedehnt. Das »Meiji-Wunder« fiel zusammen mit der Geburt dieses Zen-Wunderkindes; der sinnbildliche Triumph des japanischen Nationalismus mit der Ausbreitung des *dharma* in den Westen. Der chinesisch-japanische Krieg von 1895 hatte die Nation davon überzeugt, daß sie nun der Urquell der Kultur für ganz Ostasien sei, die modernisierende Kraft, die den rückständigen Völkern Chinas und Koreas die westliche Zivilisation bringen würde. Nakagawa Soen lebte diese interessante Mischung aus Ost und West; er fand seine Wurzeln in der alten chinesischen Kultur, als er in seiner frühen Jugend mit seiner Familie in Taiwan lebte, entwickelte aber auch eine westliche *persona* in seiner Liebe für die Kunst und Zivilisation Europas und den anarchischen Individualismus Amerikas.

Japanische Politik und japanisches Zen waren nie demokratisch. Beeinflußt von diversen Oligarchien, von der Kaiserverehrung und dem Kodex der Samurai, entwickelten sich beide unausweichlich in die Richtung des Faschismus der 30er Jahre, der schließlich zu Japans Niederlage im Zweiten Weltkrieg führte. Es hatte mehrere kurzlebige Versuche gegeben, eine parlamentarische Demokratie zu begründen, aber das allgemeine Wahlrecht für Männer von 1925 brachte zwei Großparteien an die Macht, deren Führer mächtige Monopole vertraten und für normale Menschen ebenso unerreichbar waren wie die Tokugawa-Shogune zwei Jahrhunderte vorher. Sozialisten und Christen, Künstler, Intellektuelle und Anarchisten hatten miteinander in der Suche nach einer alternativen Stimme konkurriert. Aber sie alle wurden zum Schweigen gebracht, als 1910 eine Gruppe radikaler Anarchisten wegen einer Verschwörung zur Ermordung des Kaisers verhaftet und hingerichtet wurde.

Der Erste Weltkrieg brachte Japan die erste berauschende Welle wirtschaftlichen Erfolgs. *Zaibatsu*, die machtvollen Monopole, welche die herrschenden Familien wie Mitsui und Mitsubishi verbanden, kontrollierten die Politik des Landes, seine Bürokratie und seine religiöse Hierarchie. Die Russische Revolution rief einen schwachen Widerhall in der japanischen linksradikalen Szene hervor; in den Großstädten gab es sogar ein paar Streiks, aber die japanische Gesellschaft konnte dem Sozialismus letztlich nichts abgewinnen. Die konfuzianische Struktur und die aus der Tokugawa-Zeit übernommene Hierarchie war zu stark in ihr verwurzelt. Die Bauern orientierten sich weiterhin an ihren Familienclans und waren politisch reaktionär; selbst Arbeiter in den Städten verehrten den Kaiser als göttliches Wesen; und die Fabrikarbeiter waren zufrieden, unter traditionellen paternalistischen Gesellschaftsregeln zu leben, wie sie in Japan noch heute üblich sind. Die verinnerlichte Tendenz, Autorität zu akzeptieren und sich ihr zu unterwerfen, erlaubte zwar von Zeit zu Zeit Hungerrevolten, aber diese waren als Anstoß für einen grundlegenden sozialen Wandel nicht erfolgreicher als zu Ikkyus Zeiten.

Das Gefühl der Entfremdung war in den 20er und 30er Jahren das kulturelle Wahrzeichen Japans. Unter den unzufriedenen Künstlern und Intellektuellen wuchs Soen als Dichter auf. Schriftsteller suchten in der starrsten, konformistischsten Gesellschaft der modernen Welt nach Individualismus und subjektiver Identität. Romantisches Leben, Dichtung, Musik, Malerei und Philosophie blühten in der Halbwelt der Unangepaßten. Ständig uneins über »östliche Spiritualität und westlichen Materialismus« tauchten japanische Intellektuelle der Nachkriegszeit ein in einen Ozean der populären Kultur; einer Kultur, die aus dem Westen importiert wurde: Bars, Cafés, amerikanische Filme, Tanz und Musik; ja selbst das architektonische Stadtbild Tokios veränderte sich nach dem großen Erdbeben von 1923. Baseball, Golf und Tennis wurden zu Lieblingssportarten der Japaner, wie sie es 30 Jahre später nach dem Zweiten Weltkrieg erneut werden sollten. Umgeben von dieser Flut westlicher Kultur überredete der Gymnasiast Soen, begeistert von europäischer Klassik, einen Freund dazu, ihr Geld zusammenzulegen und eine Platte mit Beethovens Neunter Symphonie zu kaufen, die »mich noch drei Tage später erschauern ließ«.

Anläßlich der Weltwirtschaftskrise koppelte sich Japan dann wieder vom Westen ab und wandte sich einem gewaltsamen Nationalismus zu, der 1931 zur Okkupation der Mandschurei führte. Rechtslastiges, militaristisches Verhalten war die Tageslosung. Indem die Nationalisten den Kaiser als Symbol für ihren Standpunkt annektierten, konnten sie selbst mächtige Großkapitalisten und deren politische Schachfiguren terrorisieren. Im Mai 1932 fiel der letzte Schein eines demokratischen Parteiensystems in sich zusammen, als eine Gruppe junger Marineoffiziere den Premierminister ermordete und die Kontrolle über das Land übernahm. 1940 befand sich der Faschismus »im Namen der nationalen Einheit« auf dem Vormarsch, und Militarismus, *bushido*, war seine Stimme. Wie schon in der Vergangenheit konnte der alte Samurai-Geist keine *gaijin* ertragen – außer den Deutschen, mit denen die Militaristen einen Pakt eingingen in der Hoffnung, ihr letztes Ziel zu erreichen, die Annexion Chinas, Südostasiens, Australiens und Neuseelands.

Soen, der Sohn eines Armeeoffiziers, meldete sich zum Militärdienst, wurde aber wegen eines irrtümlich diagnostizierten Lochs im Trommelfell für untauglich erklärt. Aber es gab bereits zwei Soen: den einen, den mit 30 Jahren unmittelbar nach dem Abschluß der Universität von Tokio ordinierten Mönch, der bereits ein gefeierter *Haiku*-Dichter und Spezialist für japanische Literatur und für Shakespeare war; und den anderen, Sohn seiner inzwischen verwitweten Mutter, einen traditionellen Samurai, der sein Leben für sein Vaterland geben wollte. Zur Bestürzung seiner Mutter setzte sich Soen der Mönch durch.

1945 war Japan militärisch besiegt, und seine Bevölkerung befand sich in einem Zustand großer Erschöpfung. Die Nachkriegsgesellschaft wurde dann aber in schnellem Tempo von der GI-Kultur: von Filmen, Schokolade, Strip-Shows und einem noch nie dagewesenen Angebot an Konsumgütern durchdrungen. Die USA waren nicht länger der Feind, sondern das »Lieblingsausland« der Japaner. General MacArthur wollte Japan zu einer »Schweiz des Fernen Ostens« machen, einer entmilitarisierten Zone mit demokratischer Verfassung, Dezentralisierung im Polizei- und Erziehungssystem. Kaiserverehrung und Samurai-Kodex sollten ein Ende haben. Das Ergebnis war ein neues »japanisches Wunder«, ein wirtschaftlich-industrieller Boom, der die Besiegten ihre Besatzungsmacht weit überholen ließ.

Unmittelbar nach dem Krieg gab es einen Run auf Übersetzungen westlicher Literatur. Japanische Intellektuelle wandten sich dem Existentialismus zu, der philosophischen Modeerscheinung der 40er und 50er Jahre, sowie einer neuen Art von ausschweifender Romantik, die an Nihilismus grenzte. Der Künstler, der Individualist, suchte immer noch seinen Platz in der japanischen Gesellschaft, aber einen solchen Platz gab es auch jetzt nicht. Japaner leben immer noch in Gruppen, heiraten in Gruppen, baden, arbeiten und machen Urlaub in Gruppen. Sie hängen immer noch unverbrüchlich am Ideal der Loyalität zum Clan, und viele glauben immer noch, daß sie eine überlegene Rasse seien, umgeben von Barbaren. Nur genießen sie inzwischen barbarische Waren, Filme, Musik, Essen und auch den Lebensstil der Barbaren. Zen-Klöster halten weiterhin ihre traditionellen Verbindungen mit den Reichen und Mächtigen aufrecht und ihre Barrieren gegen *gaijin.* Berühmte *roshi* bestehen öffentlich darauf, daß westliche Menschen nicht imstande seien, *satori* zu erfahren, und diejenigen, die ins Ausland gegangen sind, um das *dharma* zu verbreiten, werden weithin als Ausgestoßene betrachtet.

Soen Roshi gehörte nach dem Krieg zu der ersten Welle dieser neuen Wanderer zwischen den Welten. Sein Leben und seine Lehre sind ein Beispiel für das grundlegende japanische Dilemma zwischen Pflichtgefühl (*giri*) und dem Antrieb der eigenen Emotionen (*ninjo*). Seine eigene Lebensgeschichte ist ein modernes *No*-Drama von widersprüchlichen Loyalitäten, poetischer Vision und weltlichem Treubruch; ein Kampf, der ihn spalten mußte.

Soen wurde am 19. März 1907 als ältester von drei Brüdern geboren. Als er zwölf war, starb sein Vater und hinterließ eine junge Witwe in angespannten finanziellen Verhältnissen. Ein zweites Unglück für die Familie war der frühe Tod von Tamotsu, dem mittleren Sohn. Soens Mutter handelte für eine Japanerin der Samurai-Klasse sehr unkonventionell; sie arbeitete als Hebamme und knauserte und sparte, um selbst für den Unterhalt und die Ausbildung ihrer Kinder aufkommen zu können.

Der Knabe Soen war ein begabter Dichter und Schauspieler, der sich leicht bei den Erwachsenen beliebt machen konnte. Schon als Kind zeigte er ein ungewöhnliches Verständnis für die Künste, und obwohl er als Samurai aufgezogen und trainiert wurde und den Fußstapfen seines Vaters folgen sollte, entwickelte er noch während seiner Schulzeit das Verlangen nach einem spirituellen Leben. Sein lebenslanger Freund Yamada Koun Roshi kam am gleichen Tag wie er in die Tokyo First High School. Die beiden wurden Zimmerkollegen, und obwohl Yamada sich für einen intimen Freund hielt, war er immer wieder von Soens »spirituellen« Bekenntnissen überrascht. Später erzählte er:

> Wir beide gingen häufig am späten Abend in der Nachbarschaft von Hongo spazieren. Eines Nachts sagte er etwas ziemlich Erschreckendes. Er erzählte, daß er fast jeden Abend auf der Plattform der Balancierstangen auf dem Sportgelände *zazen* sitze. Er meinte, tatsächlich am vorhergehenden Abend eine Art spiritueller Erfahrung gehabt zu haben, bat mich aber, zu niemandem davon zu sprechen. Einige Zeit später interpretierte

er dieses Erlebnis als »natürliche Verwirklichung des Selbst«. Zu dieser Zeit verstand ich zwar überhaupt nicht, wovon er sprach, aber ich hatte irgendwie das Gefühl, daß ich einen Blick in die tief versteckten Winkel seines Geistes geworfen hatte.

Schon als Mittelschüler war Soen getrieben gewesen von einer spirituellen Suche nach einem Sinn für sein Leben, die er weitgehend für sich behielt. In einem Artikel, den er als junger Mönch veröffentlichte, beschrieb er sein erstes Jahr in der Mittelschule als eine Zeit des »Suchens nach etwas, das es wert war, ihm mein Leben zu widmen«. Er wollte sich mit nichts Geringerem zufriedengeben als einem großartigen und würdigen Ziel, und er war entmutigt, »in der Alltagswelt« nichts zu finden, was seinem Anspruch gerecht wurde. Er verbarg seine Verzweiflung vor Yamada und vergrub sich allabendlich in der Bibliothek, wo er auf der Suche nach einem Sinn über den Werken von Philosophen wie Schopenhauer brütete. Einmal fiel ihm eine Passage ins Auge, die ihn schockierte:

> Mein Geist hörte auf zu suchen. Er wurde klar und heiter. Schopenhauer schrieb: »In der *wirklichen* Welt ist es unmöglich, wahres Glück zu erlangen, endgültige und ewige Zufriedenheit. Denn das sind eingebildete Luftschlösser; bloße Phantasien. In Wahrheit können sie niemals verwirklicht werden. Tatsächlich dürfen sie gar nicht verwirklicht werden. Warum? Denn wenn solche Ideen verwirklicht würden, würde der wahre Sinn unserer Existenz verlorengehen. Wenn das geschähe, wäre dies das spirituelle Ende unseres Daseins, und das Leben würde zu albern erscheinen, um es zu leben.«

Schopenhauer führte ihn zum Zen, und bald darauf versuchte Soen seinen Freund Yamada für seine wunderbare Entdeckung zu interessieren. Er drückte ihm ein altes Buch des Zen-Meisters Hakuin in die Hand, das *Orategama [Der getriebene Teekessel]*, und meinte: »Bitte versuch's und lies dieses Buch.« Yamada las Hakuin und war begeistert von Zen, aber nicht genug, um seinem Freund beim *zazen* auf einer wackeligen Plattform Gesellschaft zu leisten.

Die beiden Jungen gingen gemeinsam zur Tokyo University; Soen studierte als Hauptfach Japanische Literatur und schrieb seine Dissertation über Basho, den Zen-Haiku-Dichter. Er schrieb auch eigene Gedichte und vertiefte sich in die buddhistischen Schriften, die Bibel, westliche und japanische Klassiker; ging ins Theater, hörte Schubert, Beethoven und Wagner und schloß sich einem Freundeskreis an, der später die künstlerische und intellektuelle Elite des modernen Japan werden sollte. An der Universität gründete er eine kleine Sitzgruppe, die heute noch aktiv ist. »Ich werde zu einem Gott«, vertraute er seinem jüngeren Bruder Sonow an, »nach der Promotion werde ich zehn Jahre lang in der Gesellschaft arbeiten; dann gehe ich noch zehn Jahre zu einem Retreat in die Berge und werde erleuchtet; und dann kehre ich wieder in die Gesellschaft zurück.«

Yamada und Soen schlossen 1930 gleichzeitig ihr Studium ab und verloren einander zeitweilig aus den Augen. Eines Tages wurde dem Geschäftsmann Yamada gesagt, es sei Besuch für ihn da. Er ging in den Empfangsraum und sah zu seiner Überraschung seinen alten Freund Soen in einer Mönchsrobe auf einem Stuhl sitzen. »Du hast Dich wirklich verändert«, sagte er. Soen musterte den modischen Gesellschaftsanzug Yamadas und erwiderte: »Du bist auch nicht der Gleiche geblieben.« Soen hatte seine Sinnsuche bis zum bitteren Ende durchgezogen. Fast unmittelbar nach dem Abschluß der Universität hatte er an einem Treffen im Shorin-ji teilgenommen, einem Zen-Kloster unter der Leitung von Katsube Keigaku Roshi, und zur Bestürzung seiner Mutter um die Ordination gebeten. Diese fand an seinem Geburtstag statt, zweifellos um seine »Wiedergeburt« zu symbolisieren. Soen machte selbst aus seiner eigenen Ordination ein Schauspiel und bestand darauf, daß die Zeremonie im Kogaku-ji, dem Kloster seines Lieblings-Zen-Meisters Bassui, abgehalten wurde, dessen *koan* »Wer ist der

Meister des Hörens?« er bekommen hatte. Er folgte den legendären Fußstapfen des hochgeschätzten Bassui und bezog Quartier auf dem Dai-Bosatsu-Berg in der Nähe des Kogaku-ji. Zwischen seinem Heimatkloster und dem Dai Bosatsu pendelnd, lebte Soen halb als Mönch, halb als Dichter-Einsiedler, widmete sich dem *zazen*, schrieb Artikel und Gedichte, fastete oder nährte sich von wilden Pflanzen und badete in eiskalten Wildbächen. Hier wurde er auch eines Tages von Bauern gefunden, halbtot, weil er giftige Pilze gegessen hatte. Seine Retter pflegten ihn gesund, freundeten sich mit dem dichtenden jungen Mönch an, versorgten ihn von da an mit genießbarer Nahrung und betrachteten ihn als »ihren« Priester. Das war nun weitgehend die gleiche Situation wie bei Bassui, der für *seine* Gemeinde in den gleichen Bergen sechs Jahrhunderte vorher schon Volkslieder geschrieben hatte.

Als Soen einmal Katsube Roshi bei einem *zazenkai*, einem Wochenend-Retreat für Studenten der Tokyo University, begleitete, entdeckte er, daß kein *kyosaku* vorhanden war, der hölzerne Stock zum »Ermutigen« von schläfrigen Teilnehmern. Er wollte sich einen ausleihen und ging hinüber zum Hakusan-*dojo*, einem nahegelegenen Zen-Zentrum. Dort hielt gerade Yamamoto Gempo Roshi vom Ryutaku-ji in Mishima ein *teisho*. Soen fühlte sich bewegt, ein wenig zu bleiben und zuzuhören, und nach kurzer Zeit fand er sich »treibend in einem umfassenden Meer von Wärme und durchdringendem Verständnis«. Bald war er ein Stammgast des Hakusan-*dojo* geworden und genoß das Meer der Wärme, bis er eines Tages hörte: »Wenn du *zazen* praktizierst, dann muß das die *wahre* Praxis sein.« Soen hatte den Eindruck, daß dieser Satz direkt an ihn gerichtet war. Als das *teisho* zu Ende war, ersuchte er um ein Einzelgespräch und wollte auf der Stelle Gempo Roshis Schüler werden. Seinem Sternzeichen Fisch entsprechend war Soen so lebhaft wie ein Karpfen in einem Tempelteich. An diesem Tag setzte er das erste Beispiel seines freischwebenden Zen-Stils, seiner impulsiven Sinnesänderungen und dramatischen Auftritte und Abgänge.

1938 wurde Yamada zu einer neuen Aufgabe in die Mandschurei versetzt, wo er zu seiner Überraschung wieder seinen alten Freund Soen antraf, inzwischen als Begleiter von Gempo Roshi. Die beiden waren unterwegs, um einen Zweig des Myoshin-ji in der japanischen Kolonie zu begründen. Yamada und Gempo Roshi waren Nationalisten und hatten wenig Bedenken gegenüber dem japanischen Expansionismus. Soen aber war unzufrieden mit dem traditionellen japanischen Zen und seinen starren national-politischen Verbindungen. Er erzählte Yamada, daß er davon träume, auf dem Dai Bosatsu einen Ort der Übung im Stil von Bassui als Kontrast zum Establishment zu gründen. Was er Yamada nicht erzählte, war, daß er bereits einen Briefwechsel mit Nyogen Senzaki in Amerika begonnen hatte und daß er sich von dessen rebellischen »ausländischen Ideen« schon hatte anstecken lassen.

»Wie in unserer Studentenzeit gingen wir abends miteinander spazieren«, erinnerte sich Yamada, »und einmal muß ich über irgend etwas ziemlich in Hitze geraten sein. Er sagte: ›Yamada, du argumentierst ja nur. Warum versuchst du nicht mal zu sitzen?‹« Diese Bemerkung erweckte Yamadas Interesse, aber es vergingen noch einige Jahre, bevor er mit der Zen-Übung anfing und schließlich selbst *roshi* wurde. »Vielleicht war Nakagawa Roshi doch zu sehr Dichter«, meinte er.

Der Zweite Weltkrieg hinderte Soen daran, Nyogen Senzaki persönlich zu treffen; erst am 8. April 1949, dem traditionellen Geburtstag Buddhas, sahen sie einander wirklich am Kai des Hafens von San Francisco. Soen hatte das Gefühl, daß Nyogens »antiklerikales« Zen und das Klima in seiner Umgebung völlig in Einklang mit seinem eigenen unkonventionellen Stil stand, und das ermöglichte ihm, den Dichter, den No-Schauspieler und das »radikale« Zen in sich selbst in einer einzigen unnachahmlichen Persönlichkeit zu vereinigen. Hier, in der freien Atmosphäre des amerikanischen Westens, konnte er in seinen *teisho* Goethes Faust ebenso zitieren wie Bassui und Hakuin. Er konnte Bassuis »Meister des Hörens« demonstrieren in der Form des *No*-Theaters, worüber die Mönche daheim im Ryutaku-ji gelacht hätten. Nyogen Senzaki hoffte, daß Soen in den Staaten bleiben und sein Nachfolger werden würde, aber wegen dessen klösterlicher Verpflichtungen in Japan mußten sie sich mit häufigen Besuchen zufriedengeben. Soen hielt seine Verbindungen mit amerikanischen, europäischen und israelischen Schülern aufrecht und pendelte zwischen Ost und West hin und her, 33 Jahre lang.

1950 beschloß Gempo Roshi sich zurückzuziehen und ernannte Soen zum Abt des Ryutaku-ji. Der neue Abt sträubte sich so gegen diese Stellung, daß er sich weigerte, bei der Zeremonie die traditionelle Goldbrokat-Robe zu tragen, und in einer einfachen schwarzen Mönchsrobe erschien. Zudem verschwand er auch noch unmittelbar danach aus dem Kloster, ließ Gempo Roshi ohne einen Abt für das feierliche Eröffnungs-*sesshin* zurück und zwang damit seinen alten Lehrer, seinen eigenen *dharma*-Nachfolger zu vertreten. Erst Soens Mutter konnte den exzentrischen jungen Abt aus seiner Einsiedelei auf dem Dai Bosatsu zurückholen. Wenn sie im Spiel war, gab es keine Loyalitätskonflikte.

Soens Amtsführung als Abt des Ryutaku-ji war absolut untypisch für den Abt eines traditionellen Zen-Klosters. Er trug die Robe eines einfachen Mönchs, aß mit den Novizen in der Mönchshalle, badete mit allen im Gemeinschaftsbad und saß sogar *zazen* mit ihnen, was in japanischen Klöstern höchst unüblich ist. Er betonte, daß er gerade nur die unbedingt nötigen 500 *koan* von Hakuins Curriculum der 1 700 abgeschlossen hatte, und besuchte deshalb andere bekannte Zen-Meister, um seinen »Schliff« fortzusetzen. Er fuhr weite Strecken, um im Hosshin-ji mit Harada Sogaku Roshi zu arbeiten, selbst ein bekannter Zen-Reformer, der Rinzai und Soto in einer neuen Traditionslinie vereinigt hatte, die von seinem Nachfolger Yasutani Hakuun *Sanbo Kyodan* genannt wurde. Sie hat das Zen-Establishment verwirrt und das Gesicht der Zen-Praxis bis heute – vor allem im Westen – verändert. Unter dem Einfluß von Harada in Japan und Senzaki in den USA entwickelte Soen bald eine ganz eigene Mischung von Zen-Praxis und Darstellungskunst, indem er »*Namu dai bosa*« (»Verehrung dem großen Bodhisattva«) als eine Art von *mantram* verwendete, das er – und zumindest seine amerikanischen Schüler – wieder und wieder mit immer lauterer Stimme rezitierte, bis es schließlich in einer schweigenden Meditation gipfelte. Er liebte es besonders, seine Schüler in die Natur hinaus mitzunehmen und dieses selbstgeschaffene *koan* dem Mond, dem Himmel, den Bäumen und dem Meer entgegenzuschreien.

Als »amerikanischer Zen-Meister« konnte Soen Roshi bei der Belehrung seiner Schüler auch noch den Schauspieler Soen herauskehren. Er schrieb *haiku* und verwendete sie als Mittel der Lehre; er zitierte Shakespeare ebenso wie Lin-chi in seinen *teisho*; er besuchte große Museen in Europa und baute seine zunehmende Kenntnis der christlichen und jüdischen Schriften und Traditionen in seine Darlegung des Buddha-*dharma* ein. Als Abt eines japanischen Klosters war er, in den Worten von D. T. Suzuki, »ein ziemlich seltsamer Typ«. Aber Soen sah sich selbst als »Kind Hakuins«, und Hakuin war ja auch vom japanischen Zen-Establishment als recht seltsam angesehen worden.

Es scheint, als ob Soens tiefe Bindung an seine Mutter ihn in die Rolle des ewigen Jungen drängte, den C.G. Jung den *puer* nannte, das bezaubernde ewige Kind, das sich wie Peter Pan einfach weigert, erwachsen zu werden. Als seine Mutter 1962 nur ein Jahr nach Gempo Roshi starb, wurde Soen gleich doppelt Waise. Gempo Roshi war oft in die Bresche gesprungen für seinen widerspenstigen Nachfolger, und Soens Mutter war – unerhört in der langen Geschichte des Zen – im Kloster fest etabliert. Sie sah ihren Sohn täglich, begleitete ihn in die Berge, hörte mit ihm seine großartige Plattensammlung klassischer westlicher Musik an, unterhielt Gönner bei der Teezeremonie und beriet ihn in allen Belangen.

Schülerinnen erlebten Soen als den höflichsten der japanischen Zen-Meister, denn er sah sie in einem idealisierten, platonischen Licht, das aus der Bewunderung für seine Mutter erwuchs. Das machte ihn natürlich bei seinen betont männlichen »Meister-Kollegen« nicht sonderlich beliebt; so wie seine »unfruchtbare« Liebe zum Zeremoniell, zur Dichtung und Kunst auch nicht den Vorstellungen der rauhen ländlichen Novizen im Ryutaku-ji entsprach.

Soens einsame Retreats auf dem Dai Bosatsu wurden nach dem Tod seiner Mutter häufiger. 1965 glitt er während einer dieser langen Perioden der Isolation an einem Abhang aus und schlug mit dem Kopf auf. Es dauerte drei Tage, bis der Bewußtlose gefunden wurde. Er erwachte, aber nach Aussage seines Freundes Yamada »war er nie wieder der Alte«. Trotzdem blieb er weiterhin Abt des Ryutaku-ji, Ehrenabt des Dai-Bosatsu-Klosters in Beecher Lake, New York, und der Jerusalemer Zen-Gesellschaft am Ölberg in Israel. Er reiste weiter um die Welt, hielt Retreats und führte Einzelgespräche mit seinen zahlreichen ihn bewundernden westlichen Schülern und ernannte fünf Nachfolger. Aber Mitte der 70er Jahre war er entkräftet und zog sich für Monate in die Einsamkeit zurück. Es scheint, als wollte er dem Schmerz und der Enttäuschung darüber entgehen, daß sein Traum enttäuscht worden war, »das *dharma* in Ost und West zu verbreiten«, wie er einst hoffnungsvoll geschrieben hatte. Im März 1984, wenige Tage nach seinem 77. Geburtstag, schied Soen Roshi während eines Bades im Ryutaku-ji still aus dieser Welt.

Der Lehrstil Soens gründete ausschließlich darauf, die Soheit dieses Augenblicks immer wieder zu betonen. »Nur *Dies, Dies!*« rief er aus und schlug auf sein Sitzkissen, um seinen Standpunkt zu verdeutlichen. Ob er über Lin-chi diskutierte oder im Mondlicht auf dem Dach einer Synagoge tanzte – sein einziges Ziel war, seine Schüler in die Realität der Unmittelbarkeit einzubinden. Robert Aitken Roshi, einer von Soens ersten westlichen Zen-Schülern, schrieb: »Soen Roshi war im intimen Kontakt mit seinem buddhistischen Ursprung, und als Künstler des Körpers war das sein Weg, ihn auszuagieren und andere zu ermutigen, dasselbe zu tun.«

Eifrig darauf bedacht ein »internationales Zen« zu schaffen, erweiterte Soen seinen buddhistischen Hintergrund, indem er in der St. Patricks Cathedral in New York die Kommunion nahm und, in schwarzem Kaftan und Hut, mit den Chassidim in Jerusalem tanzte. Im Bestreben, seine künstlerischen Gaben, seine spielerische Natur und seine Rolle als Zen-Meister in Einklang zu bringen, versammelte er Flötenspieler, katholische Priester und Obdachlose als Mitspieler in seinen kunstvollen Zen-Darbietungen. Er bestand darauf, daß alle spirituellen und physischen Welten, die Engel, Teufel und Bodhisattvas, alle gleich real seien, und in jeden *dharma*-Vortrag, in jedes Retreat und *dokusan* brachte er die freudige Spontaneität der Erleuchtung ein. »Diese Welt ist so wundervoll, so undenkbar und unbegreiflich. *Was berühren wir hier und jetzt?*« rief er aus und prügelte freudig sein Sitzkissen.

»Nur hören, nur tanzen« – das war der Schlachtruf seiner universalen Bruderschaft. Er geißelte die Quietisten wegen des Versuchs, »den Geist zu entleeren«, und befürwortete anstatt dessen, »im Geist der Gegenwart« zu leben, ohne jeden Schein voreingenommener Spiritualität. Um den »Zen-Gestank« seiner Schüler zu vertreiben, ging er so weit, einen großen Kürbis auf sein *zafu* im *dokusan*-Raum zu legen und hinter einem Vorhang versteckt in Gelächter auszubrechen, wenn sie hereinkamen und sich davor niederwarfen. Um das Schauspiel des endlosen Wandels zu illustrieren, hielt er *teisho* mit einer roten Dämonenmaske vor dem Gesicht oder spielte in einem improvisierten *No*-Stück alle Rollen selbst und zog sich dazu die Robe über den Kopf. Als Nyogen Senzaki 1958 starb, kam Soen nach Kalifornien, leitete ein *sesshin* zu seinem Andenken, hielt eine kurze Ansprache und leitete einen zeremoniellen Tanz unter dem vollen Mond, wobei er zu Ehren seines Freundes das *Herz-Sutra* rezitierte und den Takt dazu klatschte. Dann verstreute er einen Teil von Senzakis Asche, packte eine Urne mit einem weiteren Teil in eine Reisetasche und schrieb auf der Heimfahrt das *senryu:*

Freundesgesichter
verabschieden sich zögernd
im goldenen Wind.

Keine Form von Feier war für ihn unpassend. Tanzen als Meditation »sollte voll sein von der Freude des *dharma*; wir sollten so voller Dankbarkeit sein, daß wir nicht stillsitzen können, daß wir ganz spontan zu tanzen beginnen ... Beides ist universal, Tanzen und Sitzen.«

Gemäß Bodhidharmas berühmtem Grundsatz »nichts Heiliges« hielt er eine Teezeremonie auch mit Kaffee oder Limonade ab, verspeiste Kirschblüten vor dem Kapitol in Washington oder diskutierte »Scheißen« [shitting] als gleichwertige Form des Zen wie »Sitzen« [sitting].

> Gewöhnliches ist außergewöhnlich ... Schauspiele haben alle nur einen Zweck ... Es geht darum, die große Sache zu verstehen ... das zu verstehen, das zu verwirklichen, das im alltäglichen gewöhnlichen Leben zu leben, in *jedem* gewöhnlichen Leben. Es ist nicht nötig, zum *kabuki* zu gehen – natürlich ist das wunderschön, ich bewundere es sehr. Aber das Schauspiel findet nicht statt im Rinzai oder Obaku oder Bokushu oder bei *No*-Schauspielern oder den wundervollen Schauspielern und Schauspielerinnen in New York. Kochen, Essen, Schlafen – jede Handlung deines alltäglichen Lebens ist nichts anderes als die Große Sache.

Soens Bestehen darauf, daß die »wirkliche« und die »spirituelle« Welt ein und dasselbe sind, erstreckte sich auch auf seine Definition von Geburt und Tod. Der einzige Unterschied zwischen diesen beiden Zuständen, sagte er, läge in den Namen, die wir ihnen gewohnheitsmäßig gäben. Davon abgesehen seien auch Geburt und Tod dasselbe.

> Sterben heißt nur sich der Mehrheit anschließen. Einige von uns gehen in eine dunkle, trostlose Welt; manche in eine schöne, transparente Welt; andere wieder in eine lärmende Welt der Wanderschaft. Aber wir alle

> schließen uns der Mehrheit an. Gratuliere! Aus diesem Grund feiern wir Todes-Tag, genauso wie Geburts-Tag.

Für ihn existierten keine Unterscheidungen; selbst die »elenden *karma*-Beziehungen im Weltkrieg … elende grausame *karma*-Beziehungen,« konnten durch das bloße Erkennen der wechselseitigen Abhängigkeit der Dinge unmittelbar verwandelt werden in »wunderbare *dharma*-Beziehungen«. Nichts als *diese* Schale, *dieses* Trinken, *dieses* Vogelzwitschern … nichts sonst als *dies hier und jetzt!* Er warnte seine Schüler vor voreingenommener Heiligkeit und »neurotischer Achtsamkeit« und verwendete seine exzentrischen Versionen der Teezeremonie dazu, die strahlende Einfachheit aufzuzeigen, die darin liegt »nur Wasser zu kochen und Tee zu machen, und den einfach zu trinken. Nichts sonst.«

Mitten in einem *teisho* konnte er spontan ein Verbeugungs-Happening veranstalten und die Schüler ermutigen, indem er sich vor ihnen verbeugte und ihnen versicherte, daß »jeder von euch ein Bodhisattva ist«. Dann wies er sie an, sich voreinander zu verbeugen, Gattin und Gatte, Freund und Unbekannter; jeden forderte er auf, sich »vor dem lebenden Bodhisattva zu verbeugen, der jeder von euch ist«. Worte waren für ihn nie hinreichend, um die Große Sache mitzuteilen. Nur Erfahrung konnte sie übermitteln, nur Handeln und Sein. Die Zehn Gebote und die buddhistischen Vorschriften selbst waren nichts weiter als Worte. »Seht sie nie, nie, niemals als Fesseln! Sie machen uns frei … sie sind wichtig. Aber seid nie gefesselt durch Gebote. *Alles* ist *du selbst. Alles* ist *ich selbst.* Jeder von uns ist der Meister seines ganzen Universums.«

Der Kontakt mit seinen Schülern im Jerusalem Zendo vermittelte Soen immer neue Einsichten und Symbole der Lehre. Selbst die am stärksten dualistisch ausgeprägten religiösen Archetypen konnte er für seinen Zweck nutzbar machen.

> Meine Freunde sagen mir, daß die Stadtmauer von Jerusalem acht Tore hat. Eines davon ist das nie-offene

> Tor, das Goldene Tor. Der Messias wird erscheinen und auf einem Esel den Berg hinunterreiten. Alle Geister, die unter den Grabsteinen schlafen, werden erwachen und ihm durch das nie-offene Tor in den Tempel folgen ... Das nie-offene Tor ist offen! Kannst du das glauben? Von Anbeginn ist das Tor offen. Es kann sich nicht noch weiter öffnen.

Nichts war heilig. Nicht einmal *zazen*.

> Meditation selbst ist nicht *zazen*. Zen ist Meditation, aber es ist ebenso Denken, Essen, Trinken, Sitzen, Stehen, Scheißen, Pissen – alles dies ist nichts anderes als Zen ... *Zazen* ist sitzendes Zen, aber es ist nicht *das* Zen. Laßt euch darüber nicht täuschen.

Die Erleuchtungserfahrung selbst verschwindet und muß immer und immer wieder erweckt werden. »Es gibt kein Ende, keine Abstufung *[wu-wei]*. Selbst Buddha ... übt, übt, übt ... jeden Tag.« Aber die Schüler sollten keinen Fetisch aus ihrer Übung machen: »Wenn ihr über etwas meditiert, dann meditiert ihr eben darüber. Wenn ihr kocht, kocht ihr eben. Wenn ihr trinkt, dann trinkt ihr. Nichts anderes ... Inmitten all unseres Tuns findet dieses Nicht-Tun *[wu-wei]* statt.«

Jede Gelegenheit steckte für ihn voller Möglichkeiten das *dharma* darzulegen, besonders, jene Gelegenheiten im Alltag, die spirituelle Menschen gewöhnlich zum Ekel reizen. Einmal begann er ein *teisho* mit einer Geschichte über eine Küchenschabe:

> Die Schabe ist mein Lieblingstier. So eine Schabe lebt aus ganzem Herzen, mit aller Kraft. Ein wunder-, wunderbares Zen! Mehr Zen als bei euch ... Besser als Menschen. Menschen sind so ziemlich die Herren der Welt jetzt – nun, nur Menschen können wahre Erleuchtung erlangen, aber Krankheit und Grausamkeit ... aber das

einmal beiseite ... Jedenfalls, in meinem Zimmer, wo es kein Essen oder sonstwas gibt, kam eine große Küchenschabe zum erstenmal zu mir – vielleicht die Königin der Küchenschaben. Und sie blieb bei mir sitzen ... Ich sprach mit ihr über wunderbare Dinge. Am nächsten Abend kam sie wieder, und dann jede Nacht. Und dann kam sie nicht mehr ...

Selbst eine Küchenschabe war ein würdiger Gesprächspartner in einer Welt, die Soen so sah:

Alle Wesen sind Blumen
blühend
in einem blühenden Universum.

Nyogen Senzaki erzählte einmal einem amerikanischen Schüler: »Soen Roshi ist reine Liebe.« Nicht nur Küchenschaben, sondern auch bösartige Hunde und unruhige Babys waren von seiner Gegenwart wie hypnotisiert. Wie der Rattenfänger von Hameln konnte er eine Gruppe von hartgesottenen »Sitzern« in New York in einen »Rezitations-Wettkampf« hineinziehen und ihre Konkurrenzhaltung durch die lachenden Bemerkung entschärfen, daß es keinen Sieger gebe, denn: »Jeder ist der Beste!« In seinen Ärmeln hatte er Früchte, Blumen und andere Kleinigkeiten verborgen, die er beim Spaziergang in einem Park aufgesammelt hatte und später freigebig verteilte. Als ihm einmal eine Schülerin eine buddhistische Skulptur anbot, die er bewundert hatte, dankte er ihr und sagte: »Aber sind Sie nicht böse, wenn ich sie weiterschenke. Jemand anderem könnte sie auch gefallen.«

Seltsamkeiten der Natur faszinierten ihn. Während eines Retreats in Connecticut weckte er einige Teilnehmer mitten in der Nacht und führte sie, mit dem Finger an den Lippen, schweigend die Stiege hinunter. Er versammelte sie vor einem Fensterbrett und bedeutete einer Frau, mit der Taschenlampe dorthin zu leuchten. Dann zeigte er ihnen einen großen nachtblühenden Kaktus in einem Blumentopf. Ruth Lilienthal, eine von Soens ältesten Schülerinnen, war dabei. Sie erinnert sich: »Die Luft über der sich öffnenden Blüte war geladen mit Energie. Heute noch kommen mir die Tränen, wenn ich an diese wunderbare, lautlose Geburt denke.« Bei demselben Retreat hielt er *dokusan* in einem kuppelförmigen Kinderzelt, in das er auf allen Vieren hineinkriechen mußte, und seine Schüler mußten es ihm gleichtun. Nichts Heiliges ...

Aber daheim in Japan, als Zen-Meister des kaiserlichen Prinzen und des Premierministers, war Soen Roshi jeder Zoll ein traditioneller Abt. Welcher war nun der »wirkliche« Soen – der boshafte Kobold, der in Meditations-Retreats Beethovens Neunte spielte, der mondsüchtige Tänzer, der alle hierarchischen Unterschiede wegwischte mit seiner Definition der Menschen als »Mitglieder derselben Nasenloch-Gesellschaft«; der Lehrer, der einen Schüler aus dem *dokusan*-Raum hinausführte, um einen wunderbaren Sonnenuntergang zu betrachten; der Dichter, dessen Material das Alltagsleben war; der Künstler, der erleuchtete Wesen schuf – oder der feierliche, traditionelle Zen-Abt, der *kokushi* des Kaiserhauses?

Perle Besserman suchte den Weg zum wirklichen Soen Roshi 1983 im Ryutaku-ji:

> Ich stand da an einem eiskalten Februartag mit meinen Erdbeeren als Begrüßungsgeschenk und wartete auf das Zeichen seines Begleiters, daß ich ihn sehen könne. Die Mönche in der Küche kicherten. Einer sagte in holprigem Englisch: »Warum du wollen sehen Soen Roshi? Er verrückt«, und er machte mit dem Finger Kreise an der Schläfe, um das zu illustrieren. Die Erdbeeren wurden angenommen, aber keine Einladung folgte. Der Begleiter, ein mädchenhafter Typ mit langen, spitzen Fingern und aschfarbenen Augen, schüttelte nur den Kopf. Soen Roshi empfing niemanden. Er war wieder auf einem seiner langen, völlig abgeschiedenen Retreats, bei denen er sich in seiner kleinen Hütte auf dem Gelände des Klosters einschloß. Es ging das Gerücht um, daß er

sich das Haar schulterlang wachsen ließ, daß er lange, klauenartige Fingernägel hatte, daß er in die Hose pinkelte und ans Bett gebunden werden mußte. Selbst in der Verborgenheit hatte Soens Leben Shakespearsche Dimensionen angenommen.

Eines Tages, als ich den Balkon rund um die Mönchshalle kehrte, hörte ich die Töne einer Schubert-Sonate von der Hütte her, in der er lebte. »Vielleicht jetzt«, dachte ich, »vielleicht wird er jetzt herauskommen.« Aber er kam nicht. Ich hoffte, er käme vielleicht bei Vollmond heraus. Aber er zeigte sich nicht ein einziges Mal in den zwei Monaten, die ich dort verbrachte.

Der leitende Mönch des Ryutaku-ji erzählte mir, daß Soen Roshi ihn inspiriert habe, seinen Marxismus und sein Studium aufzugeben, um Mönch zu werden. »Er war machtvoll, wie magnetisch.« »Ja, das war er«, antwortete ich, und erinnerte mich an den Tee aus Linchis Schale, an die Schokoladenkekse und an die donnernde Stimme des Zauberers beim Weben seiner Geschichten.

War Soen Roshi schließlich »als Zen-Lehrer wirkungslos«, wie manche seiner Schüler später behauptet haben? War er wirklich »zu exzentrisch«, zu sehr Dichter und zu wenig *roshi*? Die Nachfolger, die den »Soen-Zauber« verewigen wollten und versuchten, nur wenige Jahre nach seinem Tod einen Heiligen aus ihm zu machen, gehörten zu seinen Lebzeiten oft selbst zu seinen Verleumdern. Einige seiner vertrautesten Schüler schreiben seinen Zusammenbruch der tiefen Betroffenheit über den Verrat an seinem Geist zu, den er bei seinen Hauptnachfolgern sah. Welchen Platz hat Zen für solche »Komödianten« wie Soen? Wo kann man die Trennlinie ziehen zwischen einer »Verrückten Wolke« und einem »normalen Verrückten«? Vielleicht wissen die Antwort nur Künstler, Kinder und Narren. Denn Soen hat am intimsten mit denen gesprochen, die sich weigerten, erwachsen zu werden, die gesucht haben nach dem »Spielen«, dem »Tanzen« und dem »Staunen«. Seine wirklichen Nachfolger sind nicht die *roshi* in den schwarzen Roben, sondern die Musiker und Dichter des Zen, die Maler und Teemeister, jene kleine Gruppe von *dharma*-Spielern, für die »Singen und Tanzen die Stimme des Gesetzes sind«.

Als er einmal im Winter allein und glücklich in einer ungeheizten Hütte in den Catskills lebte, im eisigen Beecher Lake badete und aß, was er an Pflanzen im Schnee finden konnte, ritzte er ein Gedicht in ein Holzbrett. Es lautete:

> Zehn Jahre Suche im tiefen Wald –
> Heute großes Gelächter am Seeufer.

Dieses Gelächter ist sein Zen-Vermächtnis.

Das Zen der Verrückten Wolken für den Westen

Durch die Lehrtätigkeit von Zen-Meistern wie Nakagawa Soen und Nyogen Senzaki ist der Geist der Verrückten Wolken in den Westen getragen worden. Bevor man jedoch über die Wirksamkeit des Zen der Verrückten Wolken für den Westen spricht, muß zuerst der Effekt des hierarchischen, und besonders des japanischen Zen näher beleuchtet werden. Eine ganze Reihe von kleineren und größeren kulturellen Inkompatibilitäten hat bereits für Probleme unter westlichen Praktizierenden gesorgt. Diese Punkte betreffen die Haltung gegenüber dem Lehrer und der religiösen Hierarchie; den Status der Frau im Zen und die Fragen von Sexualität, Zölibat und Familie; das Verhältnis von Zen und Ethik und wie wir es in sozialpolitisches Engagement übersetzen; sowie die traditionelle »Weltflucht«, die mit dem monastischen Buddhismus im allgemeinen assoziiert wird.

Damit eine neue Religion auf fremdem Grund und Boden Wurzeln schlagen kann, müssen bestimmte charismatische Rollenfiguren oder ganz besondere kulturelle Trends vorhanden sein. Der Buddhismus konnte leicht in Gesellschaften Fuß fassen, deren Klassen- oder Kastenstruktur einen »Königsweg« für ihn boten. Indem diese anpassungsfähige Religion Kaiser und Könige, Shogune und Feudalkrieger ansprach, wurde ihr Dauer verliehen von indigenen asiatischen Führergestalten, die sie in den jeweiligen Lokalfarben ausmalten. Trotzdem ist der Buddhismus unzweifelhaft buddhistisch geblieben im religiösen Inhalt, in Ritual und Praxis. Nach Jahrhunderten war der feudale Hintergrund vergessen, und eine sich entwickelnde Gesellschaft wurde zu ihrer eigenen religiösen Instanz. Das beste Beispiel dafür ist Japan, das so mit Zen getränkt ist, daß die Worte »Japan« und »Zen« oft schon austauschbar scheinen. Kunst, Literatur, der Kaiser, die Mönche und *bushido* sind immer noch universelle Wegweiser in Japan. Obwohl Zen als Religion von Jahr zu Jahr an Einfluß verliert, reflektiert das japanische kulturelle Grundmuster weiterhin die buddhistische Erfahrung.

Die Situation im Westen ist davon aber völlig verschieden. In den Vereinigten Staaten, wo das kulturelle Grundmuster von Jeffersons demokratischen Idealen und von puritanischem Unternehmergeist gebildet wird, hat die Säkularisierung die Gültigkeit jeder Hierarchie untergraben. Spirituelle Angebote werden durch Anzeigen, Fernsehen und Zeitungsartikel vermittelt. Diese aber haben die Tendenz, Kultur für den Massenkonsum zu nivellieren. Individuelle oder institutionelle Königsfiguren sind in der »Demokratie der Vielen« irrelevant. So ist die traditionelle Zen-Praxis, mit dem *roshi,* dem ehrwürdigen Lehrer, an der Spitze der Pyramide, dem Zugang der neuen Generation der Amerikaner und zunehmend auch der Europäer direkt entgegengesetzt, deren Geringschätzung von Autorität sie von jeder Art der Absolutsetzung eines Lehrers abhält. Die Kinder von heute werden von klein auf ermutigt, ihre eigenen Meinungen zu formen und sie geschickt und kritisch auszudrücken. Die Einzigartigkeit jedes einzelnen westlichen Individuums und seine Freiheit stellen ein großes Hindernis dar für die asiatische Zugangsweise des absoluten Vertrauens in »den alten Mann«. Amerikanische Zen-Lehrer wie Robert Aitken haben den *roshi* neu definiert als »Führer durch einen spirituellen Dschungel, welcher bestimmte Wege der Praxis verlangt.« Der Grad, bis zu dem die Worte und Handlungen eines Zen-Lehrers der Kritik des Schülers zugänglich sind, ist trotzdem eine immer noch ungelöste Frage. Auch ein westlicher Zen-Lehrer bleibt durch die autoritären Formen behindert, die er oder sie aus dem innersten Herzen des Buddhismus übernommen hat. Schließlich ist es nur der *roshi,* der eine »wahre« Erleuchtungserfahrung bestätigen kann, und nur der *roshi*, der bestimmt, wer sein Nachfolger werden soll – manchmal auch auf sehr willkürliche und autokratische Weise. Von ihm als Experten für »letzte Fragen« erwartet man, daß er mühelos mit menschlichen und weltlichen Problemen zurande kommt. So haben einige Zen-Lehrer ihre spirituelle Fachkenntnis auf die nicht-religiösen Aspekte im Leben ihrer Schüler ausgedehnt und bieten ihre Meinung und Anleitung auch bei geschäftlichen und familiären Fragen an. Das führt zu einem unangenehmen Paradoxon – wenn der *roshi* »ein ganz normaler Typ und Freund« ist, dann ist das spirituelle Gewicht von Tradition und Titel überflüssig, ja, lächerlich im Kontext des alltäglichen Lebens im Westen. Es ist schließlich die »Besonderheit« die einen Meister ausmacht, aber »besonders« zu sein verträgt sich nicht gut mit demokratischen Idealen. Dieser Konflikt zwischen den hierarchischen Rollen der östlichen Religionen und dem Individualismus des Westens ist zum großen Teil für die Konfusion in manchen westlichen Zen-Zentren verantwortlich, wenn Schüler ihre Lehrer in eine »double-bind«-Situation bringen, indem sie von ihnen einerseits verlangen, »authentische« Zen-Meister zu sein, und andererseits gute Kumpel. Es ist nicht möglich, die asiatische Autorität eines Zen-Lehrers in einer egalitären Gesellschaft aufrechtzuerhalten.

Einige Zen-Zentren der zweiten Generation haben die sinojapanische Sutren-Rezitation abgeschafft, die Schalen und Eßstäbchen, formale Roben und die traditionelle japanische Terminologie, sogar den Titel *roshi*. Nun sieht man »hiking retreats«; Versammlungen, die wie Bürgerversammlungen mit Wahlrecht und Einstimmigkeit bei Entscheidungen abgehalten werden, die Trennung der administrativen und der spirituellen Belange des Zentrums, und Jobrotation, die auch den Lehrer selbst bei recht geringwertigen Arbeiten noch einschließt. Manchmal fällt sogar das Wort *Zen* weg zugunsten des konfessionell unbelasteten Ausdrucks *Meditation*. Vertikale Hierarchien stürzen ein und werden zu horizontal legitimierten Gemeinschaften. Selbst Zen-Zentren, die stolz sind auf ihre »Traditionalität« nach japanischem oder koreanischem Muster, erkennen inzwischen die Notwendigkeit der weiter gestreuten Machtverteilung, der persönlichen Initiative und der familienorientierten Praxis für Laien an.

Nichts hat unsere männlich dominierte westliche Gesellschaft in den letzten achtzig Jahren so grundlegend verändert wie der feministische Kampf um gleiche Rechte in allen Bereichen. Obwohl noch lange nicht ausgestanden, hat dieser Kampf Frauen an die vorderste Front einer sozialen Revolution gebracht, die nicht mehr ignoriert werden kann. Die jüdisch-christlichen Religionen des Westens mußten sich mit dem neuen Status der Frau auseinandersetzen, aber das ist noch kaum zu den traditionellen asiatisch-buddhistischen Schulrichtungen durchgedrungen [in den Jahren seit Erscheinen der engl. Ausgabe haben sich kleine Fortschritte ergeben]. Für viele Leute ist Zen immer noch eine Bastion männlicher Vorherrschaft, eine Religion für Krieger mit den Schwerpunkten Kampf, Tapferkeit und Tod. Zen-Praktizierende sind mehr als fünf Jahrhunderte lang darauf gedrillt worden, »negative«, »weibliche« Qualitäten wie emotionales Offensein, Selbstrespekt und Empfindungen zu verwerfen. Die Materie des Zen ist männlich: *koan*, die auf spontane Dialoge zwischen Mönchen zurückgehen; Helden, die ihre weniger erleuchteten Rivalen im *dharma*-Gefecht besiegen; und ein guter Teil Prügel und Stockschwingen. Wie immer man es betrachtet: Zen war immer ein männlicher Übungsweg, der fast ausschließlich von Männern entwickelt und weitergegeben wurde. Man sollte sich auch nicht darüber hinwegtäuschen, daß Buddhas Demokratisierung des indischen Kastensystems Frauen *nicht* einschloß. Die meisten japanischen Zen-Meister, die in den späten 50er und frühen 60er Jahren in den Westen kamen, haben das männliche Modell des spirituellen Kriegers weitergeführt, der die Verblendungen durchschneidet und den Kampf um die Erleuchtung gewinnt. Aber sie waren nicht darauf vorbereitet einer *sangha* gegenüberzutreten, deren Mitglieder zur Hälfte weiblich waren.

In den frühen 80er Jahren, als eine Serie von Sex-Skandalen in diversen amerikanischen Zen-Zentren die Stabilität des institutionellen Zen im Westen bedrohte, haben sowohl männliche als auch weibliche Zen-Übende aktiv mit neuen Formen der Praxis experimentiert. Die auffälligste Veränderung der letzten zehn Jahre in westlichen Zen-Zentren war die Integration von Kindern und die Integration einer »Familien-Praxis« parallel zu formalen Retreats, Kursen und Trainingsperioden. Familien-Praxis scheint eine der erfolgreichsten Neuerungen zu sein, die aus der Frauenbewegung hervorgegangen sind. In ihrer Idealform erlaubt sie sowohl die nötige Stille und konzentrierte Meditationspraxis als auch soziale und rituelle Zusammenkünfte, bei denen die Kinder wichtige Rollen und Funktionen übernehmen. Als die amerikanischen Zen-Zentren die Notwendigkeit erkannten, die Existenz von Familien anzuerkennen und sich ihnen ein Stück weit anzupassen, haben sie ihre Programme in Richtung auf ausgeglichenere Tagespläne verändert, welche die familiären Routinen ebenso ernst nehmen wie die traditionellen klösterlichen. Es ist offensichtlich, daß diese Bewegung sich in den nächsten Jahrzehnten fortsetzen und das Gesicht des Zen im Westen weiter verändern wird. Sie reflektiert die Rolle der Frau in einer buddhistischen Praxis, die sich ihrem neuen Zuhause anpassen muß, wenn sie überleben will. Zumindest außerhalb Asiens hat sich also die männliche Vorherrschaft innerhalb des Zen verringert. Das Verleugnen der weiblichen Sexualität ist nicht mehr akzeptabel in einer Gemeinschaft von Praktizierenden, die keine kulturelle Verbindung zum *bushido* haben. Daher ändert sich auch die Sprache und schließt Übende beider Geschlechter ein, neue Rituale ersetzen die alten, und sexuelle Belästigungen durch charismatische Lehrer werden nicht länger toleriert.

Das Zen-Establishment in Japan hat in der Vergangenheit in Fragen eines sozialen und politischen Engagements entweder geschwiegen oder klar die militärische Seite bevorzugt. Der offensichtliche Nihilismus des Schwertmeisters und Zen-Lehrers Takuan im 17. Jahrhundert hat den japanischen Militarismus unterstützt in Zen-Termini, die heute noch in den Ohren der Nationalisten einen gewissen Wohlklang haben.

> Das erhobene Schwert hat keinen eigenen Willen, es ist reine Leere. Es ist wie das Aufflammen eines Blitzes. Der damit niedergeschlagene Mann ist ebenfalls Leere, genauso wie der, welcher das Schwert erhebt ... Hänge nicht deinen Geist an das erhobene Schwert; vergiß alles, was du tun wolltest, und schlage den Gegner. Richte deinen Geist nicht auf die Person vor dir – das ist alles nur Leere; aber hüte dich auch davor, deinen Geist an die Leere zu hängen.

Zeitgenössische Beispiele eines solchen Weltbildes sind jene chauvinistischen Zen-Meister, die den russisch-japanischen Krieg unterstützten und die nach der Niederlage im Zweiten Weltkrieg mit dem Gedanken an rituellen Selbstmord spielten. Die im Zen häufige Betonung des *bushido*, der kriegerischen Verhaltensregeln, welche den Verstoß gegen die buddhistische Regel des Nichttötens rechtfertigen und den Militarismus glorifizieren, hat viele westliche Zen-Übende zu der Frage geführt, ob dem japanischen Zen überhaupt irgendein ethisches System inhärent sei. Als Anmerkung zu Takuans Amoralität führt der amerikanische Zen-Lehrer Robert Aitken aus:

> Takuan Zenjis Rat liegt der Geist der Bhagavadgita zugrunde ... Die Trennung des Absoluten vom Relativen und seine Behandlung als etwas völlig Unbegreifliches mag guter Hinduismus sein, die Lehre des Buddha ist es nicht. Für ihn waren das Absolute und das Relative untrennbar voneinander, wenn es sich nicht gerade als notwendig erwies, sie als Aspekte einer einheitlichen Wirklichkeit [getrennt] herauszustreichen ... Das Gelöbnis von Takuan Zenji, alle Wesen zu retten, schloß jenes nicht ein, das er »den Gegner« nannte.

Deutet die stark verwurzelte jüdisch-christliche Ethik des Westens auf einen unausweichlichen Prozeß der »Befriedung« des Zen hin?

Obwohl sich eine engagierte, aktiv friedensfördernde Form des Zen nur langsam entwickelt und bisher alles andere als umfassend ist, haben viele amerikanische, europäische und lateinamerikanische Übende begonnen, ihre Praxis als Kombination von spiritueller Einsicht und konkreter sozialer Aktion innerhalb des Bereichs der geschichtlichen Ereignisse zu betrachten. Die amerikanische Tradition der Trennung von Kirche und Staat hat nie die starken sozialpolitischen Bewegungen beeinträchtigt, welche von religiös motivierter Moralität und einem Sinn für soziale Gerechtigkeit inspiriert waren. Der amerikanische Protestantismus mit seinem innerweltlichen Engagement und seinem handlungsorientierten Leben der »guten Taten« beginnt inzwischen auf den sonst neutralen Zen-Standpunkt abzufärben. Einige Zen-Zentren in den USA engagieren sich aktiv in sozialer Arbeit und schließen sich dazu mit jüdischen, katholischen und protestantischen ebenso wie mit anderen buddhistischen Gruppen zusammen. Dabei knüpfen sie auch an Aktionsformen an, die während des Vietnamkriegs entwickelt wurden. Indem sie sich besonders auf die Probleme von Obdachlosen, auf Umweltprobleme, Abrüstung und Rassismus konzentrieren, haben einige Zen-Zentren soziales Handeln erfolgreich in ihre formale Meditationspraxis integrieren können.

Ganz typisch hat der japanische Zen-Meister Taisen Deshimaru auf die Fragen seiner westlichen Schüler geantwortet, was denn die Leute in ihrem täglichen Leben tun sollten: »Arbeiten, auf die Toilette gehen, essen, was ihr wollt.« Aktivistische westliche Zen-Lehrer haben Deshimarus japanische Version des Zen-Lebens durch die Anregung an ihre Schüler ergänzt, auch sozial aktiv zu sein. Politisch und sozial bewußt, ebnen diese westlichen Zen-Buddhisten einen kontemplativen Weg, der sich mit dem »Drehen des *dharma*-Rades« ganz natürlich *[tzu jan]* verbindet.

Die Erfahrung von über vierzig Jahren Zen im Westen hat gezeigt, daß Zen sich auch seinem neuen Zuhause flexibel anzupassen vermag. Indem es sich an demokratische Beschlußfassung gewöhnt, an eine tief verwurzelte Abneigung gegen Hierarchie, an feministische Ansprüche und einen unausrottbaren Drang zu

»guten Taten«, tauscht Zen seine Mönchsroben gegen eine Kleidung, die einer bürgerlichen »Laiengesellschaft« angemessener ist. Zen wird zwangsläufig aufhören, die asiatischen Strukturen der letzten 2500 Jahre widerzuspiegeln. Glücklicherweise scheint es dabei jedoch nicht seine religiöse Funktion zu verlieren, nämlich einen Weg zu spiritueller Freiheit zu weisen.

Seiner grundlegenden Natur nach ist Zen kontemplativ. *Zazen* heißt, sich abseits der Welt niederzulassen – eine halbe Stunde täglich, ein Wochenende, für ein Wochen-Retreat oder für ein Jahr. Das ist die Grundlage aller meditativen Traditionen. Der Buddha, ein Produkt seiner indischen Kultur, hat seine Schüler als zölibatäre Mönche und Nonnen um sich geschart. Wir sind als westliche Laien dem Rat des Buddha gefolgt, unsere eigene Autorität zu sein, und haben begonnen eine Form der Praxis zu entwickeln, die unserer Zeit und Umgebung angepaßt ist. Aber die Botschaft des Zen bleibt dieselbe, sie erlaubt uns den Einblick in unser eigenes Wesen zu jeder Zeit und an jedem Ort: manchmal als Joshu, der die Sandalen auf seinen Kopf legt, oder als Ummon, »Sesamreiskuchen!« rufend, manchmal als Fuchs und manchmal auch als alte Frau, die beleidigt einen Mönch mit dem Feuerhaken schlägt. Der Zauber des Zen lebt in der Kunst des Sitzens; seine Kreativität drückt sich aus im *koan*, die manifeste Welt der Form ist nicht zu trennen von der wort- und bildlosen Erfahrung der Leere. Es ist ein Raum des ununterbrochenen Spiels, in dem wir mit dem Morgenstern strahlen und mit den Wildgänsen fliegen. Und doch ist es fest verbunden mit der Art von Disziplin, die nötig ist, um sich hinzusetzen und ein Leben lang ernsthaft zu meditieren, während man sich aktiv in der Welt engagiert als Lehrer, Ärztin, Mutter, Vater, Zimmermann, Professorin oder sogar als Politiker. Das ist das Zen der Verrückten Wolken. Jedes Kind ist so geboren. Diejenigen, welche aufwachsen und es mit jedem Atemzug und in jedem Augenblick leben, marschieren mit Ikkyu am Neujahrstag durch die Straßen von Sakai und schwingen ihr hölzernes Schwert auf ihrem Weg in den Morgen; sie sitzen mit Bassui in seinem gemütlichen Baumhaus beim Brotbacken; und sie erfassen das

Ungeborene mit Bankei am offenen Lagerfeuer in einem Berg-Retreat.

Die Verrückten Wolken – Künstler, Dichter, Schauspieler, alles Individualisten – wurden aus der offiziellen Geschichte entfernt, ihre Lehren gereinigt durch Traditionalisten, deren weltliche Verbindungen zu Macht und Politik die Verrückte-Wolken-Vision des Zen ins Abseits drängte. Ikkyus Stimme ruft laut, um sie zurückzuholen; provoziert uns, furchtlos in unsere eigene kreative Tiefe zu springen, offen für denselben Ursprung überschäumender Energie, der die Quelle seiner Praxis war; und sie verlangt von uns, den Felsen des Ich zu einem Kiesel abzuschleifen und die dunkelsten Tiefen unseres Selbst auszuloten – so ungekünstelt wie ein Kätzchen, das sich mit einem Garnknäuel herumbalgt. P'ang und Nyogen, Lin-chi und Hakuin haben nie aufgehört, uns zu drängen, auf unseren eigenen Füßen zu stehen. Wir haben nur nicht hingehört. Zu lange sind sie außerhalb des Hauptflußbetts gehalten worden, von weitem als religiöse Genies bewundert, denen man in ihrer »Exzentrizität«, ihrem »Anarchismus« oder, im Fall Ikkyus, in ihrer »Ausschweifung« nicht nacheifern dürfe. Das Zen der Verrückten Wolken ist weder hedonistisch noch exzentrisch. Es ist die natürliche Entwicklung jener, deren Einsicht in das Unaussagbare als die spirituelle Form vom Ausdruck des Selbst in *eben diesem Körper* und an *eben diesem Ort* zutage tritt. Es spielt auf einer formlosen Bühne, sein Geist drückt sich aus in Pu-huas Purzelbaum, in Hakuins Karikaturen, in Ikkyus komischer Poesie. Es spricht mit uns in Gesten. Wie wiegender Bambus oder wie grüne Bohnen auf unserer Gabel umgibt es jeden Augenblick unseres Lebens mit Glanz.

Epilog: *Graswurzel-Zen*

Als westliche Menschen der Welt des heraufdämmernden 21. Jahrhunderts würden wir das »Zen der Verrückten Wolken« heute lieber übersetzen als »Graswurzel-Zen«. Als an der Gemeinschaft orientierte Praxis unterstützt und ermutigt es die individuelle Entwicklung im Rahmen demokratischer Entscheidungsfindung und sozialer Verantwortlichkeit. Das heißt aber nicht, daß man die klösterliche Tradition ablehnen müßte. Es wird immer Raum für Menschen sein, die einer tieferen Berufung folgen und Mönch bzw. Nonne werden. Nicht jeder, der an Zen-Meditation interessiert ist, sollte sich verpflichtet fühlen, unseren Weg der Laien-Praxis zu beschreiten. Aber genau darum sollten sich auch Menschen, die unser Interesse am Graswurzel-Zen teilen, nicht am Monastizismus orientieren müssen. Unsere Art des Zen wendet sich von Hierarchien jeder Art ab und kann deshalb im alltäglichen Leben ganz gewöhnlicher Leute seinen Ort finden; Menschen, die sich selbst nicht notwendig als Buddhisten betrachten, die sich aber ebenso wie Ordinierte dazu berufen fühlen, eine Antwort auf die spirituellen Fragen ihres Lebens zu finden. Die formale Praxis der Sitzmeditation, Retreats, Einzelgespräche mit Lehrenden und die Erfahrung der spirituellen Einsicht sind alle erhalten geblieben, obwohl Robe und rasierter Kopf, der Kodex der Samurai und männliche Vorherrschaft verschwunden sind. Dieser letzte Punkt ist besonders signifikant vor dem Hintergrund der jahrhundertelangen Unterordnung der Frau in den meisten Religionen der Welt, den traditionellen Zen-Buddhismus mit eingeschlossen.

Das aus Japan in den 50er Jahren importierte Zen erwies sich als perfekt kompatibel mit den traditionellen westlichen Mustern der männlichen Vorherrschaft. Indem es Grundsätze und Trainingsmethoden kombinierte, die beide auf den Bildern von männlicher Transzendenz und weiblicher Verhaftung am Stofflichen beruhten, hat es das zölibatäre Leben glorifiziert und den Körper verteufelt. So sind selbst jene Frauen, die ihren geringeren Status überwinden wollten, indem sie Nonnen wurden, von der Hierarchie ausgeschlossen geblieben. Viele Frauen haben stillschweigend sexuelle und psychische Erniedrigung und Ausbeutung ertragen, nur um in der *sangha* anerkannt zu werden. Als diese Mißbräuche nach und nach ans Licht kamen, haben sich nicht wenige Frauen hinreichend ermutigt gesehen, nicht nur die Beziehung zwischen Zen-Lehrern und ihren Schülern in Frage zu stellen, sondern die patriarchalischen Strukturen selbst, welche der Praxis ihre Form gaben. In den 80er Jahren hatte die Frauenbewegung, die inzwischen vom Westen aus selbst die entlegensten und frauenfeindlichsten Bastionen des asiatischen Mönchstums erreicht hatte, eine neue Stufe der spirituellen Revolution der Nachkriegszeit hervorgebracht. Nun wurde weniger beachtet, ob ein Zen-Meister seine Traditionslinie wohl zu Recht vertrat, wichtiger war die Frage, ob man Verantwortlichkeit für seine eigene Praxis übernehmen und seiner eigenen Erfahrung vertrauen konnte. Die feministische Herausforderung gegenüber männlichen Zen-Lehrern wurde ausgeweitet auf die Fragwürdigkeit von Status, männlichkeitsbetonten Bildern und Symbolen und auf den Stil der Weitergabe der Lehre. Verwurzelt in einem Modell von spiritueller Partnerschaftlichkeit, die auf Machtverteilung beruht, ist inzwischen eine ganzheitlichere, intergriertere Form der Zen-Praxis entstanden, um den Bedürfnissen der Frauen und Männer von heute gerecht zu werden.

Von diesem neuen Paradigma inspiriert, betont das Graswurzel-Zen die Gleichwertigkeit der Geschlechter, entwickelt eine familienorientierte Praxis, die auch Kinder mit einbezieht, berücksichtigt die Arbeitsbedingungen des Einzelnen und ist den Idealen sozialer Gleichheit verpflichtet. Das Vorgehen in der Gemeinschaft wird demokratisch diskutiert und umgesetzt, und nicht von oben dekretiert. Dieses Zen kann von jedem geübt werden, religiös oder nicht, der sich einer Verwirklichung des Selbst[1] verpflichtet fühlt und Meditation zu einem ernsten Anliegen macht und nicht zu einem flüchtigen Hobby. Graswurzel-Zen ermutigt das Übernehmen und Teilen von Verantwortung und die demokratische Entscheidungsfindung. Wenn wir demokratische Strukturen in Politik und Gesellschaft unterstützen, warum sollten wir nicht auch auf spirituelle Demokratie hinarbeiten? Zen ist keine isolierte metaphysische Praxis jenseits unserer Welt. Unsere wahre Herausforderung ist es, der wechselseitigen Abhängigkeit aller Dinge immer mehr bewußt zu werden und diese Einsicht in die Praxis umzusetzen, indem wir die politische, soziale und spirituelle Dimension unserer Existenz miteinander verknüpfen. Die Einheit des Seins, die in der Zen-Meditation erfahren wird, muß sich in der Welt ausdrücken als Offenheit, Gewaltfreiheit, Güte, Freundschaft und Demokratie.

Besonders für Laien bedeutet spirituelle Einsicht die Integration der Erkenntnis von der Interdependenz aller Dinge mit dem Weg, wie wir in der Welt leben und handeln. Erst wenn die Meditation uns wirklich nahebringt, daß wir selbst nichts anderes sind als der lautstarke Nachbar nebenan, die obdachlose Frau im Park oder der gefleckte Uhu, werden soziales und ethisches Engagement zu unserer zweiten Natur. Das ist die Art der Zen-Praxis, die gleichbedeutend ist mit dem »Zen des Lebens« in der geschäftigen Welt, die wir hier und jetzt bevölkern.

Zen-Übende von heute beschreiten einen schmalen Grat zwischen Meditation und Aktion. Das heißt, daß die berufstätige Mutter sich ebenso verpflichtet fühlt, sich jeden Tag für eine halbe Stunde auf ihr Kissen zu setzen, wie dazu, ihre Kinder in die Schule zu bringen und pünktlich zur Arbeit zu erscheinen. Die Anwendung jenes Instrumentariums, das in 2500 Jahren Erfahrung mit der Sitzmediation entwickelt wurde, zeigt, daß es für eine Hausfrau in New Jersey, einen österreichischen Universitätsprofessor oder eine australische Krankenschwester heute ebenso wirksam ist wie damals bei Shakyamuni Buddha. Wenn sie dem Weg des Buddha folgen, müssen westliche Meditierende, wie der Buddha dies getan hat, die leere Perfektion von *nirvana* als Alternative zur lärmenden Welt der zehntausend Dinge zurückweisen. Im Gegensatz zu anderen spirituellen oder religiösen Wegen, die sich auf eine Intervention von außen durch einen Gott oder eine Übertragung durch einen Meister verlassen, liegt die Verantwortung im Zen einfach auf den Schultern der jeweils Übenden. Wir selbst entscheiden, täglich in Meditation zu sitzen und an Retreats teilzunehmen, während wir zugleich unserem Job nachgehen, uns um Kinder und alternde Eltern sorgen, zur Wahl gehen und uns für die Rettung unseres Planeten engagieren. Wie der Buddha – von dem gesagt wird, daß er immer noch übe – sind wir ebenfalls jeden Augenblick unseres Lebens eingeladen, uns auf den *Weg* einzulassen. Glücklicherweise müssen wir dazu keine weite Reise mehr auf uns nehmen.

Graswurzel-Zen in New Jersey

Inspiriert von den Rebellen und Reformern in diesem Buch, haben wir den asiatischen Wurzeln des Zen der Verrückten Wolken einen Schößling entnommen und ihn in die Erde des Westens verpflanzt. Nachdem wir über 15 Jahre lang schwarze Roben getragen und die strengen japanischen Klosterregeln befolgt hatten, konnten wir nicht länger die Augen vor der Tatsache verschließen, daß wir westliche Menschen waren, die in der Laiengesellschaft des ausgehenden zwanzigsten Jahrhunderts lebten. Darüber hinaus verstanden wir uns als »fortschrittlich«, interessiert an Bürgerrechten, Ökologie und Feminismus und engagiert gegen wirtschaftliche Ausbeutung und Gewalt. Wir waren betroffen von dem patriarchalen und hierarchischen Wesen des traditionellen japanischen Zen, seinem Militarismus, seiner Distanz zu sozialer Aktion und den Angelegenheiten dieser Welt. Wir waren beunruhigt zu sehen, daß so viele »Westler«, die einmal tief in die Übung des Zen involviert gewesen waren, diese aufgaben, weil sie Zen zunehmend »irrelevant« für ihr Leben fanden.

So haben wir vor acht Jahren, als wir in Princeton, New Jersey, lebten, eine kleine Zen-Gruppe begründet und begonnen, mit einer eher amerikanischen Graswurzel-Version der Zen-Übung zu experimentieren. Obwohl wir uns von dem ursprünglichen feudal-kulturellen Stil dispensierten, hielten wir es für unabdingbar, dem »Herz« unseres Zen-Trainings treu zu bleiben, das *zazen* einschließt – die formale Sitzmeditation; *sesshin* – Meditations-Retreats im Schweigen; *dharma*-Vorträge – praxisbezogene Vorträge von Zen-Lehrern; *koan* – eine Methode des direkten Austauschs zwischen Lehrer und Schüler zur Erleichterung der spirituellen Einsicht; und *dokusan* – Zwiegespräch zwischen Lehrer und Schüler.

Von Anfang an waren wir, genauso wie die ursprüngliche Handvoll Mitglieder, die mit uns den Meditationsabend am Mittwoch frequentierte, entschlossen, daß die Princeton Area Zen Group – unter diesem Namen ist sie bekannt geworden – ein an Gemeinschaft orientiertes Zen-Zentrum ohne Bindung an einen Ort oder eine Tradition sein sollte, mit dem Zweck, jeden in die Praxis des *zazen* einzuführen, der einen ernsthaften Wunsch nach Verwirklichung des Selbst hegt. Nach drei Jahren war die Zahl der Mitglieder so gewachsen, daß ein größerer Raum gemietet werden mußte und ein Mitgliedsbeitrag erhoben werden konnte, statt sich auf Spenden zu verlassen. In ihren Faltblättern bezeichnete sich die PAZG jetzt als »Gruppe Gleichgesinnter, die gemeinsam jeden Sonntagabend Zen-Meditation üben und im gleichen Maß verantwortlich sind für die Erhaltung und Unterstützung des *dojo*, des »Ortes der Übung«. Regelmäßige *sesshin* wurden abgehalten, Anfängerabende eingeführt, um Neulingen Zen nahezubringen, und wir beide engagierten uns in der Stadtgemeinde von Princeton, hielten Vorträge, Seminare und Workshops und nahmen Verbindung auf mit dem christlichen und jüdischen Klerus, die sich und ihre Gemeindemitglieder mit der Übung der Meditation bekanntmachen wollten.

Inspiriert von der profanen Atmosphäre und pragmatischen Sprache des Graswurzel-Zen schufen Mitglieder der PAZG – ob sie sich nun »Buddhisten«, »gläubige Katholiken«, »ethnische Juden« oder »ungebunden« nannten – mit der Zeit eine Mischung von östlicher und westlicher Zen-Praxis, mit der sie sich wohl fühlen konnten. Als zur Wahl gestellt wurde, ob wir einen Altar beibehalten sollten mit der traditionellen Statue oder einem Bild des Buddha, ob wir Räucherstäbchen verwenden und eine abgekürzte Version buddhistischer Sutras auf sino-japanisch rezitieren sollten, wurde z. B. einhellig mit »ja« gestimmt. Die entspannte, nicht-hierarchische Beziehung zwischen Lehrern und Schülern, die persönlichen Freundschaften, die sich unter den Mitgliedern entwickelten, und die Verbundenheit unter jenen, die die Bemühungen der Gruppe mittrugen, schufen eine Gemeinsamkeit, die jeden sektiererischen Streit von vornherein ausschloß. Keines der Mitglieder sah Zen als exotischen Ostimport, der zur Entfremdung vom »wirklichen Leben« führen könne. Mit nicht-praktizierenden Ehegatten, mit Kindern, anderen Familienmitgliedern und Freunden, die zum Essen und zu spontanen Parties nach Wochenend-Retreats mitgebracht wurden, erstreckten sich die sozialen Kontakte auch über die Zen-Gruppe hinaus; und sogar Ortsansäßige, die ursprünglich befürchtet hatten, daß sich da in ihrer Mitte eine Sekte breitmachen könnte, zeigten sich zunehmend interessiert. Der Umstand, daß weder Lehrer noch Schüler schwarze Roben trugen oder sich den Kopf rasierten (eine klösterliche Tradition, die in vielen amerikanischen Laien-Zen-Zentren immer noch üblich ist), half ebenfalls mit, die PAZG in das soziale und intellektuelle Leben außerhalb der *zendo* zu integrieren.

Als Lehrende begrüßten wir es, in einer Gruppe zu sein, die zum überwiegenden Teil aus Anfängern ohne vorhergehende Zen-Erfahrung und ohne Vorurteile über die Zen-Praxis bestand. Unsere Schüler fragten nicht, ob die Sitzmeditation, die sie lernten, japanisch oder amerikanisch, alt oder neu war. Die Ärztinnen,

Umweltschützer, Künstler, Studentinnen, Hausfrauen, Buchhalter, Dichterinnen, Beamten, Therapeutinnen und Rentner, die mit uns saßen, waren weniger an Fragen nach Hierarchie, Traditionslinie oder anderen Themen des »Kirchen-Zen« interessiert, als daran, sich wirklich auf ihr Kissen zu setzen und den »Buddha-Weg« für sich selbst zu erfahren. Und weil die alte chinesische Praxis der Meditation mit *koan* sich stets auf ihre eigene Erfahrung im täglichen Leben bezog, war sie den Mitgliedern leicht zugänglich. Daß wir als Ehepaar auftraten und keine Symbole religiöser Autorität mit uns herumtrugen (und nicht von der Gruppe finanziell unterstützt wurden, sondern unseren Lebensunterhalt, so wie andere auch, selbst verdienten), half ebenfalls mit, die klerikale, vorwiegend maskuline Atmosphäre zu entspannen, die lange mit Zen verbunden schien. *Dokusan* (ohne die komplizierten Niederwerfungen und klösterlichen Formalitäten des traditionellen asiatischen Zen) öffnete neue Wege der Kommunikation, die sonst durch die kulturellen Unterschiede verschüttet geblieben wären; und auch *sesshin*, bei denen alle Teilnehmer für Organisation, Finanzierung und Ausführung praktischer Tätigkeiten gleich verantwortlich waren, dienten dazu, eine demokratischere Form der Zen-Praxis hervorzubringen.

Disziplin – ein Schreckgespenst in unserer zur Nivellierung neigenden Zeit – mußte niemandem mit dem langen Holzstock *[kyosaku]* nahegebracht werden, der in Klöstern und in vielen Zen-Zentren bei uns auch heute noch üblich ist. Die meisten Mitglieder der Gruppe waren verantwortungsbewußte berufstätige Erwachsene mit Kindern, denen sie selbst Disziplin beibrachten, einige waren weißhaarige Senioren, und es schien uns irgendwie unpassend, durch die *zendo* zu marschieren und sie mit dem Stock auf den Rücken zu schlagen, um sie wachzuhalten. Als Ergebnis unseres zunehmenden Bestrebens, Zen zu »verweiblichen«, wurden statt dessen eine Haltungskontrolle und eine »Massage« von Akupressurpunkten eingeführt; und denjenigen, die nicht in Lotoshaltung auf einem *zafu* sitzen konnten, wurde gezeigt, wie man *zazen* auf einem Stuhl sitzt.

Westliche Laien-Zen-Lehrende am Ende des 20. Jahrhunderts zu sein bedeutet, das zu akzeptieren, was wir »Rollenpluralität« nennen. Wie die berüchtigten Zen-Skandale der 80er Jahre gezeigt haben, hat die traditionelle Rolle des *roshi* als lebender Manifestation der Erleuchtung dazu geführt, daß Schüler diese Rolle des »Meisters« auf alle anderen Aspekte des menschlichen Daseins ausgedehnt haben. Sie nahmen an, daß ihr Lehrer nicht unmoralisch handeln könne. Selbst eindeutig unmoralische Verhaltensweisen wie Drogenabhängigkeit oder sexueller Mißbrauch durch den *roshi* wurden als dessen »mystische Lehren« angesehen, die »gewöhnlichen« Übenden eben nicht verständlich seien. Diese automatische Übertragung der besonderen Rolle des »Meisters« auf alle Lebensbereiche hielt die Schüler davon ab zu erkennen, daß ihr Lehrer eben nicht perfekt war. Als menschliche Wesen spielen wir alle viele verschiedene Rollen, ebenso wie wir verschiedene Stärken und Schwächen haben. In manchen Rollen sind wir aufgerufen voranzugehen, in anderen müssen wir erfahreneren Leuten folgen.[2] Das Akzeptieren der Pluralität unserer Rollen heißt, daß qualifizierte Zen-Lehrer imstande sein sollten, ihre Schüler in der Meditation anzuleiten, daß sie aber andererseits willens sein müßten, in anderen Bereichen von ihren Schülern zu lernen. Mit anderen Worten: Sowohl Schüler als auch Lehrer müssen sich selbst erlauben, in wechselnden Situationen verschiedene Rollen anzunehmen und vorgefaßte versteinerte Hierarchien loszulassen, die das freie Wechselspiel der menschlichen Interaktion behindern.

Als Zen-Lehrende haben wir immer wieder die Notwendigkeit erfahren, mit unseren Schülern enge Freundschaften zu entwickeln, wenn wir nicht auf das »unfehlbare *dharma*-Auge« beschränkt sein wollten. Wir wollten die Möglichkeit haben, mit jemandem eine Tasse Kaffee trinken zu gehen und als Konversationspartner auf gleicher Ebene angesehen zu werden. Wir wollten Schüler zum Abendessen einladen können und mit ihnen offen über Politik, Beruf und Kultur reden können in einer Atmosphäre der Gleichheit, die dem freien Ideenaustausch dient. Unser Graswurzel-Zen ist also auf einem gemeinsamen Engagement in Meditationspraxis *und* Freundschaft begründet. Der griechische Philosoph Sokrates nannte solche Gefühle für Respekt und Bindung in Freundschaft *philia* – ein Begriff, der in unserer entfremdeten Massengesellschaft seine Zugkraft weitgehend verloren hat. Da die Praxis der *philia* wohl nur in einer überschaubaren, dezentralisierten Umgebung möglich ist, haben wir gemeinschaftlich beschlossen, unsere Zen-Gruppe in Größe und Reichweite begrenzt zu halten.

Nach fünf Jahren haben wir die Gegend von Princeton verlassen und Stellen an der Universität von Illinois angenommen. Indem wir uns mehrmals jährlich zu *sesshin* treffen, monatlich durch *dharma*-Vorträge und Gruppendiskussionen auf Band sowie durch Telephon, Briefe und e-mail kommunizieren, haben wir ebenso wie unsere Schüler eine neue Phase in unserem Verrückte-Wolken-Experiment eingeleitet. Zur Überraschung aller hat das Nichtvorhandensein von örtlichen Lehrern die Mitglieder einander nur nähergebracht und nicht den Tod der Gruppe signalisiert. Indem die Princeton Area Zen Group die Verantwortung für das wöchentliche Sitzen und die Erhaltung der *zendo* ganz auf sich nahm, zusätzlich Retreats mit den Lehrern arrangierte und finanzierte und einen unregelmäßig erscheinenden *Crazy Clouds Sangha Newsletter* startete, als Gruppe in die Öffentlichkeit geht, neue Mitglieder in die Anfänge der Meditation einweist und alternierende Leiterrollen eingeführt hat, beweist die Gruppe, daß ein unabhängiges, egalitäres und sozial engagiertes westliches Verrückte-Wolken-Zen in der Tat möglich ist.

---

1 Das Modewort »Selbstverwirklichung« ist in diesem Zusammenhang nur mit großen Vorbehalten anwendbar.

2 Vgl. Chao-chou (778–897): »Wenn ein fünfjähriges Kind mich über das *dharma* belehren kann, werde ich das demütig annehmen, und wenn ich einen neunzigjährigen Weisen über das *dharma* belehren kann, werde ich das demütig tun.«

Quellenangaben

Einführung:
»Es gibt keinen Buddha und keine Patriarchen ...« Kenneth Chen: *Buddhism in China.*

P'ang-yün:
Alle direkten Zitate und Gedichte stammen aus: *A Man of Zen. The Recorded Sayings of Layman P'ang,* (ins Englische übersetzt von Ruth Fuller Sasaki).

Lin-chi:
Alle direkten Zitate stammen aus: *The Record of Lin-chi,* (übersetzt von Ruth Fuller Sasaki) und aus: Kenneth Chen: *Buddhism in China.*

»Heutzutage haben nur wenige den wahren Glauben ...«
Buddhism in China

»Ich rede auf diese Weise nur ... «
The Record of Lin-chi

»Geist ist ohne Form und durchdringt die zehn Richtungen ...«
The Record of Lin-chi

»Da gibt es Schüler, die ihre Kette und Kugel herumschleppen ...«
The Record of Lin-chi

»Da gibt es manche buddhistische Sucher, die schon den Fehler ...«
The Record of Lin-chi

Bassui:

Alle direkten Zitate stammen aus Arthur Bravermans (unveröffentlichtem) Manuskript von 1989 *Bassui Zenji: Talks with Students*, später veröffentlicht unter dem Titel *Mud and Water. A Collection of Talks by the Zen Master Bassui.*

Ikkyu:

Alle direkten Zitate und Gedichte stammen aus: Sonja Arntzen: *Ikkyu and the Crazy Cloud Anthology*, und aus Jon Covell: *Zen Core: Ikkyu's Freedom.*

»Von der Welt der Leidenschaften …«
Zen Core

»Räuber sind nie in armen Häusern anzutreffen …«
Ikkyu and the Crazy Cloud

»Gier nach Luxus, nach Reis und Geld …«
Zen Core

»Nach zehn Tagen in diesem Tempel …«
Zen Core

»Ich bin ein einfacher Mann …«
Zen Core

»Ich schäme mich, noch unter den Lebenden zu sein …«
Zen Core

»Meine Hand Moris Hand nennen …«
Ikkyu and the Crazy Cloud

»Wer führt die Grundtradition der Rinzai-Schule weiter …?«
Zen Core

»Nach meinem Tod werden unter meinen Schülern …«
Zen Core

»Männer inmitten ihrer Trunkenheit …«
Ikkyu and the Crazy Cloud

Bankei:

Alle direkten Zitate und Gedichte stammen aus: *The Unborn: The Life and Teaching of Zen Master Bankei,* (ins Englische übersetzt von Norman Waddell) und aus: Peter Haskel: *Bankei Zen: Translations from the Record of Bankei.*

»Ich trieb mich gnadenlos an und erschöpfte mich ...«
The Unborn

»Ich habe zweiundsiebzig Jahre gelebt und ...«
The Unborn

»Du machst dich selbst innerlich zu einem erstklassigen Tier ...«
The Unborn

»Ich empfehle niemandem zu schlafen ...«
Bankei Zen

»Versuche, dreißig Tage im Ungeborenen zu verbleiben ...«
The Unborn

»Ich will euch etwas erzählen über die Frage des Buddha-Geistes der Frau ...«
Bankei Zen

»Meine eigenen Kämpfe habe ich ...«
The Unborn

»Was macht es aus, das Neue Jahr, das Alte ...?«
Bankei Zen

Hakuin:

Alle direkten Zitate stammen aus: Philip Yampolsky: *The Zen Master Hakuin,* und aus: Heinrich Dumoulin: *Geschichte des Zen-Buddhismus,* Bd. 2.

»Plötzlich stand vor mir der große Zweifel ...«
Geschichte des Zen-Buddhismus

»Im Bereich der zehntausend Buddhas ...«
The Zen Master Hakuin

»Ich habe mich entschlossen, jeden dadurch zu belehren ...«
The Zen Master Hakuin

»Da gibt es diese blinden, glatzköpfigen Idioten ...«
The Zen Master Hakuin

»Ungefähr zweihundert Jahre ist es her …«
The Zen Master Hakuin
»Die Praxis des Lotos-Sutra besteht von heute an darin …«
The Zen Master Hakuin
»Anfang und Ende eines Kriegers ist die körperliche …«
The Zen Master Hakuin
»Oft leben Zen-Meister, und ebenso ihre Schüler …«
The Zen Master Hakuin

Nyogen:

Alle direkten Zitate und Gedichte stammen aus: Nakagawa Soen u.a.: *Namu Dai Bosa,* Nyogen Senzaki: *Like a Dream, Like a Fantasy,* Nyogen Senzaki: *Comments on the Mumonkan,* (unveröffentlichtes Manuskript) Nyogen Senzaki / Ruth Strout McCandless: *Keine Spuren im Wasser,* Genro: *Die hundert Zen-Koans der ›Eisernen Flöte‹.*

»Ich prägte den Ausdruck ›Mentorgarten‹ …«
Keine Spuren im Wasser
»Bruder Nyogen versucht es, das Leben eines *bhikkhu* zu leben …«
Die hundert Zen-Koans
»Freunde im Dharma, begnügt euch mit eurem eigenen Kopf …«
Like a Dream
»Es ist nicht genug, den Leuten zu erzählen, daß es möglich ist …«
Namu Dai Bosa
»Einige Amerikaner zahlen kräftig …«
Comments on the Mumonkan
»Wenn irgend jemand sich närrischerweise vom Rest der Welt …«
Comments on the Mumonkan
»Als mein Meister noch lebte, bat ich ihn …«
Keine Spuren im Wasser
»Es gibt keine Abstufung im Zen …«
Comments on the Mumonkan

»Ich gehe keiner so komischen Tatigkeit nach …«
Comments on the Mumonkan
»Was ist das für ein Geist, der den Mond erkennt?«
Namu Dai Bosa
»Buddhismus unterstützt die Unabhängigkeit des Denkens …«
Namu Dai Bosa
»Als ich in Japan ein junger Mönch war …«
Comments on the Mumonkan
»Es ist eine Schande, daß Zen in Japan Verbindungen zu …«
Comments on the Mumonkan
»Hunderttausend Bonzen sind mit Sake getränkt …«
Comments on the Mumonkan
»Das Ideal meines Lebens wäre, ein zweckloser Pilz zu werden …«
Comments on the Mumonkan

Soen:
Alle direkten Zitate und Gedichte stammen aus: *Soen Roku: The Doings and Sayings of Zen Master Soen,* (hrsg. von Eido Shimano) und aus: Nakagawa Soen u.a.: *Namu Dai Bosa.*
»Wir beide gingen häufig am späten Abend …«
Soen Roku
»Mein Geist hörte auf zu suchen. Er wurde klar und heiter. Schopenhauer …«
Soen Roku
»Gewöhnliches ist außergewöhnlich …«
Soen Roku
»Sterben heißt nur sich der Mehrheit anschließen …«
Namu Dai Bosa
»Meine Freunde sagen mir, daß die Stadtmauer von Jerusalem …«
Soen Roku
»Meditation selbst ist nicht *zazen* …«
Namu Dai Bosa
»Die Schabe ist mein Lieblingstier …«
Soen Roku

»Alle Wesen sind Blumen ...«
Soen Roku

Das Zen der Verrückten Wolken für den Westen:
»Das erhobene Schwert hat keinen eigenen Willen ...«
Robert Aitken: *The Mind of Clover*
»Die Trennung des Absoluten vom Relativen ...«
Robert Aitken: *The Mind of Clover*

Die Autoren möchten für die Erlaubnis danken, aus den angeführten Werken zu zitieren.

Glossar

-An (chin., jap.): »Hütte«; Suffix für eine Einsiedlerklause oder ein Kleinkloster.

Anatta (Pali, Sanskrit *anatman*): Nicht-Ich(haftigkeit).

Ango (jap.): => *kessei.*

Anicca (Pali, Sanskrit *anitya*): Unbeständigkeit (alles Seienden).

Arhat (Sanskrit, chin. *lo-han*): »Würdiger«; jemand, der die höchste Stufe des *Theravada* erreicht, aber seine eigene Erleuchtung noch nicht transzendiert hat, um alle Wesen zu retten. Stufe vor dem Bodhisattva.

Bakufu (jap.): Militärregierung unter dem Tokugawa-Shogunat.

Bodhisattva (Sanskrit, jap. *bosatsu*): Verkörperung der Selbstlosigkeit im *Mahayana*-Buddhismus; jemand, der/die den Eintritt ins *nirvana* zurückstellt, bis alle Wesen dieses erlangt haben.

Bhikkhu (Pali, Sanskrit *bhiksu*): Hausloser Mönch; Mitglied der *sangha* im klassischen Buddhismus.

Bokushu (jap.): Anhänglichkeit, festhalten.

Bonze: Lehnwort aus dem Japanischen, dort *bozu,* oder höflicher *bosan*: Mönch.

Bushido (jap.): »Der Weg kämpfender Ritter«; Ehrenkodex der Samurai.

Chien-hsing (chin.): => *kensho.*

Chinzo (jap.): Offizielles Zen-Porträt eines Abtes.

Chonin (jap.): Städter, Kaufmannsklasse unter den Tokugawa.

Chü-shih (chin., jap. *koji*): »Glaubender Herr«; Bezeichnung für Zen-Laien in der T'ang-Zeit.

Daigi (jap.): »Großer Zweifel«; die »dunkle Nacht der Seele« (vgl. spanische Mystik), welche *satori* vorausgeht.

Daikangi (jap.): »Große Freude«; der natürliche Fluß von Liebe und Güte, der aus der Erfahrung des *satori* entsteht.

Daimyo (jap.): Provinzfürst, Chef eines Clans.

Daishi (jap.): »Großer Tod«; die Vernichtung des Ich (Ego); auch Metapher für *satori.*

Dharma (Sanskrit, chin. *fa,* jap. *ho*): Wahrheit, Große Ordnung, Lehre des Buddha.

Dharma (Sanskrit): Nicht zusammengesetzte Daseinsfaktoren, Monaden, »Geistatome«.

Dharmakaya (Sanskrit): »Wahrheitsleib«; die wahre Buddha-Natur oder transzendente Wirklichkeit.

Do (jap.): => *tao.*

Dojo (jap., chin. *tao-ch'ang*): Allg. »Ort des (Übungs-)Weges«; also auch Judohalle o. ä.

Dokusan (jap.): »Allein gehen« => *sanzen.*

Furyu (jap.): Wort mit einem sehr breiten Bedeutungsspektrum, von »subtil« bis »ganz natürlich fließend«; Ikkyus Zen.

Fusho (jap., chin. *wu-sheng*): »Ungeboren«; Bankeis Form der Weitergabe des Zen; mit Betonung des »Weges des Hörens« gegenüber ritualisierter Meditation oder *koan*-Arbeit.

Gaijin (jap.): (Besonders westlicher) Ausländer.

Gatha (Sanskrit): »Lied«; auch spirituelles Gedicht, *sutra.*

Giri (jap.): Pflicht.

Go-i (jap.): => *wu-wei.*

Goi koan (jap.): Die schwierigste Stufe der *koan*-Arbeit; mit Hilfe dieser *koan* sollen die »Fünf Stufen des Phänomenalen und des Wirklichen« des Tung-shan (Tozan) durchdrungen werden.

Gonsen koan (jap.): Diese *koan* helfen, die schwierigen Aussprüche der alten Meister zu klären.

Gozan (jap.): »Fünf Berge«; Tempelzusammenschluß in Japan, Nachahmung einer ähnlichen Konstellation in China *[wu-tai-shan]*, wobei einigen ausgewählten Klöstern ein besonderer Status sowie spezielle Privilegien und finanzielle Unterstützung durch den Kaiserhof zuerkannt wurden.

Haiku (jap.): Japanische Gedichtform in siebzehn Silben; abgeleitet aus dem *renga* [Kettengedicht] und dem *tanka* [31silbiges Kurzgedicht], meist im Thema dem Zen nahestehend.

Han (jap., chin. *pan*): »Brett«; dickes Holzbrett, das in Zen-Klöstern angeschlagen wird, um die Mönche zum Sitzen zusammenzurufen.

Hara (jap.): »Bauch«; Punkt der Konzentration 5 cm unter dem Nabel; Energiezentrum – entspricht dem *chin-lu*, dem »goldenen Ofen« im unteren Zinnoberfeld des Taoismus.

Harakiri (jap.): »Bauch schneiden«; grobe Bezeichnung für => *seppuku*.

Hinayana (Sanskrit): »Kleines Fahrzeug«; abschätzige Bezeichnung für => *Theravada*.

Ho (chin., jap. *katsu*): »Schreien«; der Schrei des Lin-chi, der verbale Aspekt des Schwertes des Manjusri, der ebenso den Strang des Denkens durchtrennen soll wie dieses.

Ho-shang (chin., jap. *osho*): Anrede für einen voll ordinierten Mönch.

Hogo (jap.): Mündliche Belehrung, meist in Form eines *dharma*-Vortrags.

Hojo (jap.): Regierung des Shogunats; auch Abt eines Zen-Klosters.

Hossen (jap.): »*dharma*-Gefecht«; Dialog zwischen Zen-Adepten, rational meist nicht nachvollziehbar.

Hosshin koan (jap.): Stufe der *koan*-Arbeit, welche die Einsicht des Schülers in seine Wahre Natur vertiefen soll.

Hotei (jap.) => *Pu-tai*.

Hua-tou (chin., jap. *wato*): »Wort-Kopf«; das Kernstück eines *kung-an*, wird häufig mit diesem verwechselt.

Hua-yen (chin., jap. *Kegon*, Sanskrit *Avatamsaka*): »Blumenschmuck«; philosophische Schule in China und Japan (geht zurück auf das gleichnamige Sutra), die sehr viel zum philosophischen Hintergrund des Ch'an beitrug.

-In (jap., chin. *yüan*): Suffix für einen Unter- oder Zweigtempel.

Inka (jap.): Siegel der Erleuchtung; ausgestellt von einem Zen-Meister zur Bestätigung eines Schülers. Ähnlich: *shiho.*

-Ji (jap., chin. *ssu)*: Suffix für (Haupt-)Tempel oder Kloster.

Jizo (jap., Sanskrit *Ksitigarbha*): In Japan beliebter »Bodhisattva der Rettung«, besonders im Zusammenhang mit Kindern [Abtreibungen!].

Joriki (jap.): Kraft der Konzentration, die durch Sitzpraxis erworben wird.

Jujukai (jap.): »Zehn Hauptgebote« => *kairitsu.*

Jukai (jap.): Zeremonie der Annahme der *kairitsu*; öffentliche »Zufluchtnahme« zu den Drei Juwelen des Buddhismus.

Kabuki (jap.): Volkstümliches Theater mit deftiger Handlung und humoristischen Einlagen, im Gegensatz zum extrem zurückhaltend agierenden *No.*

Kaikyoshi (jap.): Bevollmächtigter Vertreter einer Zen-Schule für ein bestimmtes Land.

Kairitsu (jap.): Gebote und Regeln.

Kami (jap.): Gottheiten des Shintoismus; der japanische Kaiser wurde als »lebender *kami«* angesehen.

Kannon (jap., chin. *Kuan-yin*, Sanskrit *Avalokitesvara*): »Die/der die Geräusche der Welt hört«; Bodhisattva von Güte und Mitgefühl.

Karma (Sanskrit): Buddhistisches Konzept des Gesetzes von Ursache und Wirkung.

Katsu (jap.) => *ho.*

Kegon (jap.) => *hua-yen.*

Kensho (jap., chin. *chien-hsing*): Einsicht in die eigene Wahre Natur, Erleuchtungserfahrung.

Keisaku => *kyosaku.*

Kessei (jap., auch *ango*): Zwei- bis dreimonatige Trainingsperiode; in einem Zen-Kloster zweimal jährlich abgehalten.

Kikan koan (jap.): Diese *koan* führen zu einem besseren Verständnis der differenzierten phänomenalen Welt durch das »Auge der Erleuchtung«.

Koan (jap., chin. *kung-an*): »Öffentlicher Aushang«; im Zen als Meditationshilfe verwendete Ausschnitte aus *mondo*, meist mit Kommentaren; Mittel, um unter Umgehung des Intellekts das dualistische Denken zu durchbrechen.

Kokushi (jap.): »Landesmeister«; höchster Rang, der einem Zen-Meister von der japanischen Regierung verliehen werden kann.

Koto (jap.): Japanisches Musikinstrument, ähnlich der griechischen Lyra.

Kundalini (Sanskrit): »Schlangenkraft«; im Yoga spirituelle Energie, die, wenn erweckt, die Wirbelsäule den *chakren* entlang hochsteigt.

Kung-an (chin.) => *koan*.

Kyosaku, (jap., auch *keisaku*): Abgeflachter hölzerner Stock; in Zen-Klöstern verwendet, um schläfrige oder verkrampfte Meditierende zu ermuntern und Anhaftungen zu durchtrennen (vgl. Schwert des M*anjusri*).

Kyo-un (jap.): »Verrückte Wolke«; Selbstbezeichnung Ikkyus, um sein Zen zu charakterisieren.

Lo-han (chin.) => *arhat*.

Mahayana (Sanskrit): »Großes Fahrzeug«; Im 1. und 2. Jh. u. Z. in Nordindien entstandene und in Ostasien verbreitete Form des Buddhismus mit Betonung des Bodhisattva-Ideals.

Manjusri (Sanskrit, chin. *Wen-shu*, jap. *Monju*): Bodhisattva der Weisheit, dessen Kennzeichen das die Verblendungen durchschneidende Schwert ist.

Mantram (Sanskrit, Pl. *mantra*): Silbe oder Silbenfolge mit immanenter spiritueller Kraft.

Mentorgarten: Nyogen Senzakis Ausdruck für sein unhierarchisches Zen-Modell, in dem jeder als Lehrer und Schüler zugleich betrachtet wird. In Anlehnung an den Begriff »Kindergarten« des deutschen Reformpädagogen Friedrich Fröbel (1782–1852).

Mokusho (jap., chin. *mo-chao*): Schweigende (andere Lesart: heiter-gelassene) Erleuchtung/Widerspiegelung; besonders in der Soto-Schule gepflegt.

Mondo (jap.): Kurzer Zen-Dialog zwischen Lehrer und Schüler oder spontaner Austausch zwischen Zen-Meistern, in dem die eigentliche Erkenntniserfahrung ausgedrückt werden soll.

Mu-i (jap.) => *wu-wei*.

Mukei (jap.): Wortspiel Ikkyus, in dem er sich selbst als »Mönch vom Traum-Boudoir« bezeichnete.

Naikan (jap.): »Innenschau«; Visualisierungs-Therapie des Eremiten Hakuyu, mit der er Hakuin heilte. Kein Zusammenhang mit der bekannten modernen *Naikan*-Methode.

Nanto koan (jap.): Sie weisen hin auf die Nicht-Andersheit [vgl. Meister Eckhart] inmitten der Alltagserfahrung.

Nembutsu (jap.): Kurz für *»namu amida butsu«*; ein *mantram*, mit dem der Name des rettenden Buddha Amida immer aufs neue wiederholt wird; diese Praxis wurde von Honen, dem Begründer der Reinen-Land-Schule des Buddhismus in Japan, im 12. Jh. eingeführt.

Nichiren-Buddhismus (jap.): Die Schule des *Lotos-Sutra*; eine volkstümliche Form des japanischen Buddhismus, die Verehrung und das Gebet betont: *»namu myoho renge kyo«* – »Verehrung dem Lotos des wunderbaren Gesetzes.« Nichiren, der Begründer der Schule im 13. Jh., verkündete, daß die letzte Wahrheit des Buddhismus nur im *Lotos-Sutra* zu finden sei.

Ninjo (jap.): Emotion(en).

Nirvana (Sanskrit): »Verlöschen«; Ziel aller Schulen des Buddhismus. Nicht benennbare oder rational faßbare Existenzweise, der von den verschiedenen Schulen verschiedene Inhalte zugeordnet werden. Im Zen, wie allgemein im *Mahayana*, wird *nirvana* als vom Wandel der Welt nicht verschieden angesehen.

No (jap.): Theater der Oberschicht im klassischen Japan; viel Andeutung, wenig Mienenspiel und Handlung.

Obaku-Zen (jap., chin. *huang-po-ch'an*): Nach dem Meister der T'ang-Dynastie benannte Zen-Schule (größte nach *Soto* und *Rinzai*).

Oibara (jap.): Ausdruck der Hingabe eines Samurai an seinen Lehnsherrn, indem er ihm in den Tod folgt.

Osho (jap.) => *ho-shang.*

Pai-i (chin., jap. *hakui*): »Weißes Gewand«; klassischer Ausdruck für buddhistische Laien.

Paramita (Sanskrit): »Das andere Ufer erreicht haben«, transzendent; die sechs *paramita*, »Vollendungen«, sind: Gebefreudigkeit, Disziplin, Geduld, Ausdauer, Meditation und Weisheit.

Prajna (Sanskrit): »Weisheit«; *prajna-paramita*, die sechste der *paramita*; besonders aber die transzendente Weisheit der *prajna-paramita-sutra* (s. *Herz-Sutra* und *Diamant-Sutra*).

Pratitya samutpada (Sanskrit): Abhängiges Entstehen, wechselseitige Abhängigkeit (alles Seienden).

Pu-tai (chin., jap. *Hotei*): »Hanfsack«; halblegendärer Mönch, der mit einem riesigen Bettelsack umherwanderte und daraus die Kinder beschenkte. Inkarnation des »Buddha der Zukunft«, Maitreya.

Renga (jap.): Kettengedicht; improvisiert in Form eines meist humoristischen Wechselgesprächs in einer Runde von Teilnehmern.

Rinzai-Zen (jap., chin. *lin-chi-ch'an*): Begründet von Lin-chi I-hsüan (Rinzai Gigen) in der T'ang-Zeit und im 13. Jh. von Eisai und Daio in Japan eingeführt; betont die *koan*-Praxis.

Roshi (jap.): »Alter Meister«; Zen-Meister.

Saisen-ichi (jap.): Altes japanisches Konzept der Einheit von Staat und Religion; in der Meiji-Ära wiederbelebt.

Sake (jap.): Reiswein, wird warm getrunken.

Sala-Baum (Sanskrit): Legendärer Baum, der sich beim Tod des Buddha weiß gefärbt haben soll.

Samadhi (Sanskrit): Zustand tiefer Versenkung.

Sangha (Sanskrit): Ursprünglich Ordensgemeinschaft der Buddha-

Mönche und -Nonnen; in der Mahayana-Tradition erweitert auf alle Bekenner/innen des Buddhismus.

Sanzen (jap.): »(Zum) Zen gehen«; Einzelgespräch zwischen Lehrer und Schüler. Ähnlich: *dokusan.*

Satori (jap., chin. *wu*): Selbst-Verwirklichung, Erleuchtung.

Senryu (jap.): Siebzehnsilbiges Kurzgedicht ähnlich dem *haiku;* häufig mit humorvoller oder philosophischer Bedeutung.

Seppuku (jap.): Ritueller Selbstmord.

Shi (jap.): »Tod«; wichtiger *koan* im Samurai-Training.

Shiho (jap.) => *inka.*

Shika (jap.): Mönchsältester.

Shiki (jap.): Die zivile Bürokratie der Minamoto-Periode im 13. Jh.

Shin-Buddhismus (jap.): Schule des Reinen-Land-Buddhismus; begründet durch den buddhistischen Mönch Shinran (1173–1262), der allen Rettung versprach, die gläubig den mythischen Buddha Amida anrufen mit der Formel *»namu amida butsu«. Shin* ist die verbreitetste buddhistische Schule in Japan.

Shingon (jap.): »Wahres Wort«; esoterische Schule des Buddhismus, begründet von Kukai (774–835), abgeleitet vom indischen und tibetischen Tantrismus. Konzentriert sich auf den Glauben an den kosmischen Buddha Vairocana und betont rituelle Übungen von *mantra* und *mandala* (kosmische Symbole).

Shinto (jap.): »Weg der Götter«; ursprünglich animistische Religion mit Schwerpunkt auf Ahnenverehrung und rituelle Reinigung; in der Meiji-Ära japanische Staatsreligion mit Vergottung des Kaisers.

Shogun (jap.): »Reichsfeldherr«; Regent in Japan vom 13.–19. Jh.

Shunyata (Sanskrit) => *sunyata.*

Shuso (jap.): Obermönch.

Ssu (chin.) => *-ji.*

Soto-Zen (jap., chin. *ts'ao-tung-ch'an*): Zahlenmäßig größte japanische Zen-Schule; benannt nach den Gründern in der T'ang-Zeit Tung-shan Liang-chieh (Tozan Ryokai) und Ts'ao-shan Pen-chi (Sozan Honjaku); in Japan eingeführt im 13. Jh. durch Eihei Dogen; betont *shikantaza*, »einfach sitzen«.

Suiboku-ga (jap.): Japanische Tuschmalerei.

Sumeru (Sanskrit, auch *Meru*): »Weltenberg« im Zentrum des Universums.

Sunyata (Sanskrit, chin. *k'ung*, jap. *ku*): Leerheit; mit der Konnotation »Soheit« [tathatā].

Sutra (Sanskrit, chin. *ching/king/ging*): Schrift, Gespräch, Klassiker; Bezeichnung der heiligen Texte des buddhistischen Kanon.

Tao (chin., jap. *do*): »Weg«; auch im Zen ein zentraler Begriff, vom Taoismus übernommen; in Japan angewandt auf die »Kunst-Wege« wie *cha-do, sho-do, kyu-do, ju-do* etc.

Tathāgata (Sanskrit): »Der so Gegangene«; der Buddha-Aspekt der Möglichkeit und Hervorbringung; die immanente Verkörperung des Absoluten.

Tathatā (Sanskrit): So-sein, Soheit, Das-was-ist.

Teisho (jap.): *dharma*-Vortrag eines Zen-Meisters, bei dem es weniger auf die gesprochenen Worte ankommt als auf das (u. U. auch schweigende) Aufweisen der Erleuchtung.

Tenzo (jap.): Klosterkoch; eine der anspruchvollsten Aufgaben im Zen-Kloster.

Theravada (Pali): »Weg der Alten«; die »orthodoxe« Strömung des Buddhismus in Südostasien, mit Betonung auf Mönchtum und Erleuchtung und *nirvana* als Ziel. Historisch genaugenommen ein Unterbegriff von *hinayana.*

Tripitaka (Sanskrit): »Dreikorb«; die frühesten schriftlichen Zeugnisse der Buddha-Lehren.

Tzu-jan (chin.): »Selbst-artig«; zentraler Begriff im Taoismus: von selbst, natürlich, spontan.

Ungeboren (jap. *fusho*): Bankeis Ausdruck für das Absolute, das sich im Alltag verwirklicht.

Unsui (jap.): »Wolke-Wasser«; Mönch(sschüler); Andeutung für das Durchschreiten der Welt, ohne eine Spur zu hinterlassen.

Wabi (jap.): Ästhetisches Ideal der Einfachheit und Unmittelbarkeit.

Wato (jap.) => *hua-tou.*

Wu (chin.) => *satori.*

Wu-sheng (chin.) => *fusho.*
Wu-wei (chin.): Mehrere Bedeutungen, u.a.:
– (jap. *mu-i*) Das »Nicht-Handeln« des Lao-tse.
– (jap. *go-i*) Die »Fünf Stände (Stufen)« des Tung-shan.
– (jap. *mu-i*) Grundsatz der »nicht-stufenweisen« Einsicht im Zen.

Yüan (chin.) => *-in.*

Zabuton (jap.): Sitzmatte, Unterlage für das Sitzkissen.
Zafu (jap.): Sitzkissen für *zazen.*
Zaibatsu (jap.): Japanisches Wirtschaftsmonopol bzw. dessen Mitglieder.
Zazen (jap.): Sitzmeditation.
Zazenkai (jap.): Kurzretreat über ein Wochenende o. ä.
Zendo (jap., chin. *ch'an-t'ang*): Zenhalle; im europäischen Sprachgebrauch werden auch Gruppen so bezeichnet, die sich als klösterliche Gemeinschaft verstehen.

Bibliographie

Aitken, Robert. *Ethik des Zen [The Mind of Clover]*. München: Diederichs, 1989.

Aitken, Robert. *The Mind of Clover: Essays in Zen Buddhist Ethics*. San Francisco: North Point Press, 1984.

Aitken, Robert. *Zen als Lebenspraxis [Taking the Path of Zen]*. München: Diederichs, 1988.

Aitken, Robert. *A Zen Wave: Bashō's Haiku & Zen*. Tokyo: Weatherhill, 1985.

Arntzen, Sonja (Hrsg. u. Übers.). *Ikkyu and the Crazy Cloud Anthology*. Tokyo: University of Tokyo Press, 1986.

Bankei Eitaku. *Die Zen-Lehre vom Ungeborenen [The Unborn]*. Hrsg. Norman Waddell. Bern: Scherz, 1988. (s. Waddell)

Beasley, William Gerald. *Japan: Geschichte des modernen Japan [The modern history of Japan]*. Köln: Grote, 1964.

Bellah, Robert. *Togugawa Religion*. New York: The Free Press, 1985.

Blyth, R. H. *Zen and Zen Classics*. Bd. 5., Tokyo: Hokuseido Press, 1962.

Braverman, Arthur (Übers.). *Bassui Zenji: Talks with Students*. Unveröffentlichtes Manuskript, 1989. [Erschienen u. d. Titel *Mud and Water: A Collection of Talks by Zen Master Bassui*. San Francisco: North Point Press, 1989.]

Ch'en, Kenneth. *Buddhism in China*. Princeton, N. J.: Princeton University Press, 1964.

Chung-yuan, Chang (Übers.). *Original Teachings of Ch'an Buddhism.* New York: Grove Press, 1982.
Cleary, Thomas (Übers.). *Der Mond scheint auf alle Türen [Zen essence].* Bern: Barth, 1992.
Cleary, Thomas / J. C. Cleary (Übers.). *The Blue Cliff Record.* 3 Bde., Boston: Shambhala 1977.
Covell, Jon / Sobin Yamada. *Zen's Core: Ikkuy's Freedom.* New Jersey: Hollym International Corp., 1980.

Dumoulin, Heinrich. *Geschichte des Zen-Buddhismus.* Bern: Francke
1. *Indien und China.* 1985.
2. *Japan.* 1986.
Dumoulin, Heinrich. *Zen Enlightenment.* New York: Weatherhill, 1983.

Epstein, Perle. *Oriental Mystics and Magicians.* New York: Doubleday, 1975.

Fields, Rick. *How the Swans Came to the Lake.* Boulder, Colo.: Shambhala, 1981.
Fitzgerald, C. P. *A Concise History of East Asia.* New York: Praeger, 1966.
Fitzgerald, C. P. *A Short Cultural History of China.* (Hrsg. C. G. Seligman). New York: Appleton-Century, 1938.

Genro. *Die hundert Zen-koans der »Eisernen Flöte«* [Senzaki, Nyogen: *The Iron Flute*]. Zürich: Origo, 1973.

Hakuin Zenji. *The Embossed Tea Kettle. Orategama and other works.* London: Allen & Unwin, 1963.
Haskel, Peter (Übers.). *Bankei Zen: Translations from the Record of Bankei.* New York: Grove Press, 1984.
Hoffman, Yoel (Übers.). *Japanese Death Poems.* Tokyo: Charles E. Tuttle, 1986.
Hoover, Thomas. *Die Kultur des Zen [Zen culture].* München: Diederichs, 1983.

Hoover, Thomas. *The Zen Experience.* New York: New American Library, 1980.

Hyers, Conrad. *Zen and the Comic Spirit.* London: Rider, 1974.

Johnson, Wallace. *The T'ang Code.* Princeton, N. J.: Princeton University Press, 1979.

Kapleau, Philip. *Die drei Pfeiler des Zen [The three Pillars of Zen].* Bern: Barth, 1972.

Kasulis, T. P. *Zen Action / Zen Person.* Honolulu: University of Hawaii Press, 1981.

Kitagawa, Joseph. *Religion in Japanese History.* New York: Columbia University Press, 1966.

Leggett, Trevor (Übers.). *A Second Zen Reader.* Tokyo: Charles E. Tuttle, 1988.

Lloyd, Arthur. *The Creed of Half Japan.* London: Smith, Elder, 1911.

McMullen, David. *State and Scholars in T'ang China.* New York: Cambridge University Press, 1988.

Meyer, Milton. *China: An Introduction.* New Jersey: Littlefield Adams, 1978.

Miura, Isshu / Ruth Fuller Sasaki. *Zen Dust.* New York: Harcourt, Brace and World, 1966.

Mukoh, Takao (Übers.). *The Hagakure.* Tokyo: Hokuseido Press, 1980.

Murano, Koken. *Buddha and His Disciples.* Tokyo: Sanyusha, 1932.

Nakagawa Soen. *Endless Vow. The Zen Path of Soen Nakagawa.* Boston: Shambhala, 1996.

Nakagawa Soen. *The Soen Roku: The Sayings and Doings of Master Soen.* (Hrsg. Eido Shimando). New York: Zen Studies Society Press 1986.

Nakagawa Soen / Nyogen Senzaki / Eido Shimano. *Namu Dai Bosa:*

A Transmission of Zen Buddhism to America. (Hrsg. Louis Nordstrom) Bhaisajaguru Series. New York: Theatre Art Books, 1976.
Nakamura, Kichisaburo. *The Formation of Modern Japan.* Honolulu: East / West Center Press, 1962.
Nukariya, Kaiten. *The Religion of the Samurai.* London: Luzac, 1913.

Perry, John Curtis / Bardwell L. Smith. *Essays on T'ang Society.* Leiden: E. J. Brill, 1976.

Reischauer, Edwin (Hrsg. u. Übers.). *Ennin's Diary: The Record of a Pilgrimage to T'ang in Search of the Law.* New York: Roland Press, 1955.

Sanford, James. *Zen Man Ikkyu.* Chico, Calif.: Scholars Press, 1981.
Sansom, George B. *Japan: von der Frühgeschichte bis zum Ende des Feudalsystems [Japan, a short cultural history].* München: Kindler, 1967.
Sasaki, Ruth Fuller (Übers.). *A Man of Zen: The Recorded Sayings of Layman P'ang.* Tokyo: Weatherhill, 1976.
Sasaki, Ruth Fuller (Übers.). *The Record of Lin-Chi.* Kyoto: Institute for Zen Studies, 1975.
Schloegl, Irmgard (Übers.). *The Zen Teachings of Rinzai.* Berkeley: Shambhala, 1976.
Senzaki, Nyogen. *Like a Dream, Like a Fantasy: Zen Writings of Nyogen Senzaki.* (Hrsg. Eido Shimano). New York: Japan Publications, 1978.
Senzaki, Nyogen. *On Zen Meditation: What a Buddhist Monk in America Said.* Kyoto: Bukkasha, 1936.
Senzaki, Nyogen / McCandless, Ruth Strout. *Keine Spuren im Wasser. [Buddhism and Zen].* Zürich: Theseus, 1992.
Shibayama, Zenkei. *Eine Blume lehrt ohne Worte [A Flower doesn't talk].* München: Barth, 1989.
[Suzuki, D. T. *Essays in Zen Buddhism I – III.* New York: Grove Press 1984, deutsch:]
Suzuki, Daisetz. *Karuna: Zen und der Weg der tätigen Liebe.* München: Barth, 1989.

Suzuki, Daisetz. *Koan: Der Sprung ins Grenzenlose.* München: Barth, 1988.
Suzuki, Daisetz. *Mushin: Die Zen-Lehre vom Nicht-Bewußtsein.* München: Barth, 1987.
Suzuki, Daisetz. *Prajna: Zen und die höchste Weisheit.* München: Barth, 1990.
Suzuki, Daisetz. *Satori: Der Zen-Weg zur Befreiung.* München: Barth, 1987.
Suzuki, Daisetz. *Shunyata: Die Fülle in der Leere.* München: Barth, 1991.
Suzuki, Daisetz. *Zazen: Die Übung des Zen.* München: Barth, 1988.

Tanahashi, Kazuaki: *Der Zen-Meister Hakuin Ekaku [Penetrating laughter].* Köln: DuMont, 1989.

Varley, H. Paul. *Japanese Culture.* Honolulu: University of Hawaii Press, 1984.
Victoria, Brian A. *Zen, Nationalismus und Krieg. Eine unheimliche Allianz.* Berlin: Theseus, 1999.

Waddell, Norman (Übers.). *The Unborn: The Life and Teaching of Zen Master Bankei.* San Francisco: North Point Press, 1984.
Wetering, Janwillem van de. *Der leere Spiegel. Erfahrungen in einem japanischen Zen-Kloster.* Reinbek: Rowohlt 1977.
Wright, Arthur. *Buddhism in Chinese History.* Standford: Stanford University Press, 1959.
Wright, Arthur / Denis Twitchett. *Perspectives on the T'ang.* New Haven: Yale University Press, 1973.

Yamada Koun. *Mumonkan. Zen-Meister Mumons Koan-Sammlung »Die torlose Schranke« [Gateless gate].* München: Kösel, 1989.
Yampolsky, Philip. *The Zen Master Hakuin.* New York: Columbia University Press, 1971.
Yamagida, S. »The Life of Lin-Chi I Hsuan.« In: *Eastern Buddhist* 5-2 (1972): 70-94.

Die Autoren

Manfred Steger, ehemaliger Leistungssportler, Lastwagenfahrer, Banker und Zen-Mönch, hat sein Zen-Training in Österreich im Bodhidharma Zendo in Wien bei Genro Koudela Roshi begonnen, einem Schüler von Joshu Sasaki Roshi. 1986 wurde er Schüler von Robert Aitken Roshi in der Diamond Sangha in Hawaii und lebte als reisender Zen-Lehrer in Hawaii, Australien und Europa. Als Lehrbeauftragter für Buddhismus an der Universität von Hawaii hat er eine Reihe von Artikeln über Laien-Zen-Praxis veröffentlicht. 1991 gründete er mit seiner Frau Perle Besserman die Princeton Area Zen Group, deren Lehrer die beiden jetzt seit acht Jahren sind. 1995 hat er sein Studium mit der Promotion in Politischer Wissenschaft an der Rutgers University abgeschlossen. Als Professor für Politische Wissenschaften an der Illinois State University ist er besonders interessiert am Zusammenhang von Spiritualität, Politik und Sozialethik. Z. Zt. arbeitet er an einem Buch über Gandhis gewaltlosen Nationalismus, das 1999 bei St. Martin's Press erscheinen wird. Er ist per e-mail erreichbar unter: *mbstege@ilstu.edu*

Perle Besserman hat an der Columbia University in vergleichender Literaturwissenschaft promoviert und ist Professorin für Anglistik an der Illinois State University. Bevor sie in Hawaii Manfred Steger begegnete, praktizierte sie Zen in Israel, Europa, Japan und den USA bei verschiedenen Schülern von Nakagawa Soen Roshi. Sie hat mehrere Bücher über spirituelle Themen und auch belletristische Titel veröffentlicht. Sie interessiert sich zunehmend für weibliche Spiritualität und leitet verschiedene Workshops und Meditations-Retreats, die weibliche Weisheit in die Zen-Praxis zu integrieren suchen. Ihre letzten Bücher sind *Zen oder die Kunst, das Leben zu meistern,* (Herder) und *Teachings of the Jewish Mystics* (Shambhala/Random House). Sie ist erreichbar per e-mail unter: *pbesse@ilstu.edu*